Sunny 文庫

232

漢傳佛教彌勒信仰研究

能持（通智）法師◎著

The Study of Maitreya Faith in Chinese Buddhism

Dissertation Submitted to

Peking University

In partial fulfillment of the requirements for the degree of
Doctor of Philosophy

By

Neng Chi, Doctor Candidate

(Buddhist Philosophy)

Dissertation Supervisor:**Prof. Lou Yu-lie**

Department of Philosophy

Peking University

October 2018, Beijing

摘 要

　　彌勒作爲釋迦牟尼佛的繼任者，在整個佛教發展史中扮演著不同的身分，如以人間的菩薩比丘、發心菩薩、答疑解惑的天宮彌勒以及當來下生彌勒尊佛等形式出現。因此，彌勒信仰是在多重形象的基礎上，隨歷史變遷而被賦予了不同性格以滿足信眾的需求。本文以佛教經典爲依據，在前輩學者研究成果的基礎上，梳理出了一個較爲清晰的彌勒信仰，從印度到漢傳佛教傳播、演變的脈絡，並以之與「人間佛教」相聯繫，對近現代佛教的發展進行討論。

　　彌勒信仰在印度發展過程中體現有三種形態：未來佛信仰、下生信仰與上生信仰。傳至漢地後，經過文化的相互交融，又逐漸演變成具有本土特色的彌勒信仰。本文以道安律師、玄奘三藏、契此（即布袋）和尚、太虛大師爲代表，說明彌勒信仰在漢傳佛教不同階段的特點。

　　唐以前，以彌勒上生信仰爲主，流行於上層社會。唐末五代之後，民間彌勒信仰較爲突出，分爲兩支：一支是以契此和尚爲代表的正統民間彌勒信仰，突顯般若智慧，另一支是非正統異化的民間彌勒信仰。至近現代，彌勒信仰在太虛的大力弘揚下，重現昔日光輝。

　　道安律師的彌勒信仰，表現爲上生信仰與答疑解惑。玄奘三藏信奉上生兜率，主張彌勒菩薩與兜率淨土爲彌勒尊佛所化現。契此和尚從表象上看屬於本土化民間彌勒信仰，實際上是偏重彌勒所宣導的般若行。本文認爲，彌勒所行持的「不斷煩惱，不修禪定」是開發般若智慧，「不求斷結，不入涅槃」爲度化眾生，般若智慧與利他精神結合而成就菩薩行，這正是釋迦爲之授記的重要原因。近代的太虛大師則除了爲上生兜率淨土創建「慈宗」外，還借鑒當來下生信仰，提倡

人間佛教與建設人間淨土。

關鍵字：彌勒信仰，漢傳佛教，人間佛教

The Study of the Maitreya Faith and Chinese Buddhism

Author Name：Neng Chi

Directed by your Supervisor：Prof. Yu-lie, Lou

ABSTRACT

Maitreya, as successor to Shakyamuni Buddha, had assumed various identities throughout the history of Buddhist development, such as the Bodhisattva Bhikshu, the Bodhisattva Who Brought Forth Vows, Maitreya Bodhisattva Who Answered Questions to Dispel Doubts in the Inner Court of Tushita, and the Future Buddha-to-Come. Therefore, the Maitreya faith is based on the varying foundational forms that accompanied the changes in history to satisfy the needs of devotees. Based on Buddhist sutras and the research achievements of predecessors, this paper will take as its discussion a comparatively clear analysis of the transmission of the Maitreya faith from Indian Buddhism to Chinese Buddhism, its evolution and systematic progression, its relation to modern "Humanistic Buddhism," and its role in the growth and development of contemporary Buddhism.

The development of the Maitreya faith in India is embodied in three forms：The belief in Maitreya as the future buddha-to-come, the belief in Maitreya as one who will descend to earth, and the belief in taking ascended rebirth in the realm of Maitreya. After its transmission to China and undergoing mutual cultural intermingling, the faith evolved into a uniquely local form of Maitreya belief.

This paper, based on the representations of Vinaya Master Dao'an, Tripitaka Master Xuanzang, Qici (also known as the Cloth Bag Monk), and Master Taixu, will explain the special characteristics of the Maitreya faith during the different periods of its development in Chinese Buddhism.

Before the Tang period, the Maitreya faith was mainly based on the belief in taking ascended rebirth in Maitreya's spiritual realm and became popular in the upper strata of society. After the end of the Tang and Five Dynasties, folk belief in Maitreya was relatively more prominent, and was divided into two forms. One form was based on Monk Qici which represented the orthodox form of folk Maitreya belief, characterized by prajna wisdom. The other form was an unorthodox form of corrupted folk Maitreya belief. Then, after the diligent efforts of Master Taixu in propagating the Maitreya teachings during the pre-modern period, the Maitreya faith once again regained its glory of former times.

The Maitreya belief of Vinaya Master Dao'an is characterized by the belief of achieving ascended rebirth and the Questions Answered to Dispel Doubts. Tripitaka Master Xuanzang believed in ascended rebirth in Tushita, and advocated the belief that Maitreya Bodhisattva and the Tushita pure realm are manifested by Maitreya Buddha. The figure of Monk Qici, ideologically speaking, is considered a domestic form of folk Maitreya belief, but in actuality, he represents the action and conduct of wisdom advocated by Maitreya. It is the viewpoint of this paper that the practices of Maitreya of holding 「unceasing mental vexations」 and 「not cultivating meditative stabilization」 lead to the opening of prajna wisdom. 「Not asking for relief」 and 「not entering nirvana」 are for delivering sentient beings. The combination of prajna wisdom and the spirit of benefiting others is the accomplishment of bodhisattva conduct, in actuality, this what Shakyamuni passed down as his essential teaching. Master Taixu of the pre-modern era, aside from establishing the

Benevolent Sect for propagating rebirth in the Tushita pure realm, was also a proponent of learning from the belief of Maitreya as being one who will descend to earth, and advocated the teachings of Humanistic Buddhism to establish a pure realm right here on earth.

KEY WORDS: Maitreya Faith, Chinese Buddhism, Humanistic Buddhism

目　錄

緒論 017
　一、釋義 017
　二、研究綜述 019
　三、研究意義、範圍與方法 030

第一章　彌勒信仰之源流 032
　第一節　起源 033
　　一、彌勒出家 033
　　二、彌勒受記 035
　　三、彌勒經出現 038

　第二節　開展 041
　　一、未來佛彌勒信仰 042
　　二、下生信仰 045
　　三、上生信仰 055

第二章　漢傳佛教與彌勒信仰 067
　第一節　魏晉南北朝：以道安為中心 068
　　一、禪觀 070
　　二、彌勒與般若 072
　　三、彌勒行者 076

　第二節　隋唐：以玄奘為中心 081
　　一、玄奘上生信仰 082
　　二、《四禮文》解析 091

CONTENTS

第三節　彌勒淨土與彌陀淨土 098
　一、爭論焦點 099
　二、彌勒與彌陀比較 103

第三章　本土化彌勒信仰 115
　第一節　禪觀與上生信仰 115

　第二節　彌勒與禪宗 118
　　一、信──彌勒玄義 122
　　二、解──凡聖不二 125
　　三、行──離相而修 127
　　四、證──證無所證 133

　第三節　彌勒菩薩化身 140
　　一、來去無影 140
　　二、還至本處 141
　　三、接引眾生 141

　第四節　民間異化彌勒信仰 146
　　一、北魏「僧人之亂」 148
　　二、漢化彌勒偽經 150
　　三、隋唐「彌勒之妖」 153
　　四、宋元明清之白蓮教 158

第四章　彌勒信仰與人間佛教 167
　第一節　自性淨土 168

目　錄

第二節　太虛彌勒信仰 171

第三節　「人間佛教」之興起 178

第四節　人間佛教之反思與正確認識 185

全文總結 200

參考文獻 205

致謝 221

緒論

一、釋義

　　彌勒信仰，歷史悠久，基礎廣泛，在整個中印佛教傳播史上與信仰體系中，具有極為重要的影響和地位。

　　本文以彌勒信仰作為研究對象，以大量原始佛教文獻為基礎，並參照前人的研究成果，以佛教發展歷程為線索，嘗試釐清彌勒信仰的源流。一種信仰的形成，需要歷史時間的沉澱與累積，在不同時期，有其與之相應的表象特徵，並不斷影響到社會部分人群的思想，而且參與到他們的日常生活中。彌勒信仰也是如此，它必有完整的理論體系與契機易行的實踐方法。要想看清彌勒信仰的全貌，必須追溯到印度佛教中彌勒信仰的起源、形成、確立、發展與完善過程。

　　彌勒信仰傳到中國之後，對漢傳佛教自始至終都產生著巨大影響。彌勒信仰隨著人們對彌勒菩薩與彌勒尊佛的認知程度而呈現出多種層次。首先是屬於民間宗教信仰的層次，說不出太多理由，民眾只是出於喜歡、偏好；其次是帶有宗教知見的信仰，對於彌勒菩薩相對比較了解，可以說出彌勒傳記甚至其修行法門，但是沒有著手去實修；再者是在見地的指導下有宗教體驗的踐行者；最後才是「有修有證」的大德高僧。本文所關注的是彌勒信仰源流、在不同時期彌勒信仰的表現形式，以及其對當時佛教的影響。彌勒信仰中所建立的正信，是從佛教大乘究竟了義上來探討的一種深信：深信一切眾生如如平等，皆具佛性。那麼什麼是佛性？因佛性為言語道斷，心行處滅，本不可說，但是佛陀為了說明這個「不可說」，又不得不權巧施說。

本文就是想透過彌勒信仰對漢傳佛教的影響，來揭開佛教之神祕面紗。

關於彌勒信仰，已有不少學者對其信仰方式進行研究，如對往來兜率面見彌勒、生身待見彌勒（如迦葉尊者、清辯論師、空海等）、命終往生兜率、來生龍華三會、彌勒化身信仰等，都作了系統梳理。將彌勒信仰思想的結構分爲未來下生、現世修行與身後上升，最終落實在人間佛教上。這些都是根據佛教經典或古代歷史文獻，加之嚴謹的邏輯分析所得出的結論。

彌勒信仰在整個佛教中有著強大的生命力。彌勒信仰在印度經歷了未來佛彌勒信仰、下生信仰與上生信仰之後，其信仰體系建立完成；傳入漢地，與本土文化相互交融，在不同的歷史時期呈現出不同的彌勒信仰形態。魏晉南北朝時期的彌勒信仰流行於上層社會，道安律師上生信仰如何建立，上生目的爲何是斷疑解惑？而隋唐時期，玄奘的彌勒上生信仰與印度原有的上生信仰又有什麼不同，民間彌勒信仰中布袋和尚爲正統，別有用心地打著彌勒下生旗號進行叛亂的爲非正統，應如何深入理解這二者？太虛依上生信仰創立慈宗，據未來彌勒佛之人間淨土而提倡人生佛教、建設人間淨土，我們又應如何恰如其分地解讀人間佛教？

再者，爲什麼彌勒上生信仰會得到上層社會的追捧，而下生信仰卻基本在中下階層盛行？道安、玄奘、契此、太虛等都是彌勒信仰者，可是，他們的信仰之間有什麼不同呢？爲什麼彌勒菩薩「不求斷結，不入涅槃」又「不斷煩惱，不修禪定」呢？在生活中，如何去怎樣體驗「煩惱即菩提」？怎樣做到「不修禪定」卻不爲塵世所惑？秉持彌勒慈心，是否不僅可以找到人生樂趣，而且是通往菩提之果的加速器？因此，有必要將彌勒信仰與漢傳佛教加以深入探究。了知這些，對當今國家富強、社會穩定、家庭和睦等有一定的指導作用，對未來世界和諧發展，也能提供一些可以借鑒的思路。

二、研究綜述

目前有關彌勒研究的學術成果，有對彌勒經典研究、彌勒信仰研究、彌勒信仰與政治及祕密宗教方面的研究、考古學及藝術史角度的考察、彌勒信仰的民俗文化學考察等幾個方面。

（一）彌勒經典研究

關於彌勒經典的研究，是從文獻學與語言學下手來考察彌勒信仰的起源、發展及其演變，國外學者研究早於國內學者。日本學者，松本文三郎的《彌勒淨土論》[1]初版於1911年，主要論述彌勒相關的經典：彌勒六經、大乘彌勒經、阿含彌勒經等，成立的時間順序以及經典間的相互聯繫，以便發現彌勒信仰的起源及其發展。最後結論是，未來佛彌勒信仰起源於佛陀涅槃後三百至五百年之間，是由大乘佛教徒創說出來的。松本文對彌勒經典的研究填補了日本佛學界的空白。他這種用彌勒經典文獻來研究彌勒思想演變、彌勒信仰起源的方法，被後來的學者所借鑒。望月信亨的《印度及び支那於ける彌勒崇拜の史實》[2]、井ノ口泰淳的《西域における彌勒經典の流傳について》[3]、寺岡正博的《彌勒下生思想の一斷面——說本經を中心として》[4]、明神洋的《彌勒三部經の成立について》[5]、一個世紀後，日本香川孝雄的《彌勒思想的

---

1 松本文三郎：《彌勒淨土論》，丙午出版社，1911年。張元林譯，宗教文化出版社，2011年。

2 望月信亨：《印度及び支那於ける彌勒崇拜の史實》，《大正大學學報》30、31卷合刊，1940年。

3 井ノ口泰淳：《西域における彌勒經典の流傳について》，《宗教研究》34卷3號，1961年。

4 寺岡正博：《彌勒下生思想の一斷面——說本經を中心として》，《印度哲學佛教學》1號，1986年10月。

5 明神洋：《彌勒三部經の成立について》。《東洋の思想と宗教》5號，頁74-89，1988年6月11日。

開展》⁶，跳出以彌勒爲主的經典框架，將彌勒有關的邊緣佛典使之類型化，來尋求彌勒信仰發展軌跡。其結論是彌勒是婆羅門弟子，後成佛子，受轉輪王思想影響，發願當來世成法王，以治理未來世的人間淨土。彌勒佛的本生譚是受了西方彌陀淨土信仰的影響，而萌生了彌勒現在住所兜率天的往生思想。

西方學者，Alan Sponberg等把在普林斯頓大學所舉辦的一次國際研討會中十二位權威專家的論文集而成《彌勒 —— 未來佛》⁷一書，認爲要想全面了解彌勒思想，就要抓住彌勒的連貫性與變化性，連貫性是指彌勒在佛教傳統中的地位與影響力，變化性是指調整彌勒形象以便適應亞洲各地文化。Kim Inching的《未來佛彌勒》⁸、Das，Asha的《文學、歷史、藝術中的彌勒佛》⁹等，他們這些研究對國內學者提供學習、啓發及借鑒的作用。

國內學者以彌勒經典爲依據，研究南傳、北傳的彌勒信仰或對彌勒經典本身研究等，如楊惠南《漢譯佛經中的彌勒信仰 —— 以彌勒上、下經爲主的研究》¹⁰、宋立道《彌勒下生成佛的幾個譯本的異同》¹¹、黃夏年《阿含經中的彌勒佛 —— 兼論中國佛教的彌勒崇拜》¹²、談玄《兜率聖典翻譯史》¹³、張淼《佛教「疑僞經」與彌勒信仰 —— 以佛教經錄爲中心的考察》¹⁴、任平山《說一切有部的彌勒

6 香川孝雄：《彌勒思想的開展》，張曼濤主編《現代佛教學術叢刊》第69冊，北京圖書館出版社，2005年。第43-66頁。

7 Sponberg, Alan and Helen Hardacare, Eds. Maitreya, the Future Buddha, New York：Cambridge Univ. Press, 1988.

8 Kim Intching, The Future Buddha Maitreya, New Delhi：D.K. Pritworld（P）Ld., 1977.

9 Das, Asha, Maitreya Buddha in Literature, History and Art, Kol kata：Punthi Pustak, 2003.

10 楊惠南：《漢譯佛經中的彌勒信仰 —— 以彌勒上、下經爲主的研究》，《文史哲學報》35號，1987年12月。

11 宋立道：《彌勒下生成佛的幾個譯本的異同》，何勁松主編《布袋和尚與彌勒文化》，宗教文化出版社（2003）.

觀》[15]等，他們不僅拓展了以彌勒六經爲主的研究思路，而且涉及到疑僞經相關文獻，這樣就延伸了彌勒信仰研究的外延，有利於進一步對彌勒信仰內涵深入探究。這些以經典文獻爲依據研究彌勒信仰，基本都是從大乘佛教的角度來加以研究，這樣就很難清晰地分辨出彌勒信仰的起源、發展、完善及其演變過程。儘管彌勒本身沒有聲聞思想，但是沒有聲聞，也襯托不出他的菩薩思想，可以說彌勒思想是在聲聞土壤中孕育茁壯成長的。

（二）彌勒信仰的研究

彌勒信仰研究是從宗教學的角度來考察的，日本學者按照研究成果出版先後，分別是前田慧云的《兜率往生思想發生時代》[16]、神林隆淨的《兜率往生》[17]、井口泰淳的《西域における彌勒信仰》[18]、宇井伯壽的《彌勒菩薩と彌勒論師》[19]、櫻部建的《彌勒と阿逸多》[20]、石上善應的《「彌勒受記」につい》[21]、平岡定海的《南都佛教

12 黃夏年：《阿含經中的彌勒佛 —— 兼論中國佛教的彌勒崇拜》，何勁松主編《布袋和尚與彌勒文化》，宗教文化出版社，2003年。

13 談玄：《兜率聖典翻譯史》，《現代佛教學術叢刊》第38冊，《佛典翻譯史論》，北京圖書館出版社，2005年。

14 張森：《佛教「疑僞經」與彌勒信仰 —— 以佛教經錄爲中心的考察》，《宗教學研究》2006年第1期。

15 任平山：《說一切有部的彌勒觀》，《西域研究》2008年第2期。

16 前田慧云：《兜率往生思想發生時代》，《史學雜誌》13卷1號，1901年。

17 神林隆淨：《兜率往生》，《大正大學學報》21 — 23號合刊，1935年。

18 井口泰淳：《西域における彌勒信仰》，《佛教學研究》18、19號合刊，1940年。

19 宇井伯壽：《彌勒菩薩と彌勒論師》，《印度學佛教學研究》1卷1號，1952年7月。

20 櫻部建：《彌勒と阿逸多》，《佛教學セミナー》2號，1965年10月。

21 石上善應：《「彌勒受記」につい》，《大正大學研究紀要》52號，1967年。

における菩薩思想、彌勒淨土思想の系譜》[22]、宮田登的《彌勒信仰》[23]、金三龍的《韓國彌勒信仰の研究》[24]、小谷仲男的《バーミアーン石窟と彌勒信仰》。[25]他們分別對彌勒與阿逸多問題、彌勒授記、上生兜率以及彌勒與瑜伽論師的關係等問題進行研究，這些成果對深入探討彌勒信仰的起源、發展以及彌勒上生信仰提供了可供參考的資料。

國內彌勒信仰研究從上個世紀九○年代開始，成果斐然，基本圍繞漢傳佛教彌勒信仰範圍之內進行研究。其中，從中國彌勒信仰整體性觀察研究的，有楊白衣《彌勒信仰在中國的流傳》[26]、季羨林《彌勒信仰在印度的萌芽》[27]、方立天《彌勒信仰在中國》[28]、張文良《彌勒信仰述評》[29]、劉永霞《中國彌勒信仰探因》[30]、王惠民《彌勒信仰起源的史學考察》[31]、陳揚炯《彌勒信仰的興衰》[32]、王

---

22 平岡定海：《南都佛教における菩薩思想、彌勒淨土思想の系譜》，《西義雄博士頌壽紀念論集：菩薩思想》，1981年。

23 宮田登：《彌勒信仰》，雄山閣出版株式會社，1984年。

24 金三龍：《韓國彌勒信仰の研究》。（東京）教育出版センター，，1985年。

25 小谷仲男：《バーミアーン石窟と彌勒信仰》，《富山大學人文學部紀要》36號，2002年3月。

26 楊白衣：《彌勒信仰在中國的流傳》（上、下），《中國佛教》29卷5、6號。1985年5、6月。

27 季羨林：《吐火羅文彌勒會見記譯釋》第五章「彌勒信仰在印度的萌芽」，《季羨林文集》第十一卷，江西教育出版社，1998年。

28 方立天：《彌勒信仰在中國》，《文化與傳播》3卷7號，1995年1月。

29 張文良：《彌勒信仰述評》，中國人民大學哲學系1990年碩士論文。

30 劉永霞：《中國彌勒信仰探因》，《天水師範學院學報》，2002年第6期。

31 王惠民：《彌勒信仰起源的史學考察》，《炳靈寺石窟學術討論會論文集》，甘肅人民出版社，2003年。

32 陳揚炯：《中國淨土宗通史》第三章「彌勒信仰的興衰」，江蘇古籍出版社，2000年。

青《彌勒信仰的流播及其相關神話》[33]、吳先核《彌勒信仰衰落原因簡論》[34]等。他們主要從宏觀視角探討彌勒信仰在流傳到中國之後的興衰以及如何與本土文化相融合，並演變成具有本土化的彌勒信仰。

專題探討在不同歷史階段彌勒信仰演變情形的，有唐長孺《北朝的彌勒信仰及其衰落》[35]、張淼《北朝彌勒信仰研究》[36]、周紹良《隋唐以前之彌勒信仰》[37]、華方田的《隋朝的彌勒信仰——以彌勒信仰的興衰爲主線》[38]、汪娟《唐代彌勒信仰研究》[39]、汪娟《唐代彌勒信仰與佛教諸宗派的關係》[40]、黃敏枝《唐代彌勒信仰及其活動》[41]等。注重在中國各個歷史階段，彌勒信仰怎樣適應和影響社會，找到適合自己所扮演的角色。

與彌勒淨土相關的研究，有張子開《念佛、淨土觀念與早期禪宗彌勒信仰》[42]、太虛《兜率淨土與十方淨土之比觀》[43]、張子開《試

---

33 王青：《魏晉南北朝時期的佛教與神話》第三章「彌勒信仰的流播及其相關神話」，中國社會科學出版社（2001）。

34 吳先核：《彌勒信仰衰落原因簡論》，《宗教學研究》2008年第1期。

35 唐長孺：《北朝的彌勒信仰及其衰落》，《魏晉南北朝史論拾遺》，中華書局，1983年。

36 張淼：《北朝彌勒信仰研究》，西北大學2003年碩士學位論文。

37 周紹良：《隋唐以前之彌勒信仰》，《華林》2001年第1期。

38 華方田：《隋朝的彌勒信仰——以彌勒信仰的興衰爲主線》，《華林》2001年第1期。又見何勁松主編《布袋和尚與彌勒文化》，宗教文化出版社，2003年。

39 汪娟：《唐代彌勒信仰研究》，中國文化大學，中國文學研究所1990年碩士論文。

40 汪娟：《唐代彌勒信仰與佛教諸宗派的關係》，《中華佛學學報》5號，1992年7月。

41 黃敏枝：《唐代彌勒信仰及其活動》，《大陸雜誌》78卷6期，1986年6月。

42 張子開：《念佛、淨土觀念與早期禪宗彌勒信仰》，宗教學研究2006年第4期。

43 太虛：《兜率淨土與十方淨土之比觀》，《彌勒淨土與菩薩行研究》，《現代佛教學術叢刊》第69冊，北京圖書館出版社，2005年。

論彌勒信仰與彌陀信仰的交融性》[44]、普慧《略論彌勒、彌陀淨土信仰之興起》[45]、釋道昱《兜率內院疑點之探討》[46]，以及王雪梅《彌勒信仰的演變：以「兜率天宮」爲中心的考察》[47]、牟鐘鑒《彌勒信仰與彌陀信仰》[48]等，以上生信仰的兜率淨土爲研究對象的比較多，並且樂於與彌陀信仰相比較。

以出家僧人或宗派爲研究對象來探討彌勒信仰的，有釋道昱《中國早期的彌勒信仰——以道安爲主的探討》[49]、張文良《玄奘與彌勒淨土信仰》[50]、王公偉《從彌勒信仰到彌陀信仰——道安和慧遠不同淨土信仰原因初探》[51]、張子開《唐五代馬祖禪系的彌勒信仰》[52]、楊維中《唯識宗師的彌勒信仰及淨土思想》[53]等，這些高僧大德是彌勒信仰的信奉踐行者，對彌勒信仰的體悟最有心得，並能影響他們身邊和後來的彌勒信奉者。

關於彌勒奉行法門與邊遠地區彌勒信仰研究，則有汪娟《敦煌

44 張子開：《試論彌勒信仰與彌陀信仰的交融性》，《四川大學學報》（哲社版）2006年第1期。

45 普慧：《略論彌勒、彌陀淨土信仰之興起》，《中國文化研究》2006年冬之卷。

46 釋道昱：《兜率內院疑點之探討》，《普門學報》第11期，2002年9月。

47 王雪梅：《彌勒信仰的演變以「兜率天宮」爲中心的考察》，《首屆長安佛教學術研討會論文集》第二編，2009年10月。

48 牟鐘鑒：《彌勒信仰與彌陀信仰》，何勁松主編《布袋和尚與彌勒文化》，宗教文化出版社，2003年。

49 釋道昱：《中國早期的彌勒信仰——以道安爲主的探討》，《正冠雜誌》20期，2002年3月。

50 張文良：《玄奘與彌勒淨土信仰》，《法音》1992年第5期。

51 王公偉：《從彌勒信仰到彌陀信仰——道安和慧遠不同淨土信仰原因初探》，《世界宗教研究》1999年第4期。

52 張子開：《唐五代馬祖禪系的彌勒信仰》，《西華大學學報》（哲社版）2006年第8期。

53 楊維中：《中國唯識宗通史》第五章第四節「唯識宗師的彌勒信仰及淨土思想」，鳳凰出版社，2008年。

寫本〈上生禮〉研究》[54]、《跋〈上生禮〉相關寫卷二篇》[55]以及《〈上生禮〉與彌勒信仰》[56]、楊富學《回鶻彌勒信仰考》[57]及《敦煌吐魯番文獻所見回鶻之彌勒信仰》[58]、溫玉成《〈大慈如來告疏〉研究》[59]、季羨林《彌勒信仰在新疆的傳布》[60]、王素《高昌至西州時期的彌勒信仰》[61]等,而季羨林《梅呾利耶與彌勒》[62]及《彌勒信仰在新疆的傳布》是從語言學與文獻學的角度來考察彌勒本源的。《上生禮》是一種彌勒行者的日課發願文,與彌勒信仰關係密切。這應該屬於彌勒修行法門範疇,從現有學術研究成果來看,涉及此類研究並不多見。若能對彌勒法門的信、解、行、證深入研究,那對彌勒信仰的理解又會提高一個層次。

（三）彌勒信仰與政治及祕密宗教方面的研究

這方面的研究,從政治社會學與宗教社會學對上層統治者與下層民眾分別進行考察。上層統治階層希望透過彌勒信仰來維護統治者的利益與維護社會穩定,主要研究北魏、隋唐時期彌勒信仰與政治的關係,如陳華《王政與佛法——北朝至隋代帝王政治與彌勒信仰》[63]

---

54 汪娟:《敦煌寫本上生禮研究》,中正大學中文系《全國敦煌學研討會論文集》,1995年。

55 汪娟:《跋上生禮相關寫卷二篇》,《敦煌學》23號,2001年。

56 汪娟:《上生禮與彌勒信仰》,《唐宋古逸佛教懺儀研究》,文津出版社,2008年,第163-225頁。

57 楊富學:《回鶻彌勒信仰考》,《中華佛學學報》5期,2000年。

58 楊富學:《敦煌吐魯番文獻所見回鶻之彌勒信仰》,《2000年敦煌學國際學術討論會文集》「歷史文化卷」,甘肅民族出版社,2003年。

59 溫玉成:《大慈如來告疏研究》,《佛學研究》12號,2003年。

60 季羨林:《彌勒信仰在新疆的傳布》,《文史哲》2001年第1期。

61 王素:《高昌至西州時期的彌勒信仰》,《中國佛學》1卷1期,1998年10月。

62 季羨林:《梅呾利耶與彌勒》,《中國社會科學》,1990年第1期。

及《中國歷史上的彌勒——未來佛與救世主》[64]、汪娟《唐代彌勒信仰與政治關係的一側面》[65]等,而段塔麗《武則天稱帝與唐初社會的彌勒信仰》,[66]則是探討武則天巧妙地利用當時社會上盛行的彌勒信仰,完成她稱帝的夢想。

　　下層民眾的彌勒信仰,主要表現在利用民間彌勒信仰進行叛亂或造反,應該屬於異化後的民間彌勒信仰,對中國北魏、隋末、唐宋時期打著彌勒下生旗號叛亂事件考察,以及彌勒信仰與末法思潮的關係等方面的研究,有塚本善隆的《北魏の佛教匪》[67]、重松俊章的《唐宋時代の彌勒教匪》[68]、砂山稔的《江左妖僧考》[69]及《月光童子劉景丹暉の反亂と首羅比丘經——月光童子識を中心として》[70]、渡邊孝的《圍繞北魏大乘教之亂一考察》[71]、三石善吉的《中國的千年王國》[72]相關章節、小谷仲男的《ガンダーラ彌勒信仰と隋唐の末法思想》》[73]等,另外,對中國本土化的民間彌勒經典進行研究的有王惠

---

63 陳華:《王政與佛法——北朝至隋代帝王政治與彌勒信仰》,《東方宗教研究》2號,1988年。

64 陳華:《中國歷史上的彌勒——未來佛與救世主》,《歷史月刊》86號,1995年3月。

65 汪娟:《唐代彌勒信仰與政治關係的一側面》,《中華佛學學報》4號,1991年7月。

66 段塔麗:《武則天稱帝與唐初社會的彌勒信仰》,《中國典籍與文化》,2002年第4期。

67 塚本善隆:《北魏の佛教匪》,《中國佛教史學》3卷2號,1939年7月。

68 重松俊章:《唐宋時代の彌勒教匪》,《史源》3號,1931年。

69 砂山稔:《江左妖僧考》,《東方宗教》46號,1975年9月。

70 砂山稔:《月光童子劉景丹暉の反亂と首羅比丘經——月光童子識を中心として》,《東方學》51號,1976年1月。

71 渡邊孝:《圍繞北魏大乘教之亂一考察》,《中國史憶掃汁石亂・構圖》,雄山閣出版,1986年。

72 三石善吉著、李遇玫譯:《中國的千年王國》第二章「大乘起義——佛教的千年王國」第二節「彌勒信仰」,第三節「法慶起義」,上海三聯書店,1997年。

民《北魏佛教傳帖原件〈大慈如來告疏〉研究》[74]等。一個信仰的盛行，說明受到社會大眾的認可，同時也說明被利用的可能性就越大。這些叛亂事件，就是彌勒信仰無辜地被異化的民間彌勒信仰利用、滲透並篡改而導致的結果。

（四）考古學及藝術史角度的考察

這方面探討是從藝術考古學與圖像學的角度，主要圍繞龍門石窟、雲岡石窟、敦煌莫高窟、新疆及西域一帶的彌勒塑像造型爲研究對象，考察彌勒信仰在各自所處時空的興衰更替。這種研究很有說服力，所以做這方面研究的學者較多，如朱剛《中土彌勒造像源流及藝術闡釋》[75]、張平一《佛教雕塑藝術中彌勒形象的演變》[76]、項一峰《中國早期彌勒信仰及其造像藝術》[77]、周紹良《彌勒信仰在佛教初入中國的階段和其造像意義》[78]、賴鵬舉《北涼的彌勒淨土思想及其禪窟造像》[79]、王靜芬的《彌勒信仰與敦煌〈彌勒變〉的起源》[80]、李玉珉《敦煌初唐的彌勒經變》[81]、賀世哲《敦煌莫高窟由釋迦、彌

[73] 小谷仲男：《ガンダーラ彌勒信仰と隋唐の末法思想》，《中國佛教石經の研究：房山雲居寺石經を中心に》，京都大學學術出版會，1996年3月。

[74] 王惠民：《北魏佛教傳帖原件〈大慈如來告疏〉研究》，《敦煌研究》1998年第1期。

[75] 朱剛：《中土彌勒造像源流及藝術闡釋》，《復旦大學學報》，1993年第4期。

[76] 張平一：《佛教雕塑藝術中彌勒形象的演變》，《文物春秋》，1996年第1期。

[77] 項一峰：《中國早期彌勒信仰及其造像藝術》，《敦煌學輯刊》，2002年第1期。

[78] 周紹良：《彌勒信仰在佛教初入中國的階段和其造像意義》，《世界宗教研究》1990年第2期。

[79] 賴鵬舉：《北涼的彌勒淨土思想及其禪窟造像》，《圓光佛學學報》4號，1999年12月。

[80] 王靜芬：《彌勒信仰與敦煌彌勒變的起源》，遼寧美術出版社，1990年。

勒與阿彌陀組成的三佛造像》[82]、王惠民《敦煌彌勒圖像研究》[83]和《敦煌隋至初唐彌勒圖像考察》[84]、歐陽啓名《彌勒菩薩造像變遷過程中中華思想的融入》[85]、釋見證《南北朝與隋唐時期彌勒圖像與信仰》[86]、干樹德《彌勒崇拜與樂山大佛的建造》[87]、賴鵬舉《西北印彌勒菩薩在中亞石窟的大小乘異化及其對莫高窟的影響》[88]等。彌勒思想在不同時期可以透過彌勒佛像來呈現，彌勒塑像的多少可以說明彌勒信仰的流行情況，佛像可以讓信仰變得更加眞實，如信仰對象的圖像由模糊到清晰，由遠到近，由無形到有相等，這些都是讓學者樂此不疲的研究因素。

（五）彌勒信仰的民俗文化學考察

從民俗文化學角度來考察彌勒信仰，其焦點是在布袋和尚身上。相關研究成果有馬西沙《彌勒救世思想的歷史淵源》[89]、楊曾文《彌勒信仰的傳入及其在民間的流行》[90]、杜繼文《彌勒：樂的表徵》

---

81 李玉珉：《敦煌初唐的彌勒經變》，《佛學研究中心學報》5號，2000年7月。
82 賀世哲：《敦煌莫高窟由釋迦、彌勒與阿彌陀組成的三佛造像》，甘肅民族出版社，1999年。
83 王惠民：《敦煌淨土圖像研究》，中山大學2000年博士論文。
84 王惠民：《敦煌隋至初唐彌勒圖像考察》，甘肅教育出版社，2003年。
85 歐陽啓名：《彌勒菩薩造像變遷過程中中華思想的融入》，《首都師範大學學報》（社科版）2004年第5期。
86 釋見證：《南北朝與隋唐時期彌勒圖像與信仰》，四川大學2006年碩士論文。
87 干樹德：《彌勒崇拜與樂山大佛的建造》，《四川文物》1995年第3期。
88 賴鵬舉：《西北印彌勒菩薩在中亞石窟的大小乘異化及其對莫高窟的影響》，《敦煌研究》2008年第4期。
89 馬西沙、韓秉方：《中國民間宗教史》第二章「彌勒救世思想的歷史淵流」，中國社會科學出版社，2004年。
90 楊曾文：《彌勒信仰的傳入及其在民間的流行》，《中原文物》1985年特刊。

91、楊曾文《彌勒信仰的民族化——布袋和尚》92、韓秉芳《從莊嚴未來佛到布袋和尚——一個佛教中國化的典型》93、徐文明《彌勒形象的定型與中國人的民族性格》94、周齊《「布袋和尚——大肚彌勒」寬容、和善、智慧、快樂之精神意趣的體現》95、高永旺《布袋彌勒文化與構建和諧社會——「第二屆中國彌勒學術文化研討會」綜述》96等。這方面研究成果是在體現民間布袋和尚內在性德，如慈心歡笑、包容大度等，卻沒有找出從印度彌勒如何演變成漢傳彌勒的內在原因。

綜述所述，日本學者基本從原始文獻學與語言學的角度，來考察彌勒信仰的起源、發展，主要圍繞彌勒與阿逸多、彌勒受記、轉輪聖王等問題進行探討，這爲後來中國學者研究漢地佛教提供了理論基礎。也許由於語言問題，國內學者很少涉及印度原始資料，而是直接從中國佛教發展與現有漢譯資料著手研究。不過，國內學者研究方法呈現多樣化，如考古學、圖像學、政治社會學、民俗文化學等等，所出成果豐富多樣。儘管如此，對彌勒信仰源流、發展、完善以及傳到漢地之後的彌勒發展情形，沒有一個系統全面的研究。鑒於學者們現有的研究成果，給系統性研究彌勒信仰提供了豐富的資料。

---

91 杜繼文：《彌勒樂的表徵》，何勁松主編《布袋和尚與彌勒文化》，宗教文化出版社，2003年。

92 楊曾文：《彌勒信仰的民族化——布袋和尚》，何勁松主編《布袋和尚與彌勒文化，宗教文化出版社，2003年。

93 韓秉芳：《從莊嚴未來佛到布袋和尚——一個佛教中國化的典型》，何勁松主編《布袋和尚與彌勒文化》，宗教文化出版社，2003年。

94 徐文明：《彌勒形象的定型與中國人的民族性格》，何勁松主編《布袋和尚與彌勒文化》，宗教文化出版社，2003年。

95 周齊：《「布袋和尚一大肚彌勒」寬容、和善、智慧、快樂之精神意趣的體現》，何勁松主編《布袋和尚與彌勒文化》，宗教文化出版社，2003年。

96 高永旺：《布袋彌勒文化與構建和諧社會——第二屆中國彌勒學術文化研討會」綜述》，《世界宗教研究》 2008年第2期。

三、研究意義、範圍與方法

本論文試圖把彌勒信仰全面系統地呈現出來，無論是在印度的起源、發展與完善，還是傳入漢地後，與本土文化融合後不斷地演變發展，如道安的斷疑解惑、玄奘的上生信仰、布袋和尚的般若以及太虛的慈宗與人生佛教。透過對彌勒信仰與漢傳佛教研究，對人間佛教有了更進一步的了解，針對當今社會對佛教種種負面影響，分析其原因，提出對人間佛教的重新解讀。對佛教聖潔的還原與穩定和諧社會，提出參考建議。

彌勒信仰以完整體系在傳播上具備傳承的連貫性，因內涵深厚，在與不同文化交融中又呈現變化性，從其連貫性與變化性中，可以窺視了解彌勒信仰的全貌，鮮明的理論個性與宗教信仰實踐，凸顯自身旺盛的生命力，對佛教與人類宗教的發展，都具有極其重大的意義。

從現有的研究成果可以看出，彌勒信仰不僅局限在宗教內部，而且還延伸到哲學、文學、歷史及民俗等不同領域，並取得了各自獨特的研究成果。但是，對彌勒信仰的源流以及彌勒信仰對漢傳佛教的影響，進行系統深入探究的文章爲數不多。

筆者希望根據彌勒相關原始經論，理清彌勒信仰體系，傳至中國後，與本土文化交融，演變成具有中國特色的彌勒信仰。在漢傳佛教發展歷史中，本文選取幾位不同時期可以引領彌勒信仰的高僧大德爲代表，以此爲原則，對有修有證並具有代表性的歷代高僧，進行理論與修法的梳理，以期在前人的研究成果的基礎上有所突破。探索彌勒思想玄旨，從「信、解、行、證」四個方面進行，以便揭開釋迦文佛與彌勒尊佛的密語密意，這對理解彌勒信仰對漢傳佛教的影響以及人間佛教的解讀裨益良多。最後，總結出彌勒信仰對當今社會、人們的生活，甚至未來的世界和平，提出可資參考的意見。

本文的研究方法：1、文獻分析法：結合上述彌勒經典及眾多文獻（附後），對彌勒信仰源流進行梳理。2、比較法：在佛教發展歷史的不同階段，各自對彌勒信仰中發展偏重的闡述與理解，進行橫

比、縱比，找出其中相同之處和細微差別，從而爲梳理彌勒信仰源流發展脈絡，提供更好的資料佐證。

　　彌勒信仰在佛教歷史演變的長河中，有許多高僧大德專意研究並信奉踐行。如初期大乘興起時期的無著菩薩，經常在禪定之中往來於人間與兜率內院，請求彌勒菩薩解惑答疑。近代的虛雲老和尚，即身上昇兜率，得見彌勒；清辯菩薩則是求助於觀音菩薩，以保色身不壞，待到彌勒下生成佛後，再向彌勒請教問題，等等。當彌勒信仰傳到中國後，有更多的高僧大德如東晉道安、唐代玄奘窺基師徒、近代的太虛等，是發願身後上生兜率淨土，待因緣成熟，隨彌勒菩薩下生彌勒淨土。要想找出彌勒信仰之源流，那必須從他們這些悟透佛陀玄旨，並身體力行的高僧大德身上，才能找到貫穿彌勒信仰之脈絡。

第一章　彌勒信仰之源流

　　本文將從歷史的角度，來觀察彌勒信仰在印度的起源與形成，發展與完善，傳至中國，與本土文化相互交融之後的進程與演變。首先，佛陀時代之「授記」，確立了彌勒在佛教中作爲繼釋迦佛之後未來佛的地位。接著，佛陀涅槃後百年左右，「阿含彌勒經」的出現，可說明彌勒信仰的眞正形成。在印度犍陀羅文化中發現有很多西元二世紀後期的彌勒佛像，透顯出彌勒信仰在當時印度西北的流行盛況。大乘興起初期，《彌勒下生經》的完成，標誌著彌勒信仰的發展；至於彌勒信仰的完善，則是在《佛說觀彌勒下生兜率天經》的出現之後。當彌勒信仰從西域傳到中國之後，東晉的道安因般若學而成爲彌勒信仰的強力推手。接著是南北朝時期的傅翕傅大士，被傳是彌勒菩薩化身，具有中國特色之一的彌勒化身之彌勒信仰由此產生。到了唐代的玄奘及徒窺基師徒，又因法相唯識宗的創立，將彌勒信仰推至巔峰。世間基本遵循物極必反、盛極必衰的原則，以武則天爲首的統治階層與一些被壓迫的農民起義領袖，別有用心地借助「彌勒出世」而舉事，歪曲了彌勒信仰的正統觀念，給彌勒信仰在中國的發展以致命的打擊。彌勒信仰不得不改變一種生存形態，於是就有了唐末五代的彌勒化身——布袋（契此）和尚，以繼續傳承發展下去。至北宋崇寧年間，宋徽宗下令全國各大小寺院供奉以契此和尚爲原型的彌勒，直至今天，無論到哪個寺院，第一個看到的就是大肚包容、笑迎天下客的彌勒菩薩。儘管宋朝之後，直至近代，有教外的歪曲，以及教內的彌陀與彌勒之爭等種種負面因素，但是彌勒信仰還是在挫折中蜿蜒滲透若星星之火，從未間斷。至近代，太虛、印順等提倡人生佛教，繼而演變成人間佛教，彌勒信仰因此得到進一步的發展與開拓。

第一節　起源

一、彌勒出家

　　關於彌勒出生問題，基本上所有佛經都一致認爲彌勒是婆羅門種。如在鳩摩羅什翻譯的《彌勒下生成佛經》與《彌勒大成佛經》中記載，彌勒的父母分別是翅頭末城大婆羅門主修梵摩和梵摩提婆。在義淨譯的《彌勒下生成佛經》中說到彌勒是餉佉王大臣婆羅門善淨與妙淨的兒子，並且補注說明彌勒的父親善淨是「四明皆曉達，多聞爲國師。博通諸雜論，善教有聞持。訓解及聲明，莫不咸究了」，[97]《彌勒授記》是與義淨譯本對應的原梵文本，其中說明彌勒之婆羅門雙親分別爲修梵摩與梵摩拔提，經中同樣提及彌勒父親通曉梵義及四部吠陀等。在署名爲竺法護譯，實際上是東晉僧伽提婆翻譯的《彌勒下生經》中，未提及大婆羅門的身分，只說到彌勒是翅頭城餉佉王大臣修梵摩與梵摩越之子。種種記載表明，彌勒出生尊貴，不僅天資聰穎，而且環境優越。

　　未出家前，彌勒就體現出非同一般的智慧。根據《賢愚經》，其舅舅波婆梨想爲「通達諸書」的彌勒舉行揚名天下之盛會，經云：

　　「時波婆梨，見其甥兒，學既不久，通達諸書，欲爲作會顯揚其美」。[98]彌勒不僅在佛陀時代聰慧如是，而且在過去生中，亦是非同凡響。在《一切智光明仙人慈心因緣不食肉經》中，當時彌勒前生爲婆羅門子叫一切智光明，佛陀在梵天面前是這樣評價彌勒的：「聰慧多智，廣博眾經；世間技藝，六十四能，無不綜練。」彌勒就是帶著「通達諸書」的世間智慧，與同伴十五人受師命（其舅舅波婆梨）一起歸投到釋迦佛的門下。至於皈依的詳細過程，被記錄在《彼岸趣

---

97 唐·義淨譯：《佛說彌勒下生成佛經》，《大正藏》第14冊，第426頁下。

98 元魏·慧覺等譯：《賢愚經·波婆離品》第12卷，《大正藏》第4冊，第432下。

品》與《賢愚經·波婆離品》等經中，說明彌勒是釋迦佛真正的出家弟子。應該說，這是爲未來佛彌勒信仰播下了一顆珍貴的種子。

彌勒出家之後的情形，由於佛陀時期盛行口耳相傳，所以要了解彌勒比丘的一些修行狀況，需要從《阿含經》裡去尋找。在《阿含經》中有關彌勒的經典有十五部。[99]如果說彌勒在說一切有部Sarvāstivādīn的《中阿含經》中比較有影響，那麼在大眾部Mahāsāmghika的《增一阿含經》中則更盛行，出現次數最多，有關彌勒內容記載相對比較完整。屬於分別說係法藏部Dharmaguptaka的《長阿含經》中，也有部分記載彌勒經典。同屬說一切有部的《雜阿含經》，則沒有相關的彌勒記載。根據這些經典，可以肯定說，大家共同承認彌勒是釋迦佛的弟子，並且對他非常恭敬。這應該源於釋迦佛給彌勒授記，首肯彌勒在佛教中未來佛的位置。也就是說，在彌勒信仰形成之前，有對彌勒禮敬階段。那麼這種禮敬緣何而來呢？

先不論「禮敬」，彌勒在同道眼中是一個怎樣的人呢？根據《佛說觀彌勒菩薩上生兜率天經》，優波離尊者問佛陀：

世尊往昔於毘尼中及諸經藏說阿逸多次當作佛。此阿逸多具凡夫身、未斷諸漏，此人命終當生何處？其人今者雖復出家，不修禪定、不斷煩惱，佛記此人成佛無疑。[100]

原來彌勒在同道人中所得到的表面印象是：「具凡夫身，未斷諸漏」、「不修禪定，不斷煩惱」。「從佛教史看，彌勒是唯一貫串小乘佛教到大乘佛教的菩薩，遂成爲大乘菩薩道的典型人物」[101]。「具凡夫身、未斷諸漏」，其實，彌勒是留惑潤生的菩薩，位居補

99 黃夏年：《阿含經中的彌勒佛》，《西去東來——中外古代佛教史論集》，中國社會科學出版社，2006年，第202-203頁。
100 劉宋·沮渠京聲譯：《佛說觀彌勒菩薩上生兜率天經》，《大正藏》第14冊，第418頁下。
101 廖閱鵬：《淨土三系之研究》，（臺北）佛光出版社，1989年，第17頁。

處，恒在慈心三昧定中，自然是「不修禪定」。修禪定得解脫是聲聞根性眾生所追求的目標，而對於專門利他的菩薩來說，則是希望與所有眾生一起解脫；煩惱即菩提，故「不斷煩惱」，煩惱其實是自我開發般若智慧的最佳良機，若是從煩惱的當下體悟菩提智慧，那這就是般若。此種自利利他的菩薩境界，只有釋迦佛洞察明了。

彌勒在《楞嚴經》裡說：「我憶往昔，經微塵劫，有佛出世，名日月燈明，我從彼佛而得出家，心重名利，好遊族姓」。[102]以及在《妙法蓮華經‧序品》中，文殊菩薩也說他：「……是妙光法師，時有一弟子，心常懷懈怠，貪著于名利，求名利無厭，多遊族姓家，棄捨所習誦，廢忘不通利。以是因緣故，號之爲求名。亦行眾善業，得見無數佛，供養于諸佛，隨順行大道，具六波羅密，今見釋師子。」[103]這裡說明彌勒在過去生中與一般眾生相似，都有習氣。然而，透過「亦行眾善業，得見無數佛，供養于諸佛」，並且「隨順行大道」，從而「具六波羅密」的菩薩之行。

綜上所述，釋迦佛是看到了彌勒身上具備了上求下化的六度菩薩行，才給彌勒授記爲未來佛。正因爲釋迦佛的授記，讓彌勒在佛教中取得了未來佛的資格。這也是由歷史上眞實的彌勒比丘，漸漸演變成理想化未來佛的重大轉捩點，未來佛彌勒觀念由此產生。

二、彌勒受記

釋迦授記彌勒爲未來佛，而阿逸多則是未來彌勒成佛時的轉輪聖王。在《中阿含經》卷十三《說本經》與同本異譯的《古來時經》中記載：

未來久遠當有人民壽八萬歲，人壽八萬歲時，此閻浮洲極大富

---

102 唐‧般刺蜜帝譯：《大佛頂如來密因修證了義諸菩薩萬行首楞嚴經‧第5卷》，《大正藏》第19冊，第128頁上。
103 姚秦‧鳩摩羅什譯：《妙法蓮華經‧第1卷》，《大正藏》第9冊，第5頁中。

樂。⋯⋯人壽八萬歲時，女年五百乃當出嫁。⋯⋯人壽八萬歲時，唯有如是病，謂寒、熱、大小便、欲、飲食、老，更無餘患。⋯⋯人壽八萬歲時，有王名螺，為轉輪王。⋯⋯

爾時，尊者阿夷哆即從坐起，偏袒著衣，叉手向佛，白曰：世尊，我于未來久遠人壽八萬歲時，可得作王，號名曰螺，為轉輪王。⋯⋯世尊訶尊者阿夷哆曰：汝愚癡人，應更一死，而求再終。⋯⋯世尊告曰：阿夷哆，汝于未來久遠人壽八萬歲時，當得作王，號名曰螺，為轉輪王。⋯⋯

佛告諸比丘：未來久遠人壽八萬歲時，當有佛，名彌勒如來。⋯⋯彼當說法，⋯⋯猶如我今說法，⋯⋯彼廣演流布梵行⋯⋯猶如我今廣演流布梵行⋯⋯彼當有無量百千比丘眾，猶如我今無量百千比丘眾。

爾時，尊者彌勒在彼眾中。於是，尊者彌勒即從坐起，偏袒著衣，叉手向佛白曰：世尊，我于未來久遠人壽八萬歲時，可得成佛，名彌勒如來。⋯⋯我當說法，初妙、中妙、竟亦妙，有義有文，具足清淨，顯現梵行，如今世尊說法，初妙、中妙、竟亦妙，有義有文，具足清淨，顯現梵行。我當廣演流布梵行，大會無量，從人至天，善發顯現，如今世尊廣演流布梵行，大會無量。⋯⋯

於是，世尊歎彌勒曰：善哉！善哉！彌勒，汝發心極妙，謂領大眾，所以者何？如汝作是念。⋯⋯佛復告曰：彌勒，汝于未來久遠人壽八萬歲時，當得作佛，名彌勒如來⋯⋯

爾時，尊者阿難執拂侍佛。於是，世尊回顧告曰：阿難，汝取金織成衣來，我今欲與彌勒比丘。爾時，尊者阿難受世尊教，即取金縷織成衣來，授與世尊。於是，世尊從尊者阿難受此金縷織成衣已。告曰：彌勒，汝從如來取此金縷織成之衣。[104]

這段經文說明釋迦佛對人王與法王的不同態度，對阿逸多發願成

---

104 《中阿含經·第13卷》，《大正藏》第1冊，第509頁下——511頁中。

轉輪聖王嚴加呵責，而對彌勒發願成佛則大加讚賞，並以「金縷織成衣」相贈，予以表法。阿難與「金縷織成衣」都能夠說明彌勒爲未來佛的正統性、傳承性與合法性。有關佛陀授記彌勒爲未來佛，阿逸多爲未來轉輪聖王的記載，在說一切有部的《大毗婆沙論》與《賢愚經·波婆梨品》中也有相似記載，不但說明彌勒與阿逸多是兩個人，而且分析說明佛陀爲什麼呵責阿逸多而讚歎彌勒的眞正內涵：

問：阿氏多及慈氏俱求未來八萬歲時身，何故世尊呵阿氏多而讚慈氏？答：阿氏多苾芻于有起意樂、起勝解、起欣慕、起希望、起尋求，故佛呵之。慈氏菩薩不于有起意樂，乃至尋求，然于利樂諸有情事起樂，乃至尋求，故佛讚之。復次，阿氏多求世間輪王位，故佛呵之。慈氏求出世法輪王位，故佛讚之。如是求流轉王位，求還滅王位說亦爾。復次，阿氏多求自利樂，故佛呵之。慈氏求利樂他，故佛讚之。如是求自饒益求饒益他說亦爾。契經雖作是說，慈氏汝于來世人壽八萬歲時當得作佛，名慈氏如來應正等覺，乃至廣說，而不分別此何智於何轉。契經是此論所依根本，彼所不分別者今應分別，故作斯論。[105]

「呵阿氏多而讚慈氏」的原因，在於阿氏多追求世間一己之欲樂，而慈氏則是出世利他眾樂。這裡，佛陀對慈氏發願未來成佛的肯定。並引用「契經」來加以證明：

如契經說：過去有王名大善見，都香茅城、居善法殿，如是等事無量無邊。云何可說有未來事？如契經說：未來有佛號慈氏尊，爾時，有王名曰壞怯，所都大城名雞睹末，如是等事無量無邊。云何宿住隨念智觀過去事，死生智觀未來事，妙願智觀過去未來事？[106]

此處引諸經說明，慈氏爲未來佛的觀念是由來已久並得到大家一

---

105 唐·玄奘譯：《阿毗達磨大毗婆沙論·卷一七八》，《大正藏》第27
　　冊，頁894中。

106 唐·玄奘譯：《阿毗達磨大毗婆沙論·卷一七八》，《大正藏》第27
　　冊，頁395中。

致公認。既然彌勒未來成佛只是一種認知，就不見得一開始就是對未來佛彌勒的崇拜，事實也的確如此，如《中阿含經》之《說本經》所說之事，也說明彌勒未來成佛這一事實。對於未來佛彌勒觀念，也同樣出現在《長阿含經·卷六·轉輪聖王修行經》，和與南傳相對應的《轉輪聖王師子吼經》中，從未來佛彌勒的觀念漸漸演化成對未來佛彌勒或彌勒菩薩之彌勒信仰，大約是在佛陀涅槃後一百多年。

有關授記內容，可以在阿育王（前270-前234年）時代成書的《長阿含經·第六經·轉輪聖王修行經》、《中阿含經》之《說本經》、巴利文《長部經典·第二十六·轉輪獅子吼經》[107]等書中發現。授記除了確立彌勒比丘在佛教中為未來佛的身分外，還有對釋迦正法繼承與弘揚的承擔。這種未來佛彌勒的觀念建立，有如彌勒信仰的源頭，如果說彌勒出家為彌勒信仰的種子，那麼授記則為彌勒信仰的萌芽。

三、彌勒經出現

彌勒比丘先於釋迦佛在人間圓寂而上生兜率陀天。在釋迦佛圓寂之後百年左右，直到阿含彌勒經的出現，佛弟子們對彌勒的理解僅僅局限在未來佛，釋迦佛則為現在佛。阿含彌勒經是指《增一阿含經·卷四十四·十不善品·第三》中的彌勒經。[108]在釋迦佛涅槃之後，隨著時間的發展，佛弟子們漸漸地淡化了歷史上真實釋迦佛的印象，而未來佛彌勒觀念進駐他們的思想，並漸漸發展演變成適合皈依者心目中的理想形象。原來的彌勒比丘演變成可以答疑解惑、身處兜率天的彌勒菩薩，原來釋迦為現在佛，彌勒是未來佛，慢慢地演變成釋迦佛似乎為過去佛，而未來佛彌勒卻變成可以透過禪定親近的彌勒菩

---

107 李利安：《有關阿育王的漢文史料概論》，《西北大學史學叢刊》第三輯，三秦出版社，2000年。

108 該經與誤題為竺法護譯《佛說彌勒下生經》（《大正藏》第14冊）是同本，後者不過是前者的單行本，譯者題為東晉僧伽提婆。

薩。在未來佛彌勒觀念的基礎之上，本來只是以繼承與弘揚釋迦正法的如來繼承人即未來佛彌勒，而隨著時代社會的發展，彌勒的性格、形象、事蹟等不斷充實豐富，以滿足當時人們的心理需求，於是，原來的未來佛彌勒的觀念就演變成對彌勒的信仰，最終出現標誌彌勒信仰形成的第一部彌勒經典，即《增一阿含經・卷四四・十不善品・第四十八》[109]（以下稱「阿含彌勒經」）。

李利安說：「任何一個宗教信仰形態都應具備教義、修道、心理等內在要素，以及信徒、場所、活動等外在要素。」[110]如果按照這個要求，那這部經起碼已經符合了信仰的幾個內在要素：教理、修行法門、心理皈依等等。阿含彌勒經其實是與署名西晉竺法護，實際為東晉僧伽提婆譯的《彌勒下生經》（《大正藏》T24，No. 0453）的內容是完全相同的。至於為什麼把單行本的這部《彌勒下生經》的譯者歸在西晉竺法護的門下，根據學者王雪梅的研究，「在古代印度真正的《彌勒下生經》，我們認為很可能就是已經遺失的竺法護譯本。這部冠以竺法護名的彌勒經，在印度是否以『下生經』之名單獨流傳尚不能確定，但該經曾編入《增一阿含經》之中卻是事實」。[111]本人則認為亦有可能是節錄者本身有意而為之，借助竺法護之盛名，以達到弘揚彌勒信仰的目的。

阿含彌勒經是後來彌勒下生經的原型。楊惠南教授在《漢譯佛經中的彌勒信仰》中是這樣論述的：「本經雖然和其他各經一起列入《十不善品》，其實也可以單獨集成一部《彌勒下生經》，由於《阿含經》被認為是最早集成的佛經，因此相信本經是其他《彌勒下生經》的原型，即其他《下生經》都可能是本經所衍生的。」[112]既然

---

109 東晉・僧伽提婆譯：《增一阿含經・卷44》，《大正藏》第2冊，頁785下。

110 李利安：《試論當代中國宗教的基本形態及其發展趨勢》，《世界宗教研究》，1998年第3期，第14-23頁。

111 王雪梅：《彌勒信仰研究》，上海古籍出版社，2016年10月，第48頁。

如此，就可以從這部經下手來了解彌勒信仰的早期情形。

首先，從阿含彌勒經的品目結構上不難看出，編輯者的意圖是突出未來佛彌勒的觀念。學者郭忠生研究認爲：「《增一阿含經》把此一『彌勒下生教說』，編在《十不善品・第48・第3經》，而此品的第1經說的是十不善，第2經說的是過去六佛與現在釋尊制立禁戒的情況，同時提及釋尊正法存續多久的問題，那麼在第3經敘述未來佛彌勒，是很自然的，而且也說到彌勒佛的制戒。緊接下來的第4經，不但介紹過去六佛，而且還說到彌勒佛之後的師子應佛、承柔順佛、光焰佛、無垢佛、寶光佛等等，未來的未來佛。所以在架構上，《增一阿含經》出現此一教說，並不突兀。」[113]

從經文內容來看，應機者爲阿難，標明未來佛彌勒的合法正統性。阿難所關心的問題，是想了解彌勒未來成佛的情形和對這一情形的期待，這與其他以舍利弗爲應機者的下生經不同。經初：

阿難偏露右肩，右膝著地，白世尊言：如來玄鑒，無事不察。當來、過去、現在三世皆悉明了。諸過去諸佛姓字、名號，弟子菩薩翼從多少，皆悉知之。一劫、百劫、若無數劫，悉觀察知。亦復知國王、大臣、人民姓字，斯能分別。如今現在國界若干，亦復明了。將來久遠彌勒出現至眞、等正覺，欲聞其變，弟子翼從，佛境豐樂，爲經幾時？[114]

上面這段經文，先確定了彌勒爲未來佛的位置，然後，阿難想知道將來彌勒成佛時的弟子翼從、佛境豐樂與當時現實社會不一樣的情況，最後，問題落在「爲經幾時？」，很明顯，這是對未來佛彌勒出現的期待。

---

112 楊惠南：《漢譯佛經中的彌勒信仰》，《文史哲學報》第35期，1987年12月，第127頁。

113 郭忠生：《釋尊之超越彌勒九劫（之一）》，《正觀雜誌》第21期，2001年6月，第67頁。

114 東晉・僧伽提婆譯：《增一阿含經・卷四四》，《大正藏》第2冊，第787頁下。

經文在描繪了彌勒佛出現時的弟子翼從、佛境豐樂之後，談到未來彌勒佛所弘揚的是釋迦佛原有的教法如三會聲聞眾。並且，釋迦佛勸誡其遺法弟子要如何修行才能參加龍華三會。經云：

> 欲得見彌勒佛、及三會聲聞眾、及翅頭城、及見蠰佉王並四大藏珍寶者，欲食自然粳米者、並著自然衣裳、身壞命終生天上者，彼善男子善女人，當勤加精進無生懈怠，亦當供養、承事諸法師，名花搗香，種種供養，無令有失。[115]

從教理上說，要想參加彌勒成佛時的龍華三會（此爲心靈皈依），成爲被度聲聞眾（教理爲聲聞之苦、集、滅、道），就必須命終生天。值得注意的是，此時並非提及生到兜率天，不像彌勒信仰成熟時期那樣直接生到兜率陀天，目標卻是龍華三會，確定之後，就要立即開始「當勤加精進，無生懈怠，亦當供養、承事諸法師，名花搗香，種種供養，無令有失」。這是修行方法。這樣，教理、心靈皈依與修行方法等，則讓未來佛彌勒之信仰由此形成。準確地說，阿含彌勒經的出現是彌勒信仰形成的標誌。

第二節　開展

如上文所述，彌勒信仰的形成經歷了彌勒出家爲彌勒信仰播下了種子，釋迦授記爲彌勒信仰的發芽，直到阿含彌勒經的出現，彌勒信仰方才成型。本節將從三個階段來窺視一下彌勒信仰在印度的發展與完善。早期形態的彌勒信仰是依據阿含彌勒經即（西晉）竺法護譯《彌勒下生經》，[116]具有釋迦佛爲現在佛、彌勒爲未來佛的特徵，在教理、修道、心理皈依等方面亦有獨特之處。下生信仰是彌勒信仰

---

115 東晉・僧伽提婆譯：《彌勒下生經》，《大正藏》第12冊，第423頁中。

116 實際爲東晉僧伽提婆譯《增一阿含經》中的關於彌勒經文的單行本，見前述。以下稱作阿含彌勒經。

發展的具體表現，此時，釋迦佛似乎成了過去佛，彌勒本爲未來佛卻扮演著現在佛的角色，但是不能錯誤認爲彌勒就是已經下生的現在佛，以彌勒六經中的《彌勒來時經》（東晉，失譯人）、《彌勒下生成佛經》（後秦，鳩摩羅什譯）、《彌勒大成佛經》（後秦，鳩摩羅什譯）、《彌勒下生成佛經》（唐，義淨譯）這四部經爲依據。上生信仰則是對彌勒信仰的完善，以（劉宋）沮渠京聲翻譯的《佛說觀彌勒菩薩上生兜率天經》爲根據，主要由佛陀描述天子與大神所化現殊勝莊嚴的兜率天宮、彌勒上生兜率天的因緣，以及往生兜率的修行方法。

一、未來佛彌勒信仰

彌勒信仰的早期形態就是未來彌勒佛的信仰，主要體現在阿含彌勒經即西晉竺法護譯的《彌勒下生經》中，其表現在對三世佛觀念的建立，確立彌勒爲未來佛。如經文中的「當來、現在、過去三世」，「將來久遠彌勒出現」等句都流露出未來佛彌勒的信息。彌勒將要說法的內容基本是全盤照搬釋迦佛之教法，如「苦集盡道」、「三乘之教」、「十想」等。經文中提及的十三種修行方法中，就有十種強調「於釋迦文佛所」修行，才可以如願親近未來佛彌勒。對釋迦佛法的秉承與皈敬，是未來佛彌勒信仰的早期特色。

早期彌勒信仰的心理皈依對象是現在的釋迦佛，彌勒爲未來佛，彌勒秉持釋迦佛法爲特徵。以釋迦佛爲主導，所謂的彌勒信仰也是建立在對釋迦佛皈敬的基礎之上，彌勒是眞正含義的未來佛。這種概念在彌勒下生信仰中就有了變化，如本來是未來彌勒佛（精確說應爲彌勒菩薩）儼然成爲現在佛，而原來的現在釋迦佛卻成爲過去佛。如《薩婆多毗尼毗婆沙》論書中問答對話：「問曰：皈依佛者，爲皈依釋迦文佛？爲皈依三世佛耶？答曰，皈依三世佛，以法身同故。若皈依一佛，則是皈依三世諸佛，以佛無異故。」[117]從這裡可以看出，皈依對象產生變化，由原來僅僅皈依釋迦一佛轉變成皈依三世佛，其主要原因是「法身同故」。這與後來玄奘的彌勒信仰遙相呼應，這應

該也是玄奘彌勒信仰的依據，這將在第二章第二節重點討論。皈依多佛的出現說明大乘思想滲入，這與上座部只承認娑婆世界一佛的觀點不同。在下生信仰中，位居補處的彌勒菩薩則成為現在的皈依對象，彌勒還是未來佛，釋迦則成為過去佛。由於經文中沒有提到彌勒菩薩的概念，所以很容易讓有些學者理解為彌勒佛為現在佛。由此可見，從早期的未來佛彌勒信仰中發展出下生信仰與上生信仰，其主要原因是信眾心理皈依的對象發生轉換。從釋迦佛涅槃到彌勒佛下生之間，留下了一個彌勒上生信仰的空間，即彌勒菩薩兜率淨土之上生信仰。

早期形態彌勒信仰的教法主要是遵循釋迦教法。只有依照釋迦教法修行，才可以在龍華會上面見慈尊。在阿含彌勒經中，彌勒未來成佛後，應機說法。

彌勒尊佛對諸天人與魔王及八萬四千眾等，先說「施論、戒論、生天之論」等，所謂論者，即施論、戒論、生天之論，欲不盡想，出要為妙，微妙之論；次說「諸佛世尊常所說法」，即苦、集、盡、道之法。「施論、戒論、生天之論」在《增一阿含經》與《長阿含經》中經常出現，[118]這確實是釋迦常說教法。《彌沙塞部和醯五分律》中亦有說示：「布施持戒生天之論，呵欲不淨，讚歎出離」，[119]修行布施、持戒是生天先決條件，修不淨觀才是離欲解脫之道。

彌勒尊佛對穰佉王說「初善、中善、竟善，義理深邃」。在宋·天竺三藏求那跋陀羅譯《大方廣寶篋經》中有對「聲聞初中後善」的解釋：「復次，初善者信欲不放逸，中善者定念一處，後善者善妙智慧；復次，初善者信佛不壞，中善者信法不壞，後善者信於聖僧得果不壞；復次，初善者從他聞法，中善者正念修行，後善者得聖正見；

---

117 失譯人：《薩婆多毗尼毗婆沙》，《大正藏》第23冊，第505頁下。

118 後秦·佛陀耶舍、竺佛念共譯：《長阿含部》，《大正藏》第1冊，第9頁上。

119 東晉·竺道生著：《彌沙塞部和醯五分律·卷一六》，《大正藏》第22冊，第110頁中。

復次，初善者知苦斷集，中善者修行正道，後善者證於盡滅。是名聲聞初、中、後善。」[120]這是說明修行次第與境界，可以自行對照。至於善的具體內容在阿含彌勒經中經常出現的有：「善思念之執在心懷」、「善言相向」、「善修梵行」、「口意不行惡，身亦無所犯」以及「苦集滅道」等。

彌勒尊佛對出家比丘說「三乘之教」，阿含彌勒經云：「爾時，彌勒當說三乘之教，如我今日。弟子之中大迦葉者行十二頭陀，過去諸佛所善修梵行。此人當佐彌勒勸化人民。」[121]此處三乘是指「須陀洹、斯陀含、阿那含」之「三乘」，因爲此時修行的最高境界是阿羅漢果位，所以後面經文講到龍華三會時說「皆證阿羅漢果位」，這樣前後一致。在《增一阿含經・卷五》中說得更加清楚：「世尊告曰：善哉，善哉。迦葉，多所饒益，度人無量，廣及一切天人得度。所以然者，若迦葉此頭陀行在世者，我法亦當久在於世。設法在世，益增天道，三惡道便減，亦成須陀洹、斯陀含、阿那含三乘之道，皆存於世。諸比丘，所學皆當如迦葉所習如是。諸比丘，當作是學。」[122]此處傳送一個信息就是，只要迦葉頭陀行在世，那釋迦教法與三乘之道皆存於世，這也就可以解釋，爲什麼阿含彌勒經把迦葉之會安排在龍華三會之前的緣故，同樣說明在阿含彌勒經的彌勒信仰是秉承釋迦一代時教的。

彌勒對龍華三會後諸弟子說「十想」之法。經云：

爾時，彌勒與諸弟子說法：汝等比丘，當思惟無常之想、樂有苦想、計我無我想、實有空想、色變之想、青瘀之想、膨脹之想、食不

---

120 劉宋・求那跋陀羅譯：《大方廣寶篋經・卷二》，《大正藏》第14冊，第475頁下。

121 西晉・竺法護譯：《佛說彌勒下生經》，《大正藏》第14冊，第422頁中。

122 東晉・僧伽提婆譯：《增一阿含經・卷五》，《大正藏》第2冊，第570頁上。

消想、膿血想、一切世間不可樂想。所以然者，比丘當知迦文佛與汝等說，令得盡有漏，心得解脱。[123]

這裡的「十想」與上面的「施論、戒論、生天之論」，是其他四部下生經中所沒有的內容。一般而言，如果不仔細考察探究，就不容易分辨阿含彌勒經與其他下生經之間存在很大的區別，這主要原因是其他幾部下生經都是從阿含彌勒經衍生出來的緣故。

透過對阿含彌勒經中心理皈依、教法與修行的分析，彌勒信仰在早期形態有關未來佛彌勒信仰所呈現的特徵是：1）彌勒爲未來佛，現居天上，並未言及何天，更沒有兜率天的影子，釋迦是現在佛；2）對未來佛彌勒信仰的教法、修持以及心靈皈依，都是秉承現在的釋迦佛，並且，依之聞修方可順利通往龍華三會得見彌勒；3）彌勒成佛是在久遠的未來，佛境豐饒是人們對純潔善良美好生活的憧憬；4）修行的目的是「出要爲樂」，命終生天，並未談到跟隨彌勒聽經聞法，以及蓮華化生之事，未來在龍華三會中聞法得度；5）彌勒所扮演的是荷擔如來家業繼承人的角色。

二、下生信仰

彌勒下生信仰出現在大約西元前一世紀至西元四世紀之間，其主要特徵就是菩薩思想的融入，依據經典則有四部，即東晉失譯人的《彌勒來時經》，此爲下生信仰中最早的一部經，比阿含彌勒經差不多晚四百多年；後秦鳩摩羅什翻譯的《彌勒下生成佛經》和彌勒下生信仰最成熟的《彌勒大成佛經》，唐義淨翻譯的《彌勒下生成佛經》應該是爲了方便傳播，從前面幾部下生經中節錄而成偈誦。這四部經典中的發問者都是舍利弗。而在釋迦佛涅槃之後百年，標誌未來佛彌勒信仰之形成的阿含彌勒經，發問者則是阿難尊者。儘管這五部經都

---

123 劉宋·求那跋陀羅譯：《佛說彌勒下生經》，《大正藏》第14冊，第422頁中。

講到彌勒下生成佛時的佛國豐樂、龍華三會、轉輪聖王治世等種種盛況，但是阿難系的阿含彌勒經與舍利弗系的下生經，在時間與彌勒信仰上都有根本性差異。時間上的差異上面已經說明，但是彌勒信仰上的差異有待進一步分析。

學者汪娟透過對五部經的內容比較，得出的結論是：（他們）內容大同小異，阿難系統認爲受釋迦法衣是在龍華初會，而舍利弗系統則認爲是在三會之外，別有受衣一會，實際上成了四會說法。[124]這並沒有解決兩個系統中彌勒信仰差異。日本學者松本則認爲：

> 和《下生經》是《成佛經》之後所出一樣，該經也應是《成佛經》之後的東西吧。而像迦葉傳衣的因緣，也許是因爲《成佛經》沒有說得很詳盡，所以該經又進一步做了增補吧。之所以說該經並不是把《下生經》直接取來後而形成的東西，其證據之一就是，經中說法的場所從原來的舍衛國移到了摩揭陀，說法的對象也由阿難取代了舍利弗。或許可以這樣認爲，前者是由大乘學徒，而該經則是由小乘學徒分別將其縮短（修正）後形成的東西。[125]

松本已經注意到，兩個系統之間爲大小乘的差別，但是，他把阿難系的下生經即阿含彌勒經，歸結爲小乘學徒縮短修改。很明顯，透過上面研究發現，阿含彌勒經標誌著未來佛彌勒信仰的形成。那麼舍利弗系的彌勒下生經中的彌勒信仰到底是什麼呢？

爲了探究彌勒下生信仰的內容與特證，學者王雪梅透過對阿難系與舍利弗系五部經的內容比較發現，阿含彌勒經與其他四部下生經有很多不同，並指出，有的學者僅以「《彌勒成佛經》與《彌勒下生經》內容基本相同，只是前者增加了大乘佛教六度思想」[126]之語一筆帶過。她從問法者與迦葉之會中迦葉傳衣、與眾的態度、佛身

---

124 汪娟：《唐代彌勒信仰研究》，中國文化大學中國文化研究所碩士論文，1990年，第10頁。

125 松本文三郎著，張元林譯：《彌勒淨土論》，宗教文化出版社，2001年4月，第85頁。

長等問題進行比較，得出下生信仰的內容特徵：彌勒由未來佛的身分變成了現在佛，即彌勒以現在佛的身分出場，以彌勒下生經的出現標誌彌勒下生信仰的形成，而《彌勒大成佛經》的製作，則顯示出彌勒信仰及彌勒下生信仰發展到成熟階段。阿含彌勒經與舍利弗下生經最大的不同，是代表著佛教不同時期的佛法問題，反映出佛教在古代印度從小乘（部派）佛教發展到大乘佛教的歷史軌跡，這點幾乎沒有引起過學界的注意。阿含彌勒經以釋迦佛為現在佛，彌勒為未來佛，皈敬釋迦一代的教法，未來佛彌勒是以釋迦時代的教法為教法，也就是說以小乘教法為旨歸；舍利弗系視釋迦為過去佛，彌勒佛以現在佛的身分出場，成為信徒皈依的對象，表達的是對於彌勒佛所代表的佛法（大乘佛法）的認同。[127]如果單說彌勒下生信仰中「彌勒由未來佛的身分變成了現在佛，即彌勒以現在佛的身分出場」，那似乎不太嚴謹。因為彌勒在未來成佛，但是現在還沒有下生，況且這些經典都是釋迦佛親口宣說。如果說是對未來佛彌勒信仰的心理皈依，應該是可以理解的。這種心理皈依其實是對大乘般若思想的接受，這種般若思想並沒有完全脫離釋迦佛的教法。也可以理解為，釋迦佛透過彌勒來宣揚般若思想。無論是阿難系或舍利弗系，甚或其他所有經典，都是以釋迦佛為主宣說流傳的。在佛弟子的心目中，釋迦佛還是現在佛，而未來彌勒佛儘管也在娑婆世界成佛，但是此世界非彼世界。「舍利弗系視釋迦為過去佛，彌勒佛以現在佛的身分出場，成為信徒皈依的對象」，在舍利弗系的經典中，並沒有明確經文說釋迦為過去佛，因為經文本身就是釋迦佛在說，因而就沒有未來彌勒佛成為現在佛之說了。到底是以說法者為主，還是被說的對象為主呢？如果認為被宣說的對象為主，為皈依對象，那這個觀點的成立，就必須建立在

126 汪志強：《印度佛教淨土思想研究》，四川大學博士論文，2006年，第36頁。

127 王雪梅：《彌勒信仰研究》，上海古籍出版社，2016年10月，第61-71頁。

對釋迦佛即說法者的認可。因此，彌勒下生信仰的中心特徵是大乘般若思想的出現，借助於彌勒來呈現般若思想，並不代表未來佛彌勒就成了現在佛。不可否認的是，彌勒信仰者，在對釋迦佛說法認可與贊同下，對未來佛彌勒的心理皈依與對其純淨國土的嚮往，但是，並不能直接斷言：在彌勒下生信仰中，釋迦佛成爲過去佛，而未來彌勒佛變成現在佛。如果這樣理解就很容易贊同傳到中國後民間彌勒信仰理論：「釋迦摩尼末，彌勒佛降生」。這也是爲什麼在漢傳民間彌勒信仰中，從不提及彌勒上生信仰的原因所在，這將在第三章第三節中重點討論。在釋迦佛涅槃到彌勒下生成佛之間，應該皈依的是彌勒上生信仰的彌勒菩薩，即彌勒上生兜率淨土之彌勒菩薩信仰。只有這樣解讀，彌勒上生信仰的出現才會顯得順利成章。

要想眞正了解彌勒下生信仰，必須從舍利弗系的四部經下手，在他們之間也有不同內容，正是這些不同，才幫助今人清晰地看到彌勒下生信仰在西元前一世紀至西元四世紀之間所發生的歷史演變與發展過程。

舍利弗系的四部下生經中，最早出現的應該是《彌勒來時經》，從其內容中對未來彌勒佛的期待，可以斷定此經比較接近阿難系彌勒經。如經末有與眾不同的敘述：「彌勒佛卻後六十億殘六十萬歲當來下」。[128]在《雜譬喻經》的開始就有一段與《彌勒來時經》相同，關於彌勒下生信仰的記載：

> 昔有比丘聰明智慧，時病危頓，弟子問曰：成應眞未？答曰：未得不還未也。問曰：和上道高名遠，何以不至乎？和上告白：已得頻來，二果未通。問之：已得頻來，礙何等事不至眞人？答曰：欲睹彌勒佛時，三會二百八十億人得眞人時，及諸菩薩不可限載。彌勒如來巨身至尊，長百六十丈。其土人民皆桃華色，人民皆壽八萬四千歲，土地平正，衣食自然，閻浮土地廣長各三十萬里。意欲見此，不取

---

128 失譯名附東晉錄：《彌勒來時經》，《大正藏》第14冊，第435頁上。

眞人。彌勒佛時二尊弟子，一曰雜施，二曰數數，復欲見之，知何如我。弟子復問：從何聞此？和上答曰：從佛經聞。弟子白曰：生死勤苦，彌勒設有異法當往待之乎？答曰：無異。六度、四等、四恩、四諦，寧有異乎？答曰：不也。設使一等彼此無異，何爲復待？今受佛恩反歸彌勒，亦可取度不須待彼。和上言止：卿且出去，吾當思惟。弟子適出未到戶外，已成眞人。弟子還曰：何乎？師曰：已成眞人。弟子禮曰：咄叱之頃，已成果證。[129]

王雪梅對這一段的解讀爲：1）比丘的「從佛經聞」，此佛經應爲彌勒下生經中的《彌勒來時經》，並舉證「人民面目皆桃花色，有兄弟二人，兄名鼓達，弟名扶蘭，隨彌勒佛出家」。與此比丘描述相似；2）不想證果，想見彌勒佛。具備證果條件而不取證，爲的是親見彌勒佛；3）對彌勒下生成佛世界的嚮往與期待，故比丘說「意欲見此，不取眞人」；4）比丘認爲彌勒的教法與釋迦沒有什麼不同，徒弟反詰：「今受佛恩反歸彌勒」。最後，「師曰：已成眞人」。[130]

上面這段正好反映出彌勒下生信仰初期，小乘與大乘之間的交融。徒弟代表傳統的小乘，以釋迦佛爲心靈皈依，所證極果是阿羅漢果，彌勒是未來佛。比丘是大乘初期代表，在當時是「道高名遠」，他既有阿羅漢的觀念，同時也吸收了六度、四等之菩薩思想。他不想取證聖果，證得涅槃，而是要「欲睹彌勒佛時」之「其土人民皆桃華色」及佛國豐樂之景象。可是，他無法分清取證聖果與佛國豐樂之間的區別。這位比丘認爲這部經典是由釋迦佛所說，可說的是未來彌勒成佛時的事情，前佛後佛在承繼上所講教法應該是沒有區別，在取證涅槃與清淨佛土上顯然偏向於後者。彌勒下生信仰中並沒有鼓勵弟子取證涅槃的影子，而是注重強調六度之行與般若智慧，這是通往佛國

---

129 後漢・支婁迦讖：《雜譬喻經・卷一》，《大正藏》第4冊，第499頁中。

130 王雪梅：《彌勒信仰研究》，上海古籍出版社，2016年10月，第72-73頁。

淨土的鑰匙。隨著佛教自身的發展，有些佛弟子已經感知到，取證涅槃不能滿足他們內心的心理需求，似乎應該要成為遊戲人間的菩薩。於是，菩薩之六度、四等等概念被融入佛經之中。在後來的發展中，人們就知道要迴小向大，甚至指責取證涅槃的羅漢為自了漢、焦芽敗種等等。在大乘發展初期，這位「道高名遠」的比丘，在弟子反問「今受佛恩反歸彌勒，亦可取度不須待彼」時，他無法應機作出相應合理的回答，這說明當時大乘之菩薩思想還不是很清楚，也不盛行。或者可以說，大乘思想在發展初期遭到傳統阿羅漢思想的抵禦。

總之，彌勒下生信仰的開始特徵是六度四等之菩薩思想的加入，對未來彌勒佛美好國土的期待，這是佛教發展過程中的一個關鍵性的轉捩點。彌勒下生信仰是在佛教思想推陳出新中產生，也就是說，阿羅漢取證涅槃的觀念差不多已經完成歷史使命，人們更需要的是六度四等的菩薩精神，以及成佛之後的佛國豐樂。這樣，才能滿足人們生活與精神上的雙重需求。

隨著彌勒下生信仰思想的傳播與大乘菩薩思想不斷發展擴充，從而有了《彌勒下生成佛經》與稍晚的《彌勒大成佛經》產生。羅什翻譯《彌勒大成佛經》是在西元401-413年的長安。若想探究其產生的年代，那就要從論下手。龍樹在《大智度論》中談及迦葉神變時，與《彌勒大成佛經》中的描述一樣：

「是時，長老摩訶迦葉骨身，著僧伽梨而出，禮彌勒足；上升虛空，現變如前，即於空中，滅身而般涅槃」。[131]龍樹是應該生活在西元三世紀左右。[132]

同樣，比龍樹《大智度論》更早，大約在佛滅度後的第四百年，由犍陀羅國王迦膩色迦王護持，脅尊者主持佛教集結中形成《阿毗達摩大毗婆沙論》，在這部論中，有關涅槃後是否存留化身問題的討論

---

131 龍樹造，姚秦·鳩摩羅什譯：《大智度論·卷三》，《大正藏》第25
　　冊，第79頁上。
132 呂澂：《印度佛學源流略講》，上海人民出版社，2005年，第90頁。

與迦葉神變的描述，都跟《彌勒大成佛經》相似或相同。論云：

有說：迦葉波，爾時未般涅槃，慈氏佛時方取滅度。此不應理，寧可說無不說彼默然多時虛住。如是說者，有留化事，是故大迦葉波已入涅槃。問經說：一時作雙示導，謂身下出火身上出水，身下出水身上出火。[133]

有部的這一著作（《大毗婆沙論》），對當時流行的大乘經說法都曾加以駁斥。[134]由此推斷，《彌勒大成佛經》，彌勒下生經中最完善的本子，產生的時間應該是在西元前後。自此「以至第四世紀之末葉，皆爲佛教繼續盛行之期」，[135]正因爲彌勒下生信仰的發展，才使西元四世紀的無著菩薩創立瑜伽行派成爲順理成章。

目前學術界對彌勒下生信仰的觀點主要有三種，但是這三種都未將阿難系即阿含彌勒經與舍利弗系彌勒經相區分，而是將五部經一起作爲下生經來進行分析後得出的觀點。第一種觀點認爲彌勒下生信仰是希望在彌勒成佛時，值遇彌勒，聞法得度；[136]第二種是站在淨土的立場，認爲未來彌勒下生成佛時的淨土世界是由人間淨土、未來轉輪聖王、未來彌勒佛及其信眾來呈現的；[137]第三種觀點認爲，彌勒下生信仰是由未來彌勒誕生前娑婆世界的依報莊嚴，如一種七收、女人五百歲才出嫁等，與彌勒的正報莊嚴，如入胎、誕生、三會說法、見迦葉等。[138]從這些觀點來看，都沒有跳出經文內容，看不出彌勒下生信仰的內涵與發展軌跡。

---

133 北印五百羅漢造，唐·玄奘譯：《阿毗達摩大毗婆沙論·卷一三五》，《大正藏》第27冊，第698頁中。
134 呂澂：《印度佛學源流略講》，上海人民出版社，2005年，第123頁。
135 [日]羽溪了諦著，賀昌群譯：《西域之佛教》，商務印書館，1999年，第79頁。
136 汪娟：《唐代彌勒信仰》，中國文化大學中國文化研究所碩士論文，1990年，第12頁。
137 楊惠南：《漢譯佛經中的彌勒信仰》，《文史哲學報》第35期，1987年12月，第141頁。

前面已經說過阿含彌勒經是彌勒信仰形成的標誌，那麼其他四部舍利弗系彌勒經，才是彌勒下生信仰需要研究的內容。首先，彌勒下生信仰的心理皈依對象，從表象上看是未來佛彌勒，實際上，則是對自我圓滿成就佛果的理想追求，未來彌勒佛土的清淨是源於眾生內心清淨的感召。對未來佛彌勒人間淨土的憧憬，是對自我人格完善的期望，也就是人成即佛成。這與在彌勒信仰形成之時的阿含彌勒經，以阿羅漢為終極果位是截然不同的。有的學者認為：

彌勒下生信仰形態是以彌勒佛為皈依的，這裡的彌勒佛實際已經從未來佛的身分轉變成了「現在佛」的身分，而曾經是現在佛的釋迦佛卻成為了「過去佛」，這種身分的轉變，導致彌勒下生信仰形態在教義（說法內容）修持方法、心理皈依方面都與未來佛彌勒信仰形態有根本的不同。[139]

彌勒下生信仰心理皈依對象，表面上是皈依未來佛彌勒，實際上是皈依三世佛、十方佛，究竟意義上是皈依自性佛。後來的玄奘之彌勒信仰就是繼承這一觀點。如果這樣解讀，那麼就不會把現在的娑婆教主釋迦文佛變成過去佛，把還沒有下生成佛的彌勒佛變成現在佛。假如反過來，把釋迦佛變成過去佛，未來彌勒佛看成現在佛，那就會成為傳到中國後民間彌勒信仰，以「彌勒已下生」為號召進行起義或造反的理論依據。

從彌勒下生信仰的教義上來看，彌勒下生經都是由釋迦佛所說，釋迦佛說未來彌勒成佛後所說的法，其實，就是釋迦佛的法，佛佛道同。但是，從佛法歷史演進發展的過程來看，彌勒下生信仰中出現了六度四等之大乘般若思想。如果說阿含彌勒經所呈現的未來佛彌勒信仰代表的是小乘思想，那麼彌勒下生信仰中的彌勒佛則代表大乘佛法思想。這就是為什麼彌勒不但受到大小乘所公認，而且是唯一的一

138 王惠民：《彌勒信仰起源的史學考察》，《炳林寺石窟學術討論會論文集》，第264頁。
139 王雪梅：《彌勒信仰研究》，上海古籍出版社，2016年10月，第79頁。

位貫穿大小乘的菩薩。也是大乘信徒較之小乘信徒對彌勒信仰更「狂熱」的原因。[140]

根據《彌勒大成佛經》，可以探究彌勒下生信仰的特色，經云：

世尊，當何名斯經？云何奉持之？佛告阿難：汝好憶持，普爲天人分別演說，莫作最後斷法人耶。此法之要：名一切眾生斷五逆種，淨除業障、報障、煩惱障，修習慈心與彌勒共行，如是受持；亦名一切眾生得聞彌勒佛名必免五濁世不墮惡道經，如是受持；亦名破惡口業，心如蓮花定見彌勒佛經，如是受持；亦名慈心不殺不食肉經，如是受持；亦名釋迦牟尼佛以衣爲信經，如是受持；亦名若有聞佛名決定得免八難經，如是受持；亦名彌勒成佛經，如是受持。[141]

從上面這段文字，可以探究彌勒下生信仰的特色要點：

1）「一切眾生斷五逆種、淨除業障、報障、煩惱障，修習慈心與彌勒共行」，一個信仰的建立總是與人們內心的需求緊密相關的。人們希望透過「修習慈心」，可以斷除一切眾生的五逆罪之種子與淨除「業障、報障、煩惱障」，其目標是「與彌勒共行」，這裡需要注意的是「修習慈心」，在這以前的經典並未提及與彌勒的緊密關係，從這部經出現以後，慈心漸漸地變成彌勒的本具性德。讓人看到慈心就想到彌勒，看到彌勒就好似見到慈心，二者密不可分。「與彌勒共行」之意：同爲釋迦弟子，共同修行。如果正如有的學者所說，「彌勒下生信仰形態是以彌勒佛爲皈依的」，[142]那經文怎麼可以說「與彌勒共行」呢？說明彌勒與佛弟子同爲釋子，方能「與彌勒共行」。

2）「一切眾生得聞彌勒佛名必免五濁世不墮惡道經」。這裡開始出現他力思想。因爲未來彌勒佛的功德殊勝，故有此「聞彌勒佛名

140 季羨林：《季羨林文集・第11卷》，《吐火羅文「彌勒會見記」譯釋》，第70頁。

141 姚秦・鳩摩羅什譯：《佛說彌勒大成佛經》，《大正藏》第14冊，第434頁上。

142 王雪梅：《彌勒信仰研究》，上海古籍出版社，2016年10月，第79頁。

免墮五濁、惡道」的利他之效應。

3）「破惡口業，心如蓮花，定見彌勒佛」。上面是耳聞佛名，此爲若「心如蓮花」那般清淨，自然就會「破惡口業」，因爲意業主導身業與口業的緣故，「定見彌勒佛」則爲水到渠成之事。這似乎看到「心淨則國土淨」的影子，內心清淨，別說可以面見彌勒尊佛，就是十方諸佛亦可見到。

4）「慈心不殺不食肉」，慈心是菩薩修行中保持給人快樂之心，爲意業。不殺不食肉，是身業，也是《梵網經菩薩戒》中之戒律條文。這裡彌勒下生信仰中菩薩思想比較明顯。此一特徵與具有漢傳佛教中的民間彌勒信仰特色的「法慶事件」，所宣導「殺一人，爲一住菩薩；殺二人，爲二住菩薩，等等」形成鮮明對比。

5）「釋迦牟尼佛以衣爲信」，爲了堅定彌勒信仰者的信心，故釋迦佛苦口婆心地「以衣爲信」，這裡還是暗示儘管釋迦佛在宣說彌勒下生之盛事，但是，應機者眾的心理皈依對象還是釋迦文佛。佛陀了知眾生心，故「以衣爲信」。

6）「若有聞佛名決定得免八難」，[143]聞佛名免八難，可以保持有機會聞法熏修。

7）「彌勒成佛經」，因爲這部經透過釋迦之口，宣說彌勒成佛因緣以及成佛之後的龍華三會、度化有緣眾生、國土豐樂、人們和諧等清純至善之人間淨土。

綜上所述，彌勒下生信仰是整個彌勒信仰體系中的發展階段。其心理皈依還是釋迦佛，宣說未來佛彌勒的清淨國土，是爲了鼓勵我們這些與彌勒同爲釋子的大乘行者們，透過慈心不殺、心如蓮花、聞名免難等菩薩修行方法，方可順利到達彌勒佛國，回歸自己的心靈故鄉。所以，彌勒下生信仰在教義上爲六度、四等等之菩薩思想，在修

---

143 「八難」，指在八種困難面前沒有機緣接觸到佛法，八難：地獄、餓鬼、畜生、長壽天、邊地、盲聾暗啞、世智辯聰、生在佛前佛後等。

持上表現為慈心不殺，救度方式上是以自力為主，聞名免難之他力為
輔。對佛國豐樂的追求，其實是「自淨其意」的最終目的——成就佛
果。

三、上生信仰

上生信仰的產生時間，按照其所依據的唯一經本——《佛說觀彌
勒菩薩上生兜率天經》，劉宋居士沮渠京聲在西元454-455年於建康
譯出，並無其他譯本，經文明確指出：「爾乃下生于閻浮提，如《彌
勒下生經》說。」說明上生信仰應該是在下生信仰之後。

在上生信仰形成之前，先有念天的思想觀念，然後才有命終往生
兜率天的生天思想，其最早見於西元前二世紀左右的南傳佛教《大史
王統》。至於上生信仰的形成與彌勒信仰體系的完善，則是依據西元
二至三世紀出現的《佛說觀彌勒菩薩上生兜率天經》，經中有明顯的
心裡皈依、完整教理與修持法門。這說明上生信仰的最終完成與彌勒
信仰體系最後的完善。

對於念天思想，《大智度論》中有講到大乘與小乘念天思想的不
同以及產生原因：「聲聞法中說念欲界天，摩訶衍中說念一切三界
天。行者未得道時，或心著人間五欲，以是故佛說念天。若能斷淫
欲，則生上二界天中；若不能斷淫欲，即生六欲天中，是中有妙細清
淨五欲；佛雖不欲令人更生受五欲，有眾生不任入涅槃，為是眾生故
說念天。」[144]大乘是念一切三界天，而小乘聲聞是念欲界天。佛陀
說念天原因有二：一、修行之人「未得道時，或心著人間五欲」，
佛說念天；二、「有眾生不任入涅槃，為是眾生故說念天。」有學
者認為：印度原始佛教時期的念佛、念天與生天思想，念天修善業可
以生天，再由生天思想演變為往生思想；進一步再由念佛思想與往生
思想結合，形成念佛往生淨土的思想。[145]其實，在上生信仰未形成

---

144 【印】龍樹：《大智度論・卷二二》，《大正藏》第25冊，第227頁
下。

之前，就已經有上升兜率的觀念流傳，如「補處菩薩身處兜率天」、「羅漢入定上升兜率諮問彌勒答疑解惑」等等。至於爲什麼補處菩薩身處兜率天呢？《佛本行集經・上託兜率品》中有回答：

> 又諸菩薩，復有一法，命終之後，必生天上，或高或下，不定一天。而其一生補處菩薩，多必往生兜率陀天，心生歡喜，智慧滿足。何以故？在下諸天，多有放逸。上界諸天，禪定力多，寂定軟弱，不求於生，以受樂故，又復不爲一切眾生生慈悲故。菩薩不然，但爲教化諸眾生故，生兜率天。下界諸天，爲聽法故，上兜率天，聽受於法。上界諸天，復爲法故，亦有下來兜率陀天，聽受於法。……

> 爾時，護明菩薩觀生家已。時兜率陀有一天宮，名曰高幢，縱廣正等，六十由旬。菩薩時時上彼宮中，爲兜率天說於法要。是時，菩薩上于彼宮，安坐訖已。告于兜率諸天子言：汝等諸天，應來聚集，我身不久下於人間。我今欲說一法明門，名入諸法相方便門，留教化汝最後，汝等憶念我故。汝等若聞此法門者，應生歡喜。……

> ……彼大微妙師子高座，菩薩坐上，告于一切諸天眾言：汝等諸天，今此一百八法明門，一生補處菩薩大士，在兜率宮欲下托生於人間者，於天眾前，要須宣暢說此一百八法明門留與諸天，以作憶念，然後下生。汝等諸天，今可至心諦聽諦受，我今說一百八法明門者何？[146]

原來補處菩薩身居兜率，是爲了方便度生。選擇兜率天時因爲「在下諸天，多有放逸。上界諸天，禪定力多」。釋迦佛身爲補處菩薩（即護明菩薩）時，住在兜率天高幢宮，爲天眾說「一百八法明門」。《大智度論》中則說：兜率天居於六欲天之中，「結使不厚不利，智慧安隱」。[147]

---

145 汪志強：《印度佛教淨土思想研究》，四川大學博士論文，2006年，第51-52頁。

146 隋・闍那崛多譯，僧曇、費長房、劉平等筆受：《佛本行集經》，《大正藏》第3冊，第676頁中，第680頁中、下。

關於「羅漢入定上升兜率諮問彌勒答疑解惑」的事情就非常普遍，如羅漢先後入定三次，帶雕塑家上升兜率親睹彌勒，再回到人間雕刻彌勒真身之像，無著上升兜率請彌勒菩薩下升人間講《瑜伽師地論》等。

　　如果說念天思想是為難以斷除人間五欲的眾生而設的法門，那對那些淨修梵行的人則施設命終生天的觀念。在彌勒信仰的框架下，是說一期生命結束之後往生兜率天。但是，這種命終生天的觀念早就存在。如《長阿含經》中經常出現「身壞命終，生忉利天」[148]、「淨修梵行，於此命終，生忉利天」。[149]佛陀曾經為報母恩上升忉利天，為母親摩訶摩耶夫人及諸天說法九十日。[150]在南傳佛教《大王統史》第三十二章中記載，錫蘭達都迦摩尼王（約前161至前137，一說前101至前77年在位）在臨命終向上座長老請教生何天最為快樂，長老認為兜率天最為快樂，並說明理由是有「大德！何之天界快樂？」長老言：「王！兜率天為宮快樂，善人等所思之處，待佛之時機，大名聲之彌勒菩薩〔今〕住兜率宮。」聞長老之語大智之大王，仰見大塔坐而閉眼。其剎那沉沒〔王〕生於兜率〔天〕，由此立持來之車仰於天身。」[151]這只能說生天思想，因為他們生天的目的是為了能夠找到一個無比快樂的天界。

　　《佛說觀彌勒菩薩上生兜率天經》中的上生兜率信仰，是在念天、生天思想的基礎之上而發展形成的。「十善報應勝妙福處」之兜率淨土首先是菩薩（彌勒）淨土，這與十方諸佛淨土是不一樣的。一

---

147 【印】龍樹：《大智度論‧卷四》，《大正藏》第25冊，第89頁中、下。

148 後秦‧佛陀耶舍、竺佛念譯：《長阿含經‧卷一》，《大正藏》第1冊，頁4上。

149 後秦‧佛陀耶舍、竺佛念譯：《長阿含經‧卷一》，《大正藏》第1冊，頁30中。

150 失譯人：《大方便佛報恩經》卷三，《大正藏》第3冊，第163頁下。

151 大名長老著，悟醒譯：《大王統史‧卷三十二》，《南傳大藏經》第65冊，頁332上。

般來說，淨土是由因地發願，修行圓滿來成就自己的清淨莊嚴國土。如西方極樂世界阿彌陀佛就是由因地法藏比丘發四十八大願經累劫修行來成就的。未來彌勒佛所發大願為：「使其作佛時，令我國中人民，無有諸垢瑕穢，無淫怒愚癡，殷勤奉行十善」，[152]是在娑婆世界的人間成佛，而不是在兜率天成佛。這裡的兜率天之彌勒菩薩淨土是由五百萬億天子「以天福力，造作宮殿」，與勞度跋提大神「發弘誓願」造作彌勒說法之「善法堂」組成。並不是由自己本願力與多劫修行而來。從世間法來說，兜率天是六欲之一，屬於眾生之業報天，會受到業力牽引而在生死苦海中上下沉浮。釋迦佛位居補處，住在兜率天的「高幢宮」中為諸天說法，但是並沒有「護明菩薩（為釋迦佛位居補處菩薩時在兜率天的名字）淨土」之說。到了未來佛彌勒信仰中，現為位居補處的彌勒菩薩在兜率天，由天子與大神建造了一個彌勒菩薩淨土來供養彌勒菩薩。這應該是受到當時社會流行的淨土思想影響，才有了彌勒信仰之彌勒菩薩之兜率淨土，還有就是彌勒菩薩的兜率淨土，填補了從釋迦佛涅槃到彌勒下生成佛之間的空缺。在化現的兜率淨土中，說法人為彌勒菩薩，上生兜率淨土之眾生也是蓮花化生不退轉。由於兜率淨土是天子與大神化現供養彌勒菩薩的，所以，與業報之兜率天眾生相安無事。兜率天之有緣眾生可以在善法堂聽彌勒菩薩講經說法，但是不會像西方極樂世界的凡聖同居土之眾生或兜率淨土之眾生為蓮花化生不退轉，而是要受輪迴業報的。當兜率之彌勒菩薩淨土傳到中國之後，經玄奘與弟子窺基而出現了彌勒內院與外院的分別。所謂的兜率淨土是指彌勒內院淨土，外院則還是業報之兜率穢土。筆者則認為這樣劃分是不夠嚴謹的，因為兜率之彌勒菩薩淨土是清淨化土，而兜率天則是六欲天之一的業報穢土。從這裡可以看出，命終生兜率天的信仰與命終上生兜率淨土是兩個不同的概念。至於為什麼把兜率淨土化現在兜率天，是因為人間與兜率天行般若波羅

---

152 東晉·竺法護譯：《彌勒菩薩所問本願經》，《大正藏》第12冊，第188頁下。

蜜容易的緣故。人間命終生於兜率天，而兜率天命終則來生人間。

綜上所述，彌勒上生經的出現，解決了未來佛彌勒信仰與彌勒下生信仰之間所存在的一期生命結束之後該往何處去的問題。上生兜率之彌勒菩薩淨土是彌勒信仰一期生命結束之歸宿，也是未來佛彌勒信仰與彌勒下生信仰之間的橋梁。彌勒上生信仰是建立在原有「念天、生天」思想之上發展而來的，兜率之彌勒菩薩淨土是受到當時大乘諸淨土影響而形成的菩薩淨土。兜率淨土成為三界之內唯一的菩薩淨土。這與其他補處菩薩所不同的特殊特徵。上生信仰的建立，使得彌勒信仰體系的完成。

《佛說觀彌勒菩薩上生兜率天經》，也就做《彌勒菩薩於閻浮提沒生兜率陀天因緣》，又名《彌勒菩薩般涅槃》，經文題目本身就已經告知經典所含的內容。經中的心理皈依對象，從彌勒信仰的外在表象上，應該是現在兜率淨土的彌勒菩薩。從信眾的心裡需求上，應該是想找到一個不退轉、安全通往佛國、跳出輪迴生死、介於凡夫與佛之間的菩薩淨土。於是，彌勒比丘就從人間涅槃上生兜率天而成兜率淨土主人的彌勒菩薩。

經中當機者為持律第一的優波離尊者。他作為上座部代表向釋迦佛提出他們的困惑：

「世尊，世尊往昔於毘尼中及諸經藏說阿逸多次當作佛。此阿逸多具凡夫身，未斷諸漏，此人命終當生何處？其人今者雖復出家，不修禪定，不斷煩惱，佛記此人成佛無疑。此人命終生何國土？」[153]

這段話其實道出了上座之小乘對般若利他之菩薩乘的不解。在這部經出現之前，「阿逸多」是「具凡夫身，未斷諸漏」的人王，即轉輪聖王。可是，到這裡，佛陀卻給無能勝的人王授記作佛，言下之意是聲聞之人可以斷諸漏，證入涅槃；而留惑潤生的利他菩薩命終該往哪裡去呢？以前「彌勒」在聲聞眼中是「不修禪定，不斷煩惱」的出

---

153 劉宋・沮渠京聲譯：《觀彌勒菩薩上生兜率天經》，《大正藏》第14冊，第418頁下。

家比丘授記作佛，這說明聲聞的智慧是無法勘察出菩薩之般若智慧的。菩薩境界中所謂的「不修禪定，不斷煩惱」，實際上是恒處般若定中故不需要再修禪定，煩惱的當下在菩薩般若智慧面前就是菩提，故有煩惱即菩提之說。這樣，第二個問題就是具有般若智慧的自利菩薩，命終該生到哪裡去呢？兩個問題的結合就是自利利他的菩薩特性。佛陀對具備自利利他的菩薩加以肯定，授記作佛就顯得順理成章。從上面的分析，不難看出經文把「阿逸多」與「彌勒」合二爲一之深意，顯示出在佛教發展過程中聲聞與菩薩之間所撞擊出的閃耀火花。這段話的意思就是：具備了自利利他品質的彌勒菩薩，命終之後會到哪裡去呢？由此而引出了兜率之彌勒菩薩淨土。因此，彌勒之上生信仰可以說是聲聞、菩薩、未來佛之間經過激盪交融後的產物。

釋迦佛對優波離的回答是，「此人從今十二年後命終，必得往生兜率陀天上。」此處的「從今十二年後命終」，可以理解爲勘破十二因緣之後，方可得生兜率淨土，蓮花化生，永不退轉。

彌勒菩薩之兜率淨土是化土，即由五百萬億天子用各自寶冠化作五百萬億寶宮，與牢度跋提大神「以天福力」造作彌勒菩薩用來講經說法的「善法堂」。「寶冠」說明彌勒菩薩之兜率淨土的尊貴，「善法堂」表明往生兜率淨土之條件應該是以十善爲主。爲什麼是天子與大神化現兜率淨土呢？其實，化現淨土的過程就是修行的過程。在六凡四聖之中，天爲六凡之首，四聖中惟有菩薩可以上求佛道下化眾生。因此，由天來化現菩薩淨土是最恰當不過的了，也就是說天與菩薩是十法界中非常重要的兩個環節。如今在彌勒上生信仰中得到巧妙地統一，縮短了凡聖之間的距離，增強了行者的信心。

正因爲兜率淨土是菩薩化土，所以可以透過禪觀來見到兜率淨土的種種殊勝莊嚴。如經所示，一一作觀：

是諸寶冠化作五百萬億寶宮。一一寶宮有七重垣，一一垣七寶所成，一一寶出五百億光明，一一光明中有五百億蓮華，一一蓮華化作五百億七寶行樹，一一樹葉有五百億寶色，一一寶色有五百億閻浮檀金光，一一閻浮檀金光中，出五百億諸天寶女，一一寶女住立樹下，

執百憶寶無數瓔珞，出妙音樂，時樂音中演說不退轉地法輪之行。其樹生果如頗黎色，一切眾色入頗梨色中。是諸光明右旋婉轉流出眾音，演說大慈大悲法。一一垣牆高六十二由旬厚十四由旬，五百億龍王圍繞此垣。一一龍王雨五百億七寶行樹，莊嚴垣上，自然有風吹動此樹，樹相振觸，演說苦空無常無我諸波羅蜜。[154]

　　窺基大師將此兜率淨土的依報莊嚴概括爲「十重嚴飾」，即「一宮二園三寶四光五華六樹七色八金九天女十音樂」。[155]「時樂音中演說不退轉地法輪之行」，說明往生兜率淨土之眾生不會退轉，好比在成佛的菩提大道上加了保險，既然是彌勒化土，那其土人民應爲清淨之蓮花化生。「其樹生果如頗黎色，一切眾色入頗梨色中」說明「頗黎色」可以去除眾生心中的無明黑暗，「一切眾色入頗梨色中」與南無藥師琉璃光如來的「琉璃光」的功能一樣，也有消災免難去除無明黑暗之功效。所不同的是「頗黎色」之光明，「是諸光明右旋婉轉流出眾音，演說大慈大悲法」。還有「樹相振觸，演說苦空無常無我諸波羅蜜。」從這裡可以看出，兜率淨土之依報莊嚴中都是說的菩薩之法，即「樂音演說不退轉法」、「光音演說大慈大悲法」、「振觸之聲，演說苦空無常無我諸波羅蜜」。無情說法是淨土之特色，正因爲有無情不間斷說法，才可以讓往生之眾生時刻可以聽經聞法而不退轉。無情說法如是，彌勒菩薩則是在大神牢度跋提以天福力爲彌勒菩薩造作的善法堂講經說法。

　　彌勒上生信仰中往生兜率淨土的修行方法和條件，如經所示：

若有比丘及一切大眾，不厭生死樂生天者，愛敬無上菩提心者，欲爲彌勒作弟子者，當作是觀。作是觀者應持五戒、八齋、具足戒、身心精進不求斷結、修十善法，一一思惟，兜率陀天，上妙快樂，作

---

154 劉宋・沮渠京聲譯：《觀彌勒菩薩上生兜率天經》，《大正藏》第14冊，第418頁下——419頁上。

155 唐・窺基：《觀彌勒上生兜率天經贊・卷二》，《大正藏》第38冊，第287頁下。

是觀者，名爲正觀，若他觀者名爲邪觀。[156]

上生信仰中包含有生天思想，「不厭生死」、「不求斷結」之不取證阿羅漢果位思想，「無上菩提心」之菩薩思想，這三種特殊思想說明兜率淨土之應機者是面對大小乘之眾生，更主要的是要想成爲彌勒菩薩的弟子。不但要用心作觀兜率淨土之「上妙快樂」，還要「持五戒、八齋、具足戒、身心精進不求斷結、修十善法」，窺基把這歸納爲「修五因」。[157]

除此「修五因」之外，還要主修「六事法」，即「修諸功德，威儀不缺、掃塔塗地、以眾名香妙花供養、行眾三昧深入正受、讀誦經典。」六事法可以與六度之菩薩行一一對應。1）修諸功德，爲布施行：菩薩應修三種福田可得大功德：供養三寶之敬田，孝順父母師長之恩田及布施貧窮之悲田。2）威儀不缺，持戒行：即持戒，行者若能持守五戒、八戒、具足戒等，自能具足威儀，心不散亂。3）掃塔塗地，忍辱行：使道場整潔莊嚴，令人見之心自清淨。4）以眾名香、妙華供養，精進行：香花供養諸佛菩薩，如同供養莊嚴自性佛，增長福慧。5）行眾三昧，深入正受，禪定行：三昧正受從聞思修得，屬正定攝，行者心注一境，離諸邪妄，定能生慧。6）讀誦經典，般若行：讀經是依經開發智慧，因經詮釋慧學，諸法眞理，藏於經典。其實，六事具足六度行，此爲正行，而下面的念佛形象，稱彌勒名，則爲助行。所行清淨，彌勒慈尊，自然放光接引。修六事法，可以往生兜率淨土。

經文中關於往生兜率淨土之修法中，還特別提到稱勒佛名及發廣大願，《上生經》記載：「如是等人應當至心，雖不斷結，如得六通。應當繫念，念佛形象，稱彌勒名。如是等輩，若一念頃，受八

---

156 劉宋・沮渠京聲譯：《觀彌勒菩薩上生兜率天經》，《大正藏》第14冊，第419頁中。

157 唐・窺基：《觀彌勒上生兜率天經贊・卷二》，《大正藏》第38冊，第291頁中。

戒齋，修諸淨業，發弘誓願，臨命終後，譬如壯士屈伸臂頃，即得往生，兜率陀天。」《上生經》中還對上述方法進行了歸納說明，說「若有欲生兜率陀天者，當作是觀，繫念思惟，念兜率陀天，持佛禁戒，一日至七日，思念十善行十善道，以此功德迴向，願生彌勒前者，當作是觀，作是觀者，若見一天人見一蓮花，若一念頃稱彌勒名，此人除卻千二百劫生死之罪。」即欲生兜率淨土，當觀想淨土之依正莊嚴，持戒修行，積功累德，發願往生。從這些經文，不但可以看出原始樸素的持戒修善之「生天」思想痕跡，而且受到當時淨土思想影響的「稱名念佛」也很明顯。學者廖閱鵬在他的《淨土三系之研究》中說到：「彌勒淨土思想在後來的發展中，受到阿彌陀佛淨土思想的影響，摻入了稱名往生的修法，使得原本完全自力的彌勒淨土思想雜揉了他力傾向。」[158]確實如此，在彌勒上生信仰出現以前，彌勒信仰中基本沒有他力思想，只是注重在實現未來佛彌勒下生時「純潔至善」的人間國土。印順導師曾經批評一味追求彌勒菩薩的兜率淨土而忘記未來佛彌勒下生之人間淨土：「所以說彌勒淨土，必須理解這人間淨土的特色。有的把這人間淨土忘卻了，剩下求生兜率淨土的思想，以為求生兜率，比求生西方要來得容易，這是沒有多大意義的教說。」[159]這似乎與「標月望指」有異曲同工之處。但是，導師好像沒有注意到從兜率天之菩薩淨土到未來佛彌勒下生之人間淨土，期間是有次第的，而且更加適合娑婆世界眾生。如果從俗諦上來觀察，相對於未來佛彌勒下生之人間淨土，西方極樂世界淨土則顯得遙不可及，甚至是天方夜譚，或者是純粹的理想化國土。若從第一義諦來探究，那麼西方極樂世界則顯得圓融殊勝。由此可見，淨土之念佛法門與大乘佛法的興起有著密不可分的關係。因此，印順導師說：「原則的說，大乘是不離念佛與往生淨土的。」[160]

---

158 廖閱鵬：《淨土三系之研究》，臺北佛光出版社，1989年，第53頁。
159 印順：《淨土新論》，《淨土與禪》（《妙雲集》下編之四）。臺北：正聞出版社，2000年，第20頁。

在彌勒上生信仰中著重強調一個字「觀」，題目《佛說觀彌勒菩薩上生兜率天經》，意思是佛陀帶領彌勒行者觀彌勒菩薩上生兜率天因緣，以及天神所化現的莊嚴宮殿與殊勝善法堂，從而生起欣求往生之心，故有持戒修善之修行功德，迴向此功德得生彌勒前。繼續作觀，見一天人、一蓮花、一念稱彌勒名，除卻千二百劫生死之罪等等，如經文所示：

佛滅度後，四部弟子、天龍鬼神，若有欲生兜率陀天者，當作是觀繫念思惟，念兜率天，持佛淨戒，一日至七日，思念十善，行十善道，以此功德迴向願生彌勒前者，當作是觀。作是觀者，若見一天人見一蓮花，若一念頃稱彌勒名，此人除卻千二百劫生死之罪。但聞彌勒名，合掌恭敬，此人除卻五十劫生死之罪。若有敬禮彌勒者，除卻百億劫生死之罪，設不生天，未來世中龍花菩提樹下亦得值遇。[161]

觀的目的分兩步：一是上生兜率淨土彌勒菩薩前，聽經聞法；二是隨彌勒下生，龍華三會得度。假如有稱名除罪、聞名恭敬、禮敬彌勒，就算不難上生兜率淨土，也可以在「未來世中龍華菩提樹下亦得值遇」，發無上菩提之心。

因此，兜率之彌勒菩薩淨土是一期生命結束後最佳去處，是未來世眾生大皈依處。在三界之內，與人間一樣容易行菩薩道，易修易往，而且不退。除自力之外，還有彌勒救度之他力。上生兜率淨土不是目的，隨彌勒下生，三會得度，方為究竟。

彌勒上生信仰的形成標誌著彌勒信仰體系的完善。在彌勒信仰初期，以阿含彌勒經為主，心裡皈依對象是釋迦佛，彌勒則是未來佛，保持原始佛教的傳統原貌；彌勒下生信仰為彌勒信仰的發展階段，以舍利弗系的下生經為主，其特色表象是利他與般若思想的出現，讓原本

---

160 印順：《初期大乘佛教之起源與開展》，中華書局，2011年10月，第759頁。

161 劉宋·沮渠京聲譯：《觀彌勒菩薩上生兜率天經》，《大正藏》第14冊，第420頁下。

滿足於證得涅槃的阿羅漢，如今要發自利利他的菩薩心，方可上求佛道下化眾生，最後指向爲未來彌勒下生成佛時的清純至善的「人間淨土」。這種「彌勒人間淨土」反映出其國人民內心的清淨與和諧的境界。但是，這種「清純至善的彌勒人間淨土」是在「久遠未來」，想去可時間未到，資糧更是不夠。爲了實現這一目標，那現在該做什麼？怎樣才能保證順利抵達彌勒之人間淨土呢？於是，彌勒上生信仰就順應人民心理需求應運而生。彌勒上生信仰解決了現在該怎麼辦？修五因、六事法、稱名與發願。若能如是修行，那就可以在命終之後於兜率之彌勒菩薩淨土中蓮花化生，蓮登九品。並且能夠常伴彌勒菩薩左右聽經聞法，隨其下生，龍華會上，成等正覺。這樣，彌勒上生信仰的形成，透過兜率之彌勒菩薩淨土，無形中拉近了現實生活與「久遠未來」之彌勒人間淨土之間的距離。這樣，印度彌勒信仰體系就由未來佛彌勒信仰、彌勒下生信仰與彌勒上生信仰三個階段來完成了。

綜上所述，透過對印度彌勒信仰相關文獻資料的考察，彌勒信仰在印度的形成、發展與完善，有了一個清晰的源流演變脈絡。彌勒是與釋迦佛同時代的眞實歷史人物，從小聰慧好學、才思敏捷、學貫五車，受師（也是舅舅）命隨十五同門一起在釋迦座下出家修行。他與其他聲聞弟子不同，不求涅槃，不斷諸漏，專意利他；不修禪定，不斷煩惱，專一般若智慧的修學。因此，他得到了釋迦佛的認可，爲他授記作佛。如果說彌勒出家是爲彌勒信仰種下一粒種子，那麼彌勒受記則爲彌勒信仰的發芽，確定了彌勒比丘在僧團中的地位。彌勒比丘上生兜率之後，以彌勒菩薩身分在佛教中出現，並且專門爲佛弟子們答疑解惑。在釋迦佛涅槃之後的百年左右，即至阿含彌勒經（《增一阿含經・卷四四・十不善品》）的出現，說明彌勒信仰正式形成，其主要特徵是彌勒菩薩是釋迦佛荷擔如來家業的接班人，承擔著對釋迦佛法的延續與弘揚，彌勒是未來佛。從未來佛彌勒觀念到未來佛彌勒信仰大約經歷了一百年左右。這樣彌勒受記、未來佛彌勒觀念、未來佛彌勒信仰應該說是在原始佛教框架下形成的，更多地具備了南傳上座部佛教的特徵。

彌勒下生信仰爲彌勒信仰中的發展時期，是以四部舍利弗系彌勒經典的製作完成爲依據，其中《彌勒大成佛經》是彌勒信仰發展成熟的標誌，以利他思想爲主，不求證入涅槃，針對聲聞之斷煩惱與修禪定，而提出了不斷煩惱與不修禪定，重在開發自己般若智慧的菩薩思想。「慈心不殺，不食眾生肉」成爲彌勒菩薩之本具性德。「慈」、「慈心」與彌勒就這樣在下生信仰中有機結合在一起。

　　彌勒上生信仰是彌勒信仰中最後圓滿完善標誌。以《佛說觀彌勒菩薩上生兜率天經》爲依據。彌勒上生信仰是建立在原始佛教時期的生天思想與未來佛彌勒信仰流傳的基礎之上而形成的。上生信仰解決了一期生命結束之後該往何處去的問題。彌勒在上生信仰形成中，受到了當時社會上流行的淨土思想影響。稱名念佛概念的引進，使原本以自力爲主的修行，加入了他力的元素，使上生兜率淨土變得更爲容易。兜率淨土處在業報之兜率天中的天神化土，屬於與十方諸佛淨土不同的彌勒菩薩淨土。上生兜率淨土的目的是不退轉與未來隨彌勒下生成佛，最終在龍華三會中得度。

　　彌勒信仰的三種信仰形態，解決了現實問題，即現在該怎麼做、命終生何處、如何保障在未來彌勒下生成佛時，順利參加龍華三會等問題。彌勒下生時的人間淨土，預示著人們自我心靈提升到了理想境界，即是所謂的「人成即佛成」。

第二章　漢傳佛教與彌勒信仰

　　彌勒信仰傳至漢地，據湯用彤研究，最早含有彌勒信仰內容傳入的經典是東漢安世高翻譯的《佛說大乘方等要慧經》。[162]安世高是在東漢建和元年（147）到達洛陽，不久就通曉漢語，翻譯經典，到東漢建寧（168-171）年間停止譯經工作。按此推算，彌勒信仰傳入中國的最早時間大約是在西元二世紀中葉。接著是竺法護（266-308年間在長安、洛陽譯經）[163]翻譯的《彌勒下生經》即《阿含彌勒經》。之後，東晉姚秦龜茲國三藏鳩摩羅什（西元344-413年）所翻譯的《彌勒下生成佛經》與《彌勒大成佛經》保存最好，內容豐富完善。《佛說觀彌勒菩薩上生兜率天經》是由魏晉南北朝時期之南朝劉宋（420-479）居士沮渠京聲譯出。在彌勒六經中最晚被譯出的應是唐代義淨（635-713）的《彌勒下生成佛經》。彌勒六經的翻譯，說明彌勒信仰是在未來佛彌勒信仰、彌勒下生信仰與彌勒上生信仰三種信仰形態建立後傳入漢地的，但是第一部傳入有關彌勒信仰的經典《大乘方等要意經》，是屬於彌勒下生信仰初期的經典，這在後面有分析。也就是說，彌勒信仰體系在印度完成之後，才被傳入中國。

　　有學者研究發現，在中國，明確表現彌勒傳記和彌勒人間的最早作品，是北魏皇興五年（471）的一塊彌勒圖像的造像碑（今存於西安碑林博物館）。[164]此碑應該主要是根據鳩摩羅什《下生經》譯本

---

162 東漢・安世高譯，《佛說大乘方等要慧經》，《大正藏》第12冊，頁186中。

163 湯用彤：《漢魏兩晉南北朝佛教史》，河北教育出版社，1996年，第119頁。

所繪製而成的彌勒傳記。如乘象入胎、樹下誕生、七步生蓮、九龍浴頂、樹下思維、相師占相、穰佉七寶、一種七收、穰佉出家及尋訪迦葉等。此碑說明在義淨譯本未出現之前，當義淨譯本傳入中國後，正好補充說明了這塊碑中彌勒傳記記錄的可靠性。

彌勒信仰在漢傳佛教中的流傳與演變，主要表現在下面四個階段：一、漢魏兩晉南北朝時期，彌勒經典的傳譯標誌著彌勒信仰在中國的興起；二、隋唐時期，彌勒信仰在漢地流行的興盛；三、中唐至宋之後，彌勒信仰在漢傳佛教傳播中的轉型，由繁變簡，由正統轉型為民間信仰；四、近代彌勒信仰的復興。

第一節　魏晉南北朝：以道安為中心

漢魏兩晉南北朝時期，大量彌勒經典得到翻譯與傳播，這是彌勒信仰在漢傳佛教中興起的先決條件與理論根據。根據湯用彤先生的研究表明，東漢安世高翻譯的《大乘方等要意經》為傳入中國第一部有關彌勒信仰的彌勒經。這部經從篇幅上看不長，主要講述彌勒向佛陀問：「云何菩薩摩訶薩不退轉法，於大乘有進而不耗減，行菩薩道並降伏魔怨？……不厭於生死，自有正慧不從他受，疾成無上一切智地？」[165]佛陀回答：八法具足，方可「疾逮得無上一切智地」，然後具體說明哪八法。從內容、表述特徵和時間上來看，這部經應該屬於大乘興起初期出現的經典，其理由是有針對聲聞涅槃而說，「不厭於生死」，指不入涅槃。「自有正慧不從他受」，著重自己要開發菩提般若智慧。佛教傳入中國初期，儒學興盛，有的把佛當成黃老，說成方術，佛教發展受限。

---

164 張元林：《莫高窟第275窟故事畫與主尊造像關係新探》，《敦煌研究》2001年第4期。

165 東漢·安世高譯：《佛說大乘方等要慧經》，《大正藏》第12冊，頁186中。

到了晉朝，形勢有所改觀，西晉官民信奉佛教，有「寺廟圖像崇於京邑」之說。被譯經典除了被抄傳之外，社會上還流行「細字經」和「供養經」。東晉朝廷奉佛，禮敬沙門，晉元帝「造瓦官、龍宮二寺，度丹陽、建業千僧」，晉明帝「造皇興、道場二寺，集義學、名稱百僧」。[166]到南北朝時，佛教發展形成南北兩個區域，北方建立十六國，大多數統治者信奉佛教。特別是到了後趙、前秦、後秦、北涼均盛。姚秦時期，長安僧尼數以萬計，魚目混珠。其代表人物是道安與鳩摩羅什。南方為東晉王朝所保有，承繼一向與清談玄理交流的佛教，代表人物是慧遠和佛陀跋陀羅。社會猶如一片土壤，在不同的時代會起現出不同的個性，提供給佛教的是陽光雨露，還是風雨雷電，決定了佛教發展的速度。

　　彌勒信仰所依據的六部經中，除了唐代義淨所譯的《彌勒下生成佛經》外，其他都是在魏晉南北朝時期翻譯完成。要想了解這段時間彌勒信仰在與中國本土文化激盪後，以什麼樣的方式適應當時社會中的各個層面，那最好找一位具有代表性的彌勒信仰者來考察當時社會中彌勒信仰狀況。按照這個思路尋找，那道安則是最佳人選。

　　道安生於東晉懷帝永嘉六年（312），圓寂於孝武帝太元十年（385），在他十二歲出家[167]前，已經通曉五經。因其幼聰敏，出家後深得其師佛圖澄賞識。他是當時社會佛教流行中禪法與般若的集大成者。禪法是由念天、生天等思想發展而來的，與彌勒上生信仰密切相關；般若思想則是彌勒下生信仰表現特徵；發願、供佛、上生等日常修行，無不流露出他對彌勒信仰堅信不疑。下面分別從禪法、般若、實修等方面來窺視道安的彌勒信仰。

　　道安對我國一直存有的生天思想似乎產生共鳴。從商周開始，到戰國七雄，秦的統一之後，戰爭頻繁給人們心中留下人生無常的陰

---

166 唐・法琳撰：《辯正論・卷3》，《大正藏》第52冊，頁502下。

167 據《高僧傳》等記載為「年十二出家」，但是，根據《名僧傳抄》，則是十八歲出家。

影。到漢代，人們就迫切希望能夠延年益壽或得道成仙，用這樣的思想觀念掃除內心戰亂霧霾。那些戰爭中家屬朋友遇難、飽受愛別離之苦煎熬者會被告知，他們的親人已經到了另外一個不朽世界或天堂，於是生天觀念尤爲明顯：「漢代人渴望將死者靈魂的一個成分導入另外一個世界或天堂，人民認爲這是一個有仙或者不朽的世界。」[168] 由於這種觀念的流行，升天圖應運而生。隨著升天圖的傳播，升天思想在漢代達到鼎盛，直到漢末，升天思想的狂熱程度才慢慢降溫。不過，直到現在，升天思想一直在民間傳播，從未間斷。因此，當彌勒上生信仰傳入中國時，兩種升天思想並無矛盾，很容易被人們接受，這爲道安弘揚禪法提供了良好環境。

一、禪觀

道安對禪法的理解流露在《安般》諸經的序中：「安般者，出入也。道之所寄，無往不因，德之所寓，無往不托。是故安般寄息以成守，四禪寓骸以成定也。寄息故有六階之差，寓骸故有四級之別。階差者，損之又損之，以至於無爲，級別者，忘之又忘之，以至於無欲也。」[169] 禪法是透過調整呼吸的修習而達禪定之方法。安是入息，般爲出息。安般是調息呼吸。呼吸之間道在其中，順道而行，德便隨之。具體方法爲：首先是調息，有數、隨、止、觀、還、淨等六種調息方法。調整至呼吸均等時，專意一念於呼吸均等上，將此一念無限延長，即至未到地定；用空對治一念，空的本身亦是有，必須要去除，去除之心亦需去除，如此去執，直到去無所去，離無所離，止觀等持之時，就有四四十六動，欲界之色身是由地、水、火、風四大元素組成，修行至此，欲界色身需轉成色界色身，四大就會重新組合，故有四四十六動，這容易被誤認爲得到神通，其實是身體內部四大重

---

168 【英】魯惟一著，王浩譯：《漢代的信仰、神話和理性》，北京大學出版社，2009年，第26頁。
169 梁·僧佑撰：《出三藏記集》，《大正藏》第55冊，頁43下。

組時的自然反應。然後進入色界之初禪，不著任何一境，繼續修行下去就漸次進入二禪、三禪、四禪，無色界之空無邊處、色無邊處、無所有處、非想非非想處，最後，跳出三界，證阿羅漢果。此時便可以做到：「彼我雙廢者，守於唯守也。……得斯寂者，舉足而大千震，揮手而日月捫，疾吹而鐵圍飛，微噓而須彌舞！」不過，道安不求神通變化，深知《人本欲生經》中的「道從禪智，得近泥洹」。他的主張體現在《安般注序》所說的「執寂以御有，崇本以動末」。以一寂之本無統御萬有，崇尚本無以萬有而動爲末。他分析人爲什麼累呢？「人之所滯，滯在末有，苟宅心本無，則斯累豁矣。」[170]原來人感覺累、辛苦，就是執著萬有。要想不累，就要體悟萬有本無性空之理。由此可見，道安理解的禪法不是爲得神通、升天上，而是爲出三界、證涅槃，以解脫輪迴生死。從解脫生死層面來說，上生兜率淨土是一樣的。兜率淨土是三界中的一塊清淨化土，與兜率天有著本質的差別，一個是蓮花清淨化土，一個是業報染污穢土。因此，到兜率天未必就能解脫，但修禪觀是可以上生兜率淨土。

對於彌勒禪觀，道安認爲修禪所達境界，不是追求個人精神上的享受或者超自然能力，而是可以與彌勒大士高談彼宮，或對揚權智，解疑除惑。他在《僧伽羅刹經序》中慷慨激昂：「尋升兜術，與彌勒大士高談彼宮，將補佛處賢劫第八。」在《婆須密經序》中豪情萬丈：「婆須密集此經已，入三昧定，如彈指頃，神升兜率，與彌勒等集乎一堂……對揚權智，賢聖默然，洋洋盈耳，不亦樂乎！」與其說他在言辭中充滿對兜率淨土的嚮往與欣慕之情，倒不如說這是當時社會人們的心理訴求。因爲北方十六國戰爭不斷，執政者更替頻繁，社會人心混亂，急需這種升天思想，暫時跳出現實，放鬆一下。道安勘透了彌勒上生信仰中的生天思想與中國傳統升天觀念的相似之處，加

---

170 梁・寶唱撰：《名僧傳抄・曇濟傳》，《卍新纂續藏經》第77冊，頁354下。

上社會人心的需要，所以他大力弘揚彌勒上生信仰。

二、彌勒與般若

道安的本無宗是在玄學之「以無爲本」與般若之「性空」的基礎之上而創立的。吉藏認爲：「釋道安明本無義，謂無在萬化之前，空爲眾形之始，夫人之所滯，滯在未（末）有，若詫（宅）心本無，則異想便息。……詳此意，安公明本無者，一切諸法，本性空寂，故云本無。」[171]本無就是諸法性空，無是在諸法萬有生成之前，性空則是諸法形成的開始。執著諸法萬有，則有六道輪迴生死。可是吉藏並沒有說明無與空之間的關係，而直接下結論：「本無者，一切諸法，本性空寂」。那本無到底是什麼呢？安澄解釋道：「彌天釋道安法師《本無論》云：明本無者，稱如來興世，以本無弘教，故方等深經，皆云五陰本無。本無之論，由來尚矣，須得彼義，爲是本無，明如來興世，亦以本無化物，若能苟解本無，即異想息矣，但不能悟諸法本來是無，所以名本無爲眞，末有爲俗耳。」[172]他的理解本無開始是性空，但是後來說到「不能悟諸法本來是無」給出理由是「本無爲眞，末有爲俗」。說明本無是出世眞諦，而末之諸法萬有爲世間俗諦。

曇濟在《七宗論》中第一論述就是本無宗：「如來興世，以本無佛教，故方等深經，皆備明五陰本無，本無之論，由來尚矣。何者？夫冥造之前，廓然而已，至於元氣陶化，則群像稟形，形雖資化，權化之本，則出於自然，自然自爾，豈有造之者哉。由此而言，無在元化之前，空爲眾形之始，故謂本無，非謂虛豁之中，能生萬有也。夫人之所滯，滯在未（末）有，宅心本無，則斯累豁矣，夫崇本可從息末者，蓋此之謂也。」[173]曇濟是把吉藏與安澄對道安之本無的理解

---

171 隋·吉藏：《中觀論疏》，《大正藏》第42冊，第29頁。
172 晉·慧達：《肇論疏·卷一》，《卍新纂續藏經》第54冊，頁59中。

加以綜合，然後得出「崇本可從息末」的結論。難道道安的本無就是持此主張嗎？

　　道安在《合〈放光〉、〈光贊〉隨略解序》道出自己的觀點：「般若波羅蜜者，無上正真道之根也。正者，等也，不二入也。等道有三義焉：法身也，如也，真際也。……如者，爾也；本末等爾，無能令不爾也。佛之興滅，綿綿常存，悠然無寄，故曰如也。法身者，一也，常淨也。有無均淨，……泯爾都忘，二三盡息，皎然不緇，故曰淨也，常道也。真際者，無所著也。泊然不動，湛爾玄齊，無為也，無不為也。萬法有為，而此法淵默，故曰無所有者，是法之真也。」用般若智才是到達無上正真道的根本。正真道就是如如平等不二之道。這裡的意涵：1）不二之道有法身、如、真際三義；2）本末如如平等，千變萬化之諸物為幻有性空；3）法身為清淨本體；4）真際為無所著；5）因無所著而至「泊然不動」，方可與深隱之清淨法身幽玄齊一；6）法身無為而無所不為，萬法幻有，真如法身未動；7）所以說：無所有即本無，是法之真諦。

　　道安的禪觀思想主張：「執寂以御有，崇本以動末」。很明顯，寂、有與本、末為兩對相待之法。在接觸般若後，跳出二元的對立，轉變成本末一如、無所著之不二清淨法。禪法屬於自我了脫生死的二乘之法，而般若性空則是大乘菩薩思想。《彌勒上生經》針對二乘的「了脫生死與涅槃」而說「不斷生死，不入涅槃」。大乘興起後認為，涅槃只是抵達佛果的中間化城，需迴小向大，上求佛果，下化眾生的利他菩薩行；用「不斷煩惱，不修禪定」來對治二乘人所提倡的「修禪定斷煩惱」，因為煩惱即菩提，時時處在定中而不需再修禪定，重點開發自利的般若智慧。這說明上生信仰也是經歷了由二乘走向大乘的歷史軌跡。驚人的相似經歷，讓道安對彌勒信仰的認可程度

---

173 梁・寶唱撰：《名僧傳抄・曇濟傳》，《卍新纂續藏經》第77冊，頁354下。

大大加深。道安隨著對般若經的研究，發現了彌勒在般若中的地位。

《道行般若經》是般若經中最早出的一部般若經典，[174]由東漢末年支婁迦讖（168-188年）譯出，為漢譯最早般若經典，相當於《八千頌般若經》，屬於玄奘譯《大般若經》的第四會。該經有八十一處與彌勒菩薩有關，如卷四談及彌勒未來在龍華會上也宣說般若，經云：「佛語須菩提：彌勒菩薩摩訶薩於是成阿惟三佛時，不受色說般若波羅蜜，不空色說般若波羅蜜，不受痛癢思想生死識說般若波羅蜜，亦不空識說般若波羅蜜，亦不脫色說般若波羅蜜，亦不縛色說般若波羅蜜，亦不脫痛癢思想生死識說般若波羅蜜，亦不縛識說般若波羅蜜。」[175]

在該經卷六中則強調，在行菩薩道中遇到問題必須向彌勒菩薩請教，顯示出彌勒菩薩在般若義理上的權威性，如經所云：「舍利弗言：菩薩夢中布施，持是施與作阿耨多羅三耶三菩提，如是有施與無？須菩提言：彌勒菩薩近前在，旦暮當補佛處，是故知當從問。

舍利弗白彌勒菩薩：我所問，須菩提言「彌勒菩薩能解之」。

彌勒言：如我字彌勒當解乎？當以色痛癢思想生死識解慧乎？持是身解耶？若空若色痛癢思想生死識解慧，色痛癢思想生死識空，無力當所解，是法了不見也，亦不見當所解者，是法了不見當得阿耨多羅三耶三菩者。

舍利弗言：彌勒菩薩所說為得證？

彌勒言：不也，我所說法不得證。

舍利弗便作是念：彌勒菩薩所入慧甚深。何以故？常行般若波羅蜜以來大久遠矣。」[176]

---

174 【英】渥德爾著，王世安譯：《印度佛教史》，商務印書館，1987年，第337-338頁。

175 後漢・支婁迦讖譯：《道行般若經・卷四》，《大正藏》第8冊，第443頁中。

176 後漢・支婁迦讖譯：《道行般若經・卷六》，《大正藏》第8冊，第457頁下。

在《道行般若經‧卷五》，以彌勒之口弘揚行深般若波羅蜜的大乘之行，貶抑聲聞阿羅漢果位。如經所明：「或從彌勒菩薩聞是深經中慧，今來生是間，持是功德今逮得深般若波羅蜜。……若復有菩薩，有時欲聞般若波羅蜜，或不欲聞，其心隨數數轉，如稱乍低乍仰，是輩人適學未發故，使少信不樂得深般若波羅蜜，便厭不欲學棄捨去，如是終不成就，墮羅漢、辟支佛道中。」[177]

以上說明彌勒菩薩在般若思想中的地位，同時，也顯現出彌勒信仰在從小乘過度到大乘中所起到的關鍵作用。

道安爲《道行般若經》作序云：

「佛泥曰後，外國高士，抄九十章，爲《道行品》。桓靈之世，朔佛齎詣京師，譯爲漢文，因本順旨，轉音如已，敬順聖言，了不加飾也。然經既抄撮合成音投，音殊俗異，譯人口傳，自非三達，胡能一一得本緣故乎？由是《道行》頗有首尾隱者，古賢論之，往往有滯。任行恥此，尋求其本，到於闐乃得，送詣倉垣，出爲《放光品》。斥重省刪，務令婉便，若其悉文，將過三倍。善出無生，論空持巧，傳譯如是，難爲繼矣。二家所出，足令大智煥爾闡幽。」這是道安研究此經之後的感歎，列出此經弊端，如「抄撮合成音投」、「自非三達，胡能一一得本緣故乎？」、「首尾隱者，古賢論之，往往有滯」，接著，他讚揚《放光品》，「斥重省刪，務令婉便」、「善出無生，論空持巧」，不過，他總結到：「二家所出，足令大智煥爾闡幽。」

《放光般若經》是西晉無羅叉譯出，屬於玄奘譯《大般若經》的第二會，比《道行般若經》多三倍，但是，根據道安，該經是「斥重省刪，務令婉便」、「善出無生，論空持巧」。

道安可稱得上中國彌勒信仰第一高僧，他的彌勒信仰是建立在研習、弘揚《放光般若經》上。[178]他在襄陽十五年間，每年講兩部

---

177 後漢‧支婁迦讖譯：《道行般若經‧卷五》，《大正藏》第8冊，第451頁中。

《放光般若經》，從無廢闕。「安在樊沔十五載，每歲常再講《放光般若》，未嘗廢闕。」[179]

　　道安創立「本無宗」，是研究上座部禪法與大乘般若經的結果。對般若思想的研究，認識到彌勒之所以能夠給大家解疑去惑，就是因為他久遠以來，常行般若波羅密的緣故。這興許是他對彌勒信仰情有獨鍾的原因。在聲聞乘眼中的「不斷煩惱」，其實，就是菩薩「煩惱即菩提」的般若智慧體現，這才是彌勒行者的必修日課。道安的般若思想不僅僅停留在經文表面，而是從經文中深挖般若深意。他針對東晉當時玄風鼎盛的上層社會一些清談名士，衷情於整日談論本末、有無、體用等玄學主題的現象，而用大乘般若學來與玄學相互融通，從而創立了般若學中最早、影響深遠的「本無宗」學派。該宗主張世界於空、無等自然狀態經由元氣變化而成，故稱本無。這與中觀論疏中的本無是完全不同的，僧睿認為中觀之本無應該就是性空，也就是一切諸法本性空寂，即性空緣起，緣起無自性。佛教自東漢被禮請傳入後就魔難重重，首先被依附於黃老之家，魏晉時期接著依附於玄學。由於玄學內部有很多派別，如貴無派、崇有派、獨化派等等，在與大乘般若相接觸交融後，佛教內部對般若思想理解產生差異，故有東晉時期佛教般若「六家七宗」之說。

三、彌勒行者

　　首先，道安所接觸的彌勒經典。《出三藏記集》是僧祐於齊梁之間，在道安《綜理眾經目錄》基礎之上，「於是牽課贏志，沿波討源。綴其所聞」[180]而成十五卷。據僧祐記載，道安是東晉孝武帝寧康二年（374）編撰《綜理眾經目錄》，並慨歎說：「昔安法師以鴻

---

178 釋道昱：《中國早期的彌勒信仰——以道安為主的討論》，《正觀雜誌》第20期，2002年3月，第201頁。

179 梁·慧皎撰：《高僧傳·卷5》，《大正藏》第50冊，頁352下。

180 梁·僧祐撰：《出三藏記集·卷一》，《大正藏》第55冊，頁1中。

才淵鑒，爰撰經錄，訂正聞見，炳然區分」，[181]「爰自安公，始述名錄，詮品譯才，標列歲月。妙典可征，實賴伊人。」[182]儘管道安之《綜理眾經目錄》早已失傳，但幸運的是被僧祐的《出三藏記集》保存下來。這樣，我們就很容易發現，道安在世時所涉獵有關彌勒經典如下：

表 2.1 《綜理眾經目錄》出自僧祐的《出三藏記集》

經名	卷數	譯者	僧祐注
《彌勒成佛經》	一卷	竺法護	與羅什所出異本
《彌勒本願經》	一卷	竺法護	或云《彌勒菩薩所問經》，太安二年五月十七日出
《彌勒下生經》	一卷	鳩摩羅什	
《彌勒成佛經》	一卷	鳩摩羅什	
《彌勒經》	一卷	佚名	安公云：出《長阿含》
《彌勒菩薩本願待時成佛經》	一卷	佚名	抄
《彌勒菩薩下生經》	一卷	佚名	異出本
《彌勒為女身經》	一卷	佚名	
《菩薩處胎經・三廿等品》	一卷	竺佛念	

從上面列表中，未見《佛說觀彌勒菩薩上生兜率天經》，這是彌勒上生信仰唯一的經典依據。但僧祐認為：《佛說觀彌勒菩薩上生兜

---

181 梁・僧祐撰：《出三藏記集・卷一》，《大正藏》第55冊，頁1上。
182 梁・僧祐撰：《出三藏記集・卷二》，《大正藏》第55冊，頁5下。

率天經》或云《觀彌勒菩薩經》，或者《觀彌勒經》，「在高昌久已譯出」，劉宋武帝沮渠安陽侯攜至京都。從這裡是很難確定道安有看到過上生經。

根據侯印國研究，「彌勒經典在僧祐之前譯出，但不能確定道安是否能見者，尚有《彌勒當來生經》一卷、《彌勒受決經》一卷、《彌勒作佛時經》一卷、《彌勒難經》一卷、《彌勒須河經》一卷等，此外記錄了彌勒本行的《賢愚經》十三卷，則在之後的宋元嘉二十二年由釋曇學、威德等譯出。此外，北魏法場譯《辨意長者經》、劉宋時期失譯《法滅盡經》都包含彌勒信仰內容。」[183]大量彌勒經典的傳入，讓中國民眾更好的全面了解彌勒信仰。可以說除唐代義淨以偈頌體翻譯的《彌勒下生成佛經》外，其他彌勒經典的翻譯工作在魏晉南北朝時期就已經完成。下面的工作就是高僧大德給經典作注疏，弘揚彌勒信仰。

東晉孝武帝太元三年（378年），前秦王苻堅為了禮請道安，不惜派軍南下，次年攻克襄陽，恭請他駐錫五重寺，禮遇有加，在苻堅虔心護持下，常住就有數千人之多，並興辦譯場，中外高僧大德齊聚門下，參加翻譯經典。所譯經典主要以南傳說一切有部為主，還有部分大乘佛經。共譯出佛經十四部一百八十三卷，約百餘萬言。從這裡可以看出，道安在當時佛教界應該屬於領軍人物。他與弟子法遇、道願、曇戒等八人相約發願上生兜率淨土。根據《高僧傳·道安傳》記載：「安每與弟子法遇等，於彌勒前立誓，願生兜率。」[184]湯用彤根據立誓人中的曇戒是南陽人，法遇和道安兩人最後分別也是在襄陽，推測此次立誓應該在襄陽。[185]

---

183 侯印國：《略論彌勒淨土信仰在中國的興衰》，《法音》雜誌，2014年第一期，第22頁。
184 梁·慧皎：《高僧傳·卷五》，《大正藏》第50冊，頁353中。
185 湯用彤：《漢魏兩晉南北朝佛教史》。石家莊：河北人間出版社，2000年。

在講經之前，供奉結珠彌勒像，《道安傳》載：「符堅遣使送外國金箔倚像，高七尺，又金坐像、結珠彌勒像、金縷繡像、織成像各一張。每講會法聚，輒羅列尊像，布置幢幡，珠佩迭暉，煙華亂髮，使夫升階履闥者，莫不肅焉盡敬矣。」[186]這足以讓時人爭相信奉彌勒兜率淨土。如智嚴曾到天竺諮問羅漢得戒與否？「值羅漢比丘，具以事問羅漢，不敢判決，乃爲嚴入定，往兜率宮諮彌勒。彌勒答云得戒。」[187]入定見彌勒放光生信的道法，「後入定，見彌勒放齋中光，照三途果報。於是深加篤勵，常坐不臥。元徽二年，於定中入滅。」[188]僧景「初，法師入山二年，禪味始具，每斂心入寂，偏見彌勒如來。」[189]等等。

道安在生命最後階段，對自己的能否上生兜率，產生懷疑。根據《高僧傳・道安傳》：「後至秦建元二十一年（385）正月二十七日。忽有異僧，形甚庸陋，來寺寄宿。寺房既迮，處之講堂。時維那直殿，夜見此僧從窗隙出入，邃以白安。安驚起禮訊，問其來意，答云：『相爲而來』。安曰：『自惟罪深，詎可度脱。』彼答云：『甚可度耳，然須臾浴聖僧，情願必果。』具示浴法。安請問來生所往處，彼乃以手虛撥天之西北，即見雲開，備睹兜率妙勝之報。爾夕，大眾數十人悉皆同見。安後營浴具，見有非常小兒，伴侶數十，來入寺戲。須臾就浴，果是聖應也。」[190]按照道安的修爲，不應該在生命的尾聲對自己的信仰產生懷疑，其原因興許在於他上生兜率向彌勒釋疑的目的有關。他擔心自己罪業深重，不能得度，但是聖人安慰他

---

186 梁・慧皎：《高僧傳・卷五》，《大正藏》第50冊，頁352中。

187 梁・慧皎：《高僧傳・智嚴傳・卷三》，《大正藏》第50冊，第339下。

188 梁・慧皎：《高僧傳・道法傳・卷十一》，《大正藏》第50冊，第399中。

189 唐・道宣：《廣弘明集・僧行篇・卷二十三》，《大正藏》第52冊，第270上。

190 梁・慧皎：《高僧傳・道安傳・卷五》，《大正藏》第50冊，第353中、下。

說可以得度，有願必果，只是需要行浴法。行浴法是其他地方沒有聽說過的。筆者認為是一種清淨身、口、意三業的修行儀軌。這種方法只有道安見聖僧示範過，並且，自己就是用此法來成就的。

　　至於道安在其他如戒律方面的貢獻也是多多。在《上生經》中，應機者是持戒第一的優波離尊者，說明在彌勒上生信仰中持戒的重要性。於是，他重視戒律，制定戒規。他認為「大師之本，莫尊釋迦」，所以，把佛門弟子一律以「釋」為姓。這與《增一阿含經》中記載：「四河入海，無復河名；四姓為沙門，皆稱釋種」，不謀而合。

　　綜上所述，道安透過研習般若，認識彌勒，因為彌勒在道行般若經中出現過八十一次，並且，解空第一的須菩提都承認，只要有關般若問題，都要向彌勒請教，因為沒有他解決不了的問題。彌勒在般若中扮演久遠以來常行般若波羅蜜的角色。這引起道安的關注，加上對彌勒經典的整理與研讀，自然就會生起彌勒信仰，隨著對般若思想的深入程度，彌勒信仰越是堅固，信願行具足，自然得以莊嚴上生兜率。

　　道安之後，彌勒信仰盛行，至南北朝期間達到鼎盛，據《法苑珠林》、《名僧傳抄》等載，致力於彌勒信仰與修行的出家高僧，有南朝時期的法祥、道矯、僧業、慧嚴、道汪、道法、法盛、曇副、曇斌等，北朝時期則有法上、曇衍等，比丘尼有玄藻、光靜、淨秀等。《出三藏記集・卷十二》載：劉宋明帝撰《龍華誓願文》，周陌作《京師諸邑造彌勒三會記》，齊竟陵文宜王作《龍華會記》，南嶽慧思作《立誓願文》，皆倡彌勒下生閻浮提之說。由此可見，彌勒信仰在魏晉南北朝時期已經蔚然成觀。

　　總而言之，在魏晉南北朝期間，彌勒信仰興盛的主力推手應該是道安。他發願上生兜率淨土的原因有三：一、繼承原始佛教與部派佛教期間，彌勒菩薩給佛子答疑解惑的傳統觀念。因為佛教傳入中國時間不是很長，有很多經典還未完全被翻譯，這就會讓道安講經時經常遇到困惑，只能照文念過。但是，他迫切想了解佛法深意。比如

他對般若的理解，是受到當時社會上玄學思想的影響而創立了「本無宗」，筆者認為道安應該知道對般若的理解有更深、更高、更廣的理解空間。在對般若的理解問題上，他想到了兜率淨土面見彌勒菩薩時才可以得到解決。每逢講席必羅列彌勒尊像，似乎道出了道安想彌勒菩薩可以加持的心聲，讓他在講經中進入說法三昧，得佛法精髓，於法自在。湯用彤在《漢魏兩晉南北朝佛教史》中明確表明自己的觀點：「安公之願生兜率天宮，目的亦在決疑。故僧睿《維摩序》有曰：先曾所以輟章遐慨，思決言於彌勒者，良在此也。」[191]二、上生兜率淨土信仰，從社會的現實角度來觀察，他所處的時代，戰爭不斷，人們生活在水深火熱之中，需要生天思想的救度。於是，他重視彌勒禪觀的講解。然而上生的前提條件必須持戒修十善，他注意精研戒律。制定戒規，統一「釋」姓。三、從自身的修學上來說，他迫切需要找到一個能夠不退轉的，可以直接通往未來彌勒佛之人間淨土。兜率之彌勒菩薩淨土，就好像是在戰爭年代突然出現的一處讓人安心的快樂港灣。

第二節　隋唐：以玄奘為中心

魏晉南北朝時期，社會風習是由儒入玄、由玄入佛。彼此在相互爭論的同時，又彼此相互滲透交融。當時，范縝的《神滅論》主張「形神相即」，專門針對佛教的「形神相異」；佛教作為外來宗教，要想在本土文化的「儒」和「道」中間生存，就必須有一位具備般若智慧的人物出現，才可以讓佛教平安著陸，這位就是彌勒信仰中般若智慧的化身傅翕傅大士。根據樓穎的《傅大士錄》記載：「大士一日頂冠、披衲、趺履。帝問：『是僧耶？』士以手指冠。『是道耶？』士以手指履。帝曰：『是俗耶？』士以手指袖衣。遂出。故今雙林寺

---

191 湯用彤：《漢魏兩晉南北朝佛教史》，北京大學出版社，2011年，第126頁。

塑大士像。頂道冠，身袈裟，足跂履，仿此跡也。」此處的儒履、僧服、道冠，正好把中國所具有的三教擺正位置。意思是說，中國的傳統文化應該是以現實的儒家爲基石，道家無爲思想爲頂冠，慈悲濟世的佛教爲中心。宋朝王安石廳堂裡就掛了一幅佛印禪師題詩的傅大士畫像，詩曰：道冠儒履釋袈裟，和會三家作一家；忘卻兜率天上路，雙林癡坐待龍華。這首詩蘊含著對傅大士即彌勒化身在人間的作用，調和諸家成一家，度化有情眾生，請不要回到兜率天之彌勒淨土去，「雙林癡坐」意爲留在人間度生，直到龍華三會。根據《景德傳燈錄卷二十七》，在他涅槃之際，弟子問：「諸佛涅槃時皆説功德，師之發跡可得聞乎？曰：我從第四天來，爲度汝等，次補釋迦。及傅普敏文殊，慧集觀音，何昌阿難，同來贊助故。《大品經》云：有菩薩從兜率來，諸根猛利疾與般若相應。即吾身是也。」[192]從這裡不難看出，原來在印度的彌勒信仰包括：未來佛彌勒信仰、下生信仰、上生信仰。在漢傳佛教本土化的過程中，彌勒信仰被改造了。首先皈依對象由未來彌勒佛或現在兜率天的彌勒菩薩，到漢傳佛教中卻變成近在眼前的傅大士，由佛菩薩形象化身爲生活在人們身邊具有般若智慧的虔誠居士，由端坐兜率天宮等人前來求法的菩薩變成走進人間社會、調和世間紛爭，並撫平眾生因戰爭帶來心神不寧之心的長者。傅大士的出現代表彌勒信仰在漢傳佛教本土化的第一次改造。儘管這次改造沒有唐末五代時期的契此和尚那樣澈底，但是，卻讓佛教在漢傳佛教中站穩腳跟。

一、玄奘上生信仰

　　彌勒信仰在漢傳佛教中發展至隋唐時期，與之淵源最深的應該是玄奘三藏（602-664）。「僧玄奘，姓陳氏，洛州偃師人，大業末出家，博涉經論。」[193]他出生於隋仁壽二年（602），洛州緱氏（今

---

192 宋・道原纂：《景德傳燈錄・卷二十七》，《大正藏》第51冊，頁431
　　上。

河南洛陽偃師）人。俗姓陳，名禕。法相宗創始人，與鳩摩羅什、真諦合稱為中國佛教三大翻譯家。他自幼聰敏靈慧，隨父學習儒家經典，「自後備通經奧，而愛古尚賢」。[194]父親辭世後，他十一歲隨二哥陳素（即長捷法師）住洛陽淨土寺，學習《法華經》、《維摩經》等。隋大業615年，玄奘十三歲，「時使人大理卿鄭善果有知士之鑒，見而奇之，問曰：「子為誰家？」答以氏族。問：「求度耶？」答曰：「然。但以習近業微，不蒙比預。」又問：「出家意何所為？」答：「意欲遠紹如來，近光遺法。」果深嘉其志，賢其器貌，故特而取之。因謂官僚曰：「誦業易成，風骨難得。若度此子，必為釋門偉器，但恐果與諸公不見其翔翥雲霄，灑演甘露耳。又名家不可失。」[195]大意是受大理寺卿鄭善果激賞，破格在淨土寺剃度出家。接著跟景法師學《涅槃經》、從嚴法師學《攝大乘論》，達六年之久。

唐高祖武德元年（618），因戰亂隨兄長捷法師離開洛陽赴四川，武德五年（622），受具足戒。之後遍訪名師，從其參學。五年對佛法之「大小乘經論、南北地論、攝論學說」的悉心參究，關於「一闡提眾生有無佛性」的問題，眾說紛紜，始終未解。於是為了「一睹明法了義真文」，決心西行求法。

西行求法的理由之一為決疑於彌勒。《續高僧傳·卷四》〈京大慈恩寺釋玄奘傳〉中說：「余周流吳、蜀，爰逮趙、魏，末及周、秦，預有講筵，率皆登踐，已布之言令，雖蘊胸襟，未吐之詞宗，解簀無地。若不輕生殉命誓往華胥，何能具覿成言用通神解，一睹明法了義真文，要返東華傳揚聖化，則先賢高勝豈決疑於彌勒，後進

---

193 杜門城輯編：《正史佛教資料類編·卷第二》，頁127上。
194 唐·釋慧立、唐·釋彥悰著：《大唐大慈恩寺三藏法師傳》，《大正藏》第50冊，頁211下。
195 唐·釋慧立、唐·釋彥悰著：《大唐大慈恩寺三藏法師傳·卷1》，《大正藏》第50冊，頁221下。

鋒穎寧輟想於《瑜伽》耶？」[196]理由之二是「遍謁眾師……莫知適從」，理由之三爲求取《十七地論》即《瑜伽師地論》，根據《大唐大慈恩三藏法師傳》載：

「法師既遍謁眾師，備餐其說。詳考其理，各擅宗塗。驗之聖典，亦隱顯有異，莫知適從。乃誓遊西方，以問所惑，並取《十七地論》，以釋眾疑，即今之《瑜伽師地論》也。」[197]

到印度後，在那爛陀寺五年的學習就被選爲「通曉三藏的十德之一」，在印度由戒日王在曲女城主持無遮大會後被大乘尊爲「大乘天」，被小乘尊爲「解脫天」。從這些讚譽聲中，可以體會到玄奘三藏的人格魅力，「佛學泰斗」的稱譽當之無愧，應該不會有人懷疑他對佛法的理解與對佛法深意的探究。

玄奘在麟德元年（664）正月十六命弟子嘉尚詳錄自己生平佛事：在西域造《會中論》、《眞唯識量》等四論一頌；回國共譯三藏經論合七十五部，總一千三百三十五卷；又別撰《大唐西域記・十二卷》；將《道德經》、《大乘起信論》從漢譯梵；又造俱胝畫像、彌勒像各一千幀；造素像十俱胝；寫《能斷般若》、《藥師》、《六門陀羅尼》等經各一千部；供養悲、敬二田各萬餘人；燒百千燈，贖數萬生。玄奘聽罷自己一生功德，倍感欣慰，告訴門徒：「有爲之法，必歸磨滅。泡影形質，何得久停？玄奘行年已六十五矣，必將卒於玉華。若於經論有疑問者，今可速來諮詢。」《大唐故玄奘法師行狀》載：大師臨終，囑弟子齊聲稱念彌勒如來。在其彌留時刻，弟子大乘光又問：「和尚定生彌勒前否？」師答：「決定得生。」唐麟德元年（664年），「玄奘自量氣力不復辦此，死期已至，勢非賒遠」，[198]

---

196 唐・道宣：《續高僧傳・卷四》，《大正藏》第50冊，頁447中。

197 唐・慧立、彥悰著：《大唐大慈恩寺三藏法師傳・卷1》，《大正藏》第50冊，頁222下。

198 唐・慧立、彥悰：《大唐大慈恩寺三藏法師傳・卷10》，《大正藏》第50冊，頁276下。

從此絕筆翻譯，並對徒眾預囑後事。正月初九日，玄奘病勢嚴重，至二月五日夜半圓寂，朝野達百萬餘人送葬者將其靈骨歸葬白鹿原。唐總章二年（669年），朝廷爲之改葬「大唐護國興教寺」。唐肅宗還爲舍利塔親題寫塔額「興教」二字。

根據《大唐故玄奘法師行狀》記載：「法師從少以來，常願生彌勒佛所，及遊西方，又聞無著菩薩兄弟亦願生兜率，奉事彌勒，並得如願，俱有證驗，益增克勵。自至玉花，每因翻譯及禮懺之際，恒發願上生睹史多天見彌勒佛。除翻經時以外，若晝若夜，心心相續，無暫恍廢。從翻《大般若》訖後，即不復翻譯，唯行道禮懺。」[199]

「法師從少以來，常願生彌勒佛所」。玄奘少小願生彌勒佛所，其理由應該與他生活時代背景有關。在上面已經討論過東晉道安對彌勒信仰的大力弘揚，致使彌勒信仰在教內普遍流行。南北朝儘管上生信仰盛行，同時也有下生信仰的存在，如根據《出三藏記集·卷十二》載：「劉宋明帝撰《龍華誓願文》，周顒作《京師諸邑造彌勒三會記》，齊竟陵文宣王作《龍華會記》，南嶽慧思作《立誓願文》，皆倡彌勒下生閻浮提之說。」此爲下生信仰。彌勒信仰的流行在魏晉南北朝時期還表現在造彌勒像上，據日本學者佐藤智永《北朝造像銘考》統計了雲岡、龍門等石窟及傳世金銅像的類別與數字，其中釋迦牟尼像一百七十八尊，觀世音一百七十一尊，彌勒一百五十尊，阿彌陀佛（無量壽佛）三十三尊。[200]這些數字表明彌勒信仰比彌陀信仰盛行。另一個更主要原因是家庭背景，「漢太丘長仲弓之後。曾祖欽，後魏上黨太守。祖康，以學優仕齊，任國子博士，食邑周南，子孫因家，又爲緱氏人也。父慧，英潔有雅操，早通經術，形

---

199 唐·冥詳：《大唐故三藏玄奘大師行狀》，《大正藏》第五十冊，頁219上。

200 【日】佐藤智永：《北朝造像銘考》，收入劉俊文主編：《日本中青年學者論中國史·六朝隋唐卷》，上海古籍出版社，1995年，第92-93頁。

長八尺，美眉明目，褒衣博帶，好儒者之容，時人方之郭有道。性恬簡，無務榮進，加屬隋政衰微，遂潛心墳典。州郡頻貢孝廉及司隸辟命，並辭疾不就，識者嘉焉。」[201]大概意思是「從東漢陳寔開始，到他曾祖父、祖父、父親，世代為官，他父親陳惠，平時潛心學問，博覽經書，曾做江陵縣官。後隋朝衰亡，便隱居鄉間，託病不出，當時有識之士都稱讚他的志節。」從政治、社會、家庭、個人等，以及他二哥陳素的出家，可以大膽推斷，他們家傳中應該有佛教信仰的，玄奘從小耳濡目染，知道發願往生彌勒佛所。「彌勒佛所」並未特別說明他是要往生未來佛彌勒之人間淨土，或是兜率淨土。

「及遊西方，又聞無著菩薩兄弟亦願生兜率，奉事彌勒，並得如願，俱有證驗，益增克勵。」玄奘西天求法的目的與無著菩薩上升兜率面見彌勒的目的一樣，都是為求解惑答疑。他根據彌勒菩薩、無著和世親的十一部論與六部經，與弟子窺基大師共同創立法相唯識宗。追根溯源，一般大乘都接受彌勒菩薩為唯識宗的鼻祖。也許因為人們感覺此宗教義深奧難懂，如「三界唯心，萬法唯識」、賴耶緣起、三性、轉識成智等，就武斷認為：法相宗只是偏重於義理研究，而忽視了在實踐上的運用。這對玄奘似乎很不公平，他在生活中對彌勒信仰毫無旁騖地執意追求，表面上看給人感覺是受到無著、世親的影響，其實可以這樣理解：在他人生經歷過程中，他對彌勒信仰的信念被一步一步地得到夯實。由於他在理論上致力於法相唯識，而在踐行上卻奉行彌勒信仰，讓一些人又誤以為，要想上生兜率，就必須學習法相唯識。兩者有聯繫，但是，沒有必然聯繫。他去印度求法時期的社會背景，對他堅定彌勒信仰倒是有重要影響。玄奘法師云：「西方道俗，並作彌勒業，為同欲界，其行必成」。[202]在那種環境薰陶下，讓本來具有彌勒信仰的玄奘，更加認識到自己所選擇的彌勒信仰是明

---

201 唐·慧立、彥悰：《大唐大慈恩寺三藏法師傳·卷一》，《大正藏》第50冊，頁221中。
202 唐·道世撰：《法苑珠林·卷十六》，《大正藏》第53冊，第406上。

智的、正確的。

「俱有證驗，益增克勵」，玄奘對彌勒信仰的堅定信心，也來源於他一生中與彌勒之間的因緣。據《大慈恩寺三藏法師傳·卷一》載：玄奘初到那爛陀寺，戒賢曾向他講述三年前與彌勒的不可思議因緣。當時戒賢身患中風，痛苦異常，欲絕食自盡。某日夜間夢見文殊、觀自在和彌勒菩薩。戒賢即對慈氏禮拜致敬，並問：「賢願生睹史，能如願否？」慈氏答云：「汝宣正法，必隨願得生。」文殊又勸戒賢顯揚正法《瑜伽師地論》等，並預言三年後將有支那國僧來此求學。這種故事在《大唐西域記》以及相關資料中，比比皆是。

夜夢胡僧相引度關，他在上表未得唐太宗批准後，於貞觀二年（628）「冒越憲章，私往天竺」。西出玉門。《大唐大慈恩寺三藏法師傳·卷一》記載：「涼州訪牒又至，云：有僧字玄奘，欲入西蕃，所在州縣宜嚴候捉。……即於所停寺彌勒像前啟請，願得一人相引渡關。其夜，寺有胡僧達摩夢法師坐一蓮華向西而去，……法師心喜為得行之征。」[203]西行路上，備經艱險，八百里大沙漠，「上無飛鳥，下無走獸，四顧茫茫，人馬俱絕」。[204]內有饑渴挨餓，外有盜賊侵臨，但玄奘矢志不渝，誓言：不求得大法，誓不東歸一步。

在天竺境內，從阿逾陀國，沿殑伽河到阿邦穆佉國，途中遭遇河賊。「欲向阿阿邦穆佉國……（遇賊，將殺師以祀神），於是專心睹多天慈氏菩薩所，於心想中若登蘇迷盧山，越一、二、三天，見睹史多宮慈氏菩薩妙寶台，菩薩國（圍）遠，此時身心歡喜，不知在壇，不憶有賊。」[205]

---

203 唐·慧立、彥悰：《大唐大慈恩寺三藏法師傳·卷一》，《大正藏》第50冊，頁223上、中。

204 唐·慧立、彥悰：《大唐大慈恩寺三藏法師傳·卷十》，《大正藏》第50冊，第224中。

205 唐·冥詳：《大唐故三藏玄奘大師行狀》，《大正藏》第五十冊，頁215下、216上。

在伊爛拏缽伐多國,三藏聽說附近伽藍,內供一尊檀木觀音,能滿眾生所願,且頗靈驗,於是持花環前往求請。玄奘在像前欲發三願:一、願歸國途中平安無難;二、願依所修福慧生睹史多宮(即兜率善法堂),侍奉彌勒菩薩;三、願菩薩開示,眾生是否皆有佛性?若有,則示知,結果所求一一如願,大師歡喜異常。原文:「復往伴爛缽拏伐多國,……中有克檀觀自在菩薩像,特多靈驗。……向菩薩跪發三願,……二者,所修福慧,願生睹史多天宮,事慈氏菩薩。若如意者,願花掛尊兩臂。……請訖,以花縵遙散,咸得如言。」[206]

據傳說,玄奘上生時,肅成院後傳來巨響,聞聲尋去,見一尊十公尺左右的彌勒佛石像,說是彌勒尊佛前接引玄奘留下的標記。

以上說明,玄奘的彌勒信仰是建立在生活經驗之上,一顆虔誠之心,在不同時期總會有意外的收穫,每一次的證驗又會讓他對彌勒信仰增加一份自信。

「自至玉花,每因翻譯及禮懺之際,恒發願上生睹史多天見彌勒佛。除翻經時以外,若晝若夜,心心相續,無時暫廢。從翻《大般若》訖後,即不復翻譯,唯行道禮懺。」[207]玄奘第一次被唐太宗請到玉華宮是在貞觀二十二年(648年)夏。初進玉華,驚呼:「閻浮之兜率天。」兜率天宮是他夢寐以求的地方。如今他身臨其境,自然愉悅萬分。唐高宗永徽二年(651年),詔廢玉華宮(現在陝西銅川焦坪煤礦),改爲玉華寺。顯慶四年(659年)冬十月,玄奘奉敕攜帶四大弟子及眾大德高僧來此設立譯經道場。玄奘住此譯經,如魚得水,對他本人來說,簡直就是身處兜率宮,奉行彌勒菩薩一向所宣導的六百卷《大般若經》。在短暫的四年多時間裡,譯出佛經六百八十二卷,其中主要就是六百卷《大般若經》,占其譯經總數的

---

206 唐・冥詳:《大唐故三藏玄奘大師行狀》,《大正藏》第五十冊,頁216上。

207 唐・冥詳:《大唐故三藏玄奘大師行狀》,《大正藏》第五十冊,頁219上。

一半以上。他爲什麼能夠在短時間內有如此成效呢？其理由是：一、住世的時間不多了。在麟德元年（664）正月初三，玄奘已乏力於譯經偉業，僅在玉華寺禮佛。有門人外出，與恩師辭別，玄奘就會對他說：「今與汝別，亦不須來，來亦不見，他日當會龍華樹下！」從這裡可以看出他崇尚的是下生思想。二、住此玉華寺，翻譯六百卷《大般若經》的使命業已完成。般若是諸佛之智母，菩薩之慧父。其主要內容是說諸法「性空幻有」，性空，指佛所說的一切法（即一切現象）都緣起無自性；幻有，指一切法雖然自性本空，緣起不礙之假有隸屬於生滅無常的，是暫時存在的。認爲世俗認識的一切對象，均屬「因緣和合」，假而不實；唯有通過「般若」透過現象看其本質，方能讓本來面目現前。這爲玄奘對彌勒信仰的理解上幫助多多。在他對彌勒信仰的翻譯詮釋中，直指諸佛本性，後面會詳細討論。不會去討論下生經中的種種依正莊嚴，他強調禮彌勒佛，發願上生兜率淨土，他認爲見到彌勒尊佛，就可以見十方諸佛，十方諸佛在一心中，則心即佛，自性佛現前，也就是本來面目呈現。從他以後，彌勒信仰中好像就不會再去關心下生信仰的細枝末節，而是把重點放在上生兜率淨土。這大概就是爲什麼在漢傳佛教中大多數彌勒行者只強調上生信仰，而對下生信仰有若蜻蜓點水般提及的原因所在。

在玉華寺譯經期間，玄奘生活居住在肅成院內。在這裡，玄奘開鑿石窟，雕琢佛像；徑行禪觀，虔心供佛；答惑釋疑、傾心傳授；渡渠傷脛，上生兜率。正月二十三，玄奘命塑工宋法智，在嘉壽殿豎菩提像骨，造佛像一軀。玄奘到玉華的目的就是翻譯《大般若經》。如今任務完成，人生也接近尾聲。他表示無常後，宜從儉約，以蘆席裹體擇山間幽僻處安置，不要接近宮寺。玄奘對眾弟子們解釋：「玄奘此毒身深可厭患，所做事畢，無宜久住，願以所修福慧回施有情，共諸有情同生睹史多天彌勒內眷屬中奉事慈尊，佛下生時亦願隨下廣作佛事，乃至無上菩提。」[208]此處就是上面所提到「蜻蜓點水般提及」，若有提到只是停留在「隨彌勒下生，廣作佛事，乃至無上菩提」等。說完便默然正念，少許片刻，玄奘口中誦念《般若波羅蜜多

心經》。菩薩重在福慧雙修，般若智慧則是修福的前提。從因位元修行至成佛，需要般若智慧，佛度眾生，亦須般若智慧。在玄奘的彌勒信仰中，為什麼他可以確定只要面見彌勒，或上生兜率淨土，就可以直達諸佛國土，就是因為般若智慧的保駕護航。

接著唱偈：「南無彌勒如來應正等覺，願與含識，速奉慈顏。南無彌勒如來，所居內眾，願捨命已，必生其中。」麟德元年二月五日夜半，陪侍在側的弟子普光輕聲問道：「和上決定得生彌勒內院不？法師報云：得生。」[209]大唐三藏玄奘安詳示寂，上生彌勒淨土。卒年六十五，僧臘五十二。這裡儘管記錄之人對兜率之彌勒菩薩淨土與當來下生彌勒尊佛之人間淨土，好像在概念上有點分界不清，所以在記錄時就有往生彌勒淨土之說，而不知道應該是往生兜率淨土。往生兜率淨土是屬於上生信仰之菩薩淨土，是我們一期生命結束之後發願前往的地方，而彌勒淨土，是當來下生彌勒尊佛之人間淨土。如果只講彌勒淨土，那就應該包括彌勒菩薩之兜率淨土與彌勒尊佛之人間淨土。跟隨彌勒菩薩未來下生成佛，龍華三會得度。何為「得度」？並未進一步說明下生成佛之彌勒尊佛之人間淨土的最終目的是什麼？上面「奉事慈尊！彌勒佛下生之時，亦願隨下，廣作佛事，乃至無上菩提。」這裡明確表示上生兜率之彌勒菩薩淨土的原因。是為了跟隨彌勒佛下生。因此，玄奘的彌勒信仰，是原來上生兜率之菩薩淨土的目的是為下生信仰之彌勒尊佛人間淨土。下生信仰的終極任務就是「廣作佛事，乃至無上菩提」。言下之意，就是自己成佛。可是，從上面文字「南無彌勒如來應正等覺，願與含識，速奉慈顏。南無彌勒如來」來考察發現，在玄奘的觀念中，所謂兜率之彌勒菩薩淨土，他認為彌勒菩薩位居補處，對釋迦佛來說，是當來下生佛。可是，釋迦

---

208 唐・慧立、唐・彥悰：《大唐大慈恩寺三藏法師傳・卷十》，《大正藏》第50冊，頁277上、中。

209 唐・慧立、唐・彥悰：《大唐大慈恩寺三藏法師傳・卷十》，《大正藏》第50冊，頁277中。

佛早已涅槃，原來的儲君，現在就可以上位，稱之爲彌勒如來或彌勒尊佛。所以，本來爲兜率之彌勒菩薩之淨土，到他這裡直接上升爲兜率之彌勒尊佛之淨土。也許，正因爲這個原因，就被某些別有用心的人利用，偷換概念，本來是「釋迦已經涅槃，彌勒當來下生」，變成「釋迦已涅槃，彌勒現下生」，這就成爲民眾反抗，統治者改朝換代的藉口，更有甚者，異端分子利用這一概念蠱惑人心，建立邪教，成爲社會中不穩定的毒素。這樣，就嚴重影響了彌勒信仰的弘揚與發展。加之彌陀信仰與彌勒信仰之間的爭執，導致彌勒信仰漸漸衰微。

那麼，到底玄奘之彌勒信仰是什麼？那還得從玄奘依經譯出的《贊彌勒四禮文》來具體分析，因爲此文代表了玄奘對彌勒信仰的態度，或就是他本人對彌勒信仰的究竟表白。這部經文更能說明在印度當時社會中彌勒信仰流行的盛況，與人們對彌勒信仰的理解和詮釋。根據四禮文的內容可以判斷此爲大乘興起後的作品。

二、《四禮文》解析

《贊彌勒四禮文》是由曾經參加過玄奘譯場翻譯的道世收錄在《法苑珠林》中。全文共有四禮，四禮的第一句「至心歸命禮當來彌勒佛」與最後一句「願共諸眾生上生兜率天奉見彌勒佛」都是一樣的。第一句說明，彌勒信仰者們心裡皈依對象是「當來彌勒佛」，這是未來佛彌勒信仰，最後一句「上生兜率天」，是爲上生兜率之彌勒菩薩淨土信仰，「奉見彌勒佛」應該是彌勒信仰的終極願望，彌勒成佛是當來下生之事，爲下生信仰。從這裡不難發現，上生兜率天到奉見彌勒佛之間的彌勒菩薩至彌勒成佛所發生的一切，如彌勒菩薩之兜率淨土聞法熏修以及跟隨彌勒下生成佛，都可以省略，直接就跳到了龍華會上，面見彌勒尊佛。其實，之所以省略，應該是不退轉與般若智慧的作用，一旦上生兜率淨土，到彌勒成佛之「人間淨土」之間只有一條路，這就是所謂的菩提大道。這第一句與最後一句，其實就是弄清兩個問題，「歸命禮」的對象是誰？禮敬的目的與願望又爲何？

第一禮：「至心歸命禮當來彌勒佛。

諸佛同證無爲體，眞如理實本無緣。

爲誘諸天現兜率，其猶幻士出眾形。

元無人馬迷將有，達者知幻未曾然。

佛身本淨皆如是，愚夫不了謂同凡。

知佛無來見眞佛，於茲必得永長歡。

故我頂禮彌勒佛，唯願慈尊度有情。

願共諸眾生上生兜率天奉見彌勒佛。」

這第一禮，開宗明義，諸佛所證之無爲眞如理體是一樣的，並且沒有造作，不屬於因緣和合的有爲之法。爲了誘導著相沉淪眾生，諸天用所行般若福德之力在兜率天化現兜率淨土，兜率之彌勒菩薩淨土就跟魔術師一樣，可以變現種種依報莊嚴淨土。此處應該注意的是：在這第一禮中，沒有菩薩出現，按理所幻現的兜率淨土之教主應該是彌勒菩薩，可是這裡只提到「禮當來彌勒佛」與「奉見彌勒佛」。本來沒有人馬等六凡四聖十法界之分別，只因眾生心迷著相才有十界條分，心悟之人了知四大幻有、五蘊非眞，十方諸佛其性本淨與眾生自性無二無別，愚癡不了自性、反著外相者，稱爲凡夫。了知諸佛不來不去、不生不滅的是自性天眞佛，證此方得自在快樂。所以我頂禮彌勒尊佛，但願彌勒慈尊度化有情眾生。發願與一切眾生上生兜率淨土，面見彌勒。這應該是彌勒信仰中教法最究竟之佛法，其實，這也是佛教最究竟之法。這第一禮，就是直指心性，見性成佛。佛身本淨，眾生幻現，著相不捨，謂同凡夫。「離一切相，即名諸佛」。這第一禮主要是說明兜率之彌勒菩薩淨土的由來：天神化現，爲誘導著相群迷。可是，與以往不同的是，本該是兜率之彌勒菩薩淨土，在這裡卻直接變成「奉見彌勒佛」。這是與以往上生信仰不一樣的地方。

第二禮：「至心歸命禮當來彌勒佛。

佛有難思自在力，能以多剎內塵中。

況今現處兜率殿，獅子床上結跏坐。

身如檀金更無比，相好寶色曜光暉。

神通菩薩皆無量，助佛揚化救含靈。

眾生但能至心禮，無始罪業定不生。

故我頂禮彌勒佛，唯願慈尊度有情。

願共諸眾生上生兜率天奉見彌勒佛。」

佛有不可思議的解脫自在神力，能夠將很多佛土放到一微塵中。何況如今於兜率天宮善法堂內獅子床上結跏趺坐呢？這是彌勒上生經中的言辭，主要是描述兜率淨土之彌勒菩薩的正報莊嚴：彌勒菩薩化身之色好比檀金色，世間無與能比者，相貌殊好若寶色光輝照耀。彌勒菩薩神通廣大無邊，幫助釋迦文佛宣揚度化救度有緣眾生。眾生只要能夠虔誠禮敬，那無始以來所造罪業之業報果種無法生起，因為沒有助緣，果報無法現前。這是行者心恒與彌勒菩薩之慈心相應緣故。其實，這就是帶業往生之原理。以前所造業因種子還在，果報無法現前，就好比種子埋在沙漠裡。此處是有為染汙的業種子種在清淨福田裡。這二禮是說明兜率淨土之彌勒菩薩正報莊嚴。化現兜率淨土的目的就是「助佛揚化救含靈」。在這第二禮中，有菩薩之莊嚴，但是為佛不可思議解脫自在神力為助佛宣揚救度含靈而示現的。

第三禮：「至心歸命禮當來彌勒佛。

慈尊寶冠多化佛，其量超過數百千。

此土他方菩薩會，廣現神變寶窗中。

佛身白毫光八萬，常說不退轉輪因。

眾生但能修福業，屈伸臂傾值慈尊。

河沙諸佛由斯現，況我本師釋迦文。

故我頂禮彌勒佛，唯願慈尊度有情。

願共諸眾生上生兜率天奉見彌勒佛。」

彌勒慈尊之寶冠中有無數化佛。「寶冠」代表尊貴，是由奉行六度波羅密的功德而感召的。超過數百千化佛，說明已經出現了「一佛出世千佛護持」的思想觀念。此國土與他方國土之菩薩盛會，在兜率宮殿之寶窗中影現他們的神通變化。彌勒尊佛報身之白毫光長八萬多，能夠見此白毫光者，罪滅河沙，自然就種下不退轉之因緣。也可以理解為佛身白毫光長八萬，此光常說不退轉輪之因。眾生只要能夠

廣修福業，思念十善。臨命終時，屈伸臂頃，不但可以面見彌勒慈尊，而且可以見到恒河沙數諸佛，更何況我本師釋迦文佛呢？這第三禮是白毫光說不退轉因，修福業值遇諸佛。面見彌勒慈尊之時，即是見十方諸佛之時，惟有自性佛現前，才可以達到「佛觀眾生，眾生皆佛」的佛陀境，意即佛果已成。

第四禮：「至心歸命禮當來彌勒佛。

諸佛常居清淨刹，受用報體量無窮。

凡夫肉眼未曾識，為現千尺一金軀。

眾生視之無厭足，令知業果現閻浮。

但能聽經勤誦法，逍遙定往兜率宮。

三途於茲必永絕，將來同證一法身。

故我頂禮彌勒佛，唯願慈尊度有情。

願共諸眾生上生兜率天奉見彌勒佛。」

十方諸佛常居清淨佛土，其受用報身是其大無外，其小無內的。凡夫肉眼是認不出來的，但是只要為眾生化現一千尺金身，那眾生一定是百看不厭，並令眾生知道出現在閻浮提之業因果報。只要能夠聽經並勤加修習這個法門，自然就會逍遙自在必定上生兜率淨土。三途眾生因為這個原因而從此斷絕，不會再有，不久的將來都可以同證一法身。第四禮是說諸佛千尺報身，眾生視之知閻浮業果。聽經勤誦法逍遙生兜率。此處的「兜率宮」應該就是指天神所化現的兜率淨土，跟業報兜率天即欲界六天中的兜率天是完全不同的。一個是蓮花化生的清淨菩薩淨土，另一個則是「福盡還墮」的染汙業報穢土。

四禮的主要內容：1）禮當來彌勒佛，上生兜率，奉見彌勒佛；2）真如理體不生不滅，不來不去，兜率之彌勒菩薩淨土是化土，如幻士出眾相；3）由佛所化現的兜率淨土之正報（彌勒菩薩）莊嚴，為的是助佛化含靈；4）白毫光說不退轉，修福業值慈尊；5）眾生視千尺金身，知閻浮業果，聽經勤誦法，逍遙生兜率。

從四禮中可以得出彌勒信仰的特徵：一、心裡皈依對象是當來彌勒佛，上生兜率淨土，面見的不是彌勒菩薩，而是彌勒慈尊，其理由

是彌勒菩薩位居釋迦之補處，如今釋迦早已圓寂，好比儲君開始當政，不妨稱彌勒菩薩為彌勒尊佛或彌勒如來，這是從來沒有過的概念，需要注意的是這裡沒有提及彌勒佛已經下生，而只是皈依彌勒佛而已。這與彌勒已下生的民間彌勒信仰有本質的區別；二、此處為彌勒（也是整個佛教的）究竟教法，1）諸佛真如理體不生不滅、不來不去，所以，本來為兜率之彌勒菩薩淨土，原來是諸佛猶如幻士化現之淨土；2）兜率淨土之正報莊嚴，是因彌勒佛不可思議的自在神力所致，其目的是助釋迦佛化諸含靈；3）彌勒慈尊寶冠百千化佛，佛之白毫光長八萬多，常說不退轉，不退轉的原因是有白毫光之他力，自利與他力符合淨土特徵；4）面見慈尊，令知閻浮業果，見慈尊即是見一切諸佛，見一切諸佛就是見自性佛，自性佛現前，則是本來面目現前，這是佛教的終極目標，究竟之理。彌勒信仰的思想理論發展至玄奘三藏已經到了頂峰，所以，後來的彌勒信仰在義理上發揮不是很大。在事相上，彌勒信仰有所轉型，轉入民間信仰，如五代時期的契此和尚，後面會專題討論。與之稍有區別的還有，近代太虛大師在下生信仰的彌勒之人間淨土基礎上，發展成為現代人生佛教，後來演變成人間佛教，這樣一下子把未來彌勒佛拉到了當下現實世界。三、眾生之修法，1）理上了知，佛本清淨，不生不滅，不來不去，世間幻化不實若幻師化眾相；2）事上須，至心頂禮，無始罪業定不生；3）修福業，值世尊，見恒沙佛，即見自性佛；4）面見慈尊金身，百看不厭，知閻浮果報，聽經勤誦法，逍遙生兜率。從這裡可以了知，彌勒信仰發展到這個時期，已經不僅僅停留在彌勒下生成佛，龍華三會度釋迦遺法眾生，而是直指心性，見性成佛。

彌勒信仰傳到中國，發展到唐朝初期，其理論教法已經臻於完善。也許正因為玄奘三藏創建唯識宗與對彌勒信仰的追求，給人的印象是要想上生兜率就必須學法相唯識宗，可從他彌勒信仰的奉行上並沒有特意表現。也有人意識到由於唯識宗的義理深奧難懂，就會錯誤地認為法相宗與彌勒信仰偏重於義理方面的研究，而忽視了實踐上的修行。可是他們並沒有注意到，玄奘三藏在生活中無不以彌勒作為自

己的舟航。關於他一生中所經歷的彌勒感應，上面已略有列舉，就連他在人生最後時刻，也不忘上生兜率。除此之外，他還注意禪法的修持，因為他深知：「《瑜伽師地論》稱，三地菩薩得定自在，處處淨土隨願往生。」玄奘新羅弟子僧元曉在《彌勒經疏》中提出修彌勒法門者有三種：上品之人修觀佛三昧或修因懺悔行法，他們將以生身觀見彌勒；中品之人修觀佛三昧或修清淨梵行，此身滅後，當往生兜率，得見彌勒；下品之人修各種善行，待此身滅後，依過去業力轉身，經幾度輪迴才見到下生成佛的彌勒。由此看來，玄奘修的是第二種，修觀佛三昧，身後往生兜率，得見彌勒佛。

從以上的種種跡象表明，玄奘三藏無論在平日，還是危難之際，不管是在困難面前，還是捨報上生之時，對彌勒信仰是矢志不渝的。玄奘三藏，只求上生兜率淨土，奉事彌勒慈尊。他依經所譯之《贊彌勒四禮文》，欲令後世修道者，日日贊禮彌勒慈尊，將來得生彌勒淨土，以致將來得證無上菩提。以上種種不難看出玄奘三藏對彌勒信仰的一片赤誠之心，與弘揚彌勒信仰的慈心悲願。

隋唐時期，根據湯用彤先生的研究認為：這個時期的僧人做到了理論與修行並重。[210]在這之前，南方僧眾重視佛教義理的研究，一般在上層士大夫中間流行，而北方偏重禪觀的修習，在社會群眾中比較受到歡迎。隋唐統一之後，佛教界宣導「破斥南北，禪義均弘」，加上統治階層的護持，佛教不但達到統一，而且發展迅速，到了唐代才有八大宗派的創立之鼎盛局面。從幾個統計數字，可以看出當時的興盛情形。隋代有寺3985所，度僧尼236200。[211]唐高宗時，依據《法苑珠林》卷一百記載，僧數為六萬餘人。唐玄宗時，按照《新唐書·百官志》，僧75524人，尼50576人。到了會昌滅法時，即唐武宗會昌五年（西元845年）七月，除政府要求保留的寺院以外，大小寺

---

210 湯用彤：《湯用彤學術論文集》，北京：中華書局，1983年，第5-10頁。

211 楊曾文：《佛教與中國文化》，北京：中華書局，1988年，第53頁。

院44600多所限期拆除、這些寺院與信眾家裡所有金銀銅鐵等佛像，限一個月內上交，統一銷毀，強迫僧尼還俗二十六萬餘人，查出寺院奴婢十五萬人，沒收寺田數千萬公頃。[212]這些數字說明了佛教在隋唐時期的發展狀況與浩劫災難。這次的持續滅佛，使佛教元氣大傷，僅存不立文字的禪宗與念佛為主的淨土宗。而彌勒信仰則以另外一種形式展現在大家面前，下面會專門討論。

這一段時期，民間彌勒信仰比較突出，主要有兩種形態：正統與非正統。正統的是指心裡皈依彌勒菩薩或彌勒尊佛、了知彌勒教義、發願上生兜率淨土，或隨彌勒下生成佛與彌勒法門的具體修行方法等等，如玄奘、窺基、元曉等出家僧人與正信佛弟子等。非正統的彌勒信仰，指故意歪曲彌勒信仰，打著彌勒下生的旗號起義或造反，給社會與人們造成不穩定的因素與危害。統治階層以武則天為主，民間則是層出不窮的起義造反、叛亂與蠱惑人心的邪門歪道等，如北魏末年一批僧人因不滿時政為民生而起義，孝文帝延興三年（473）沙門慧隱，太和五年（481）與十四年（490），沙門法秀與司馬惠御，規模最大的一次是延昌四年（515）冀州法慶打著「新佛出世，去除眾魔」的口號而起事，等等。正因為這股力量，不但拖累了彌勒信仰的弘揚，甚至把整個佛教拖入火坑。這將在第三章第三節中詳細探討。

汪娟透過對正統彌勒信仰人數的排查發現，初唐最為盛行，盛、中唐以後，已有逐漸衰退的現象。至於彌勒信仰類別，上生信仰遠超過下生信仰很多。[213]

彌勒信仰在盛唐、中唐以後衰退的原因，那不能不談到彌勒淨土與彌陀淨土之間的關係問題。

---

[212] 後晉・劉昫：《舊唐書・武宗紀・卷18》。北京：中華書局，1995年，第605頁。

[213] 汪娟：《唐代彌勒信仰與佛教諸宗派的關心》。《中華佛學學報》第5期，1992年7月，第231頁。

第三節　彌勒淨土與彌陀淨土

　　彌勒淨土包括兜率之彌勒菩薩淨土與當來下生成佛時的彌勒佛之「人間淨土」。一般兜率淨土就是指彌勒菩薩所處的由天神利用他們所修六度之福德所化現之淨土。也就是說，彌勒淨土一般是有菩薩淨土和彌勒佛之人間淨土組成。這與因法藏比丘發四十八大願而成就的西方極樂淨土是不一樣的。他們同具在自力與他力的共同作用下，帶業往生、蓮花化生、不退轉等。但是，彌勒菩薩之兜率淨土是一個特別與眾不同的淨土。不同在於，它不是由自己本願來成就，不同於其他補處菩薩在兜率天有自己淨土，釋迦佛位居補處時在兜率天宮只有一座供他說法的高幢宮殿，但是沒有自己的菩薩淨土，其他過去、未來諸佛也沒有聽說他們在兜率天有自己的淨土。這個兜率淨土所接引的對象是釋迦佛遺法眾生。原先，上生兜率淨土的目的是為了五十七億六萬年後能夠跟隨彌勒菩薩下生人間成佛，龍華三會中得度。現今，在玄奘三藏的發展改造下，本來兜率淨土之教主為彌勒菩薩，直接變成的彌勒如來或彌勒尊佛，所謂的彌勒菩薩也是由佛自在神力所化現的。這樣，上生兜率淨土面見彌勒慈尊，而不是彌勒菩薩。見彌勒如來，就可以見十方諸佛，見十方諸佛，即是自性佛現前。所以，玄奘三藏不會提及下生信仰中的「人間淨土」如何，而關心的是面見彌勒慈尊，達此目的的方法是「不修禪定，不斷煩惱」的般若智慧，五因、六事法等，參見第一章第二節上生信仰。筆者認為玄奘三藏對兜率淨土的理解是從究竟第一義諦來敘述的。如果從凡夫俗諦上來說，則應該是有次第的彌勒菩薩淨土（即兜率淨土）與彌勒佛淨土。

　　儘管彌勒信仰與彌陀信仰都是釋迦文佛教導娑婆眾生以求生淨土為目的的，但是他們之間還是存在著很大差異的。首先，當談到淨土宗時，一般人就會想到是阿彌陀佛的西方極樂淨土，這得歸功於歷代淨宗高僧大德對彌陀信仰的弘揚與發展，一句「阿彌陀佛」幾乎是家喻戶曉。若從佛教的起源與演變而言，彌勒信仰則比彌陀信仰早。可

是，爲什麼彌勒信仰沒有形成一個宗派呢？這應該與彌勒本身在佛教中的地位有關。他是釋迦佛的繼承人，不可以隸屬於一宗一派。反過來，各宗派爲了表明自己是正統的佛教法脈，或多或少地都會與彌勒發生關係。所以，彌勒信仰的範圍幾乎涵蓋整個佛教，而彌陀信仰相對而言則小很多。若就淨土而言，彌勒信仰則包括上升的兜率淨土，與下生的彌勒淨土。給人感覺，似乎是要想下生彌勒淨土，那最好先到兜率淨土去培訓，然後才順理成章；往生西方淨土，則沒有這個中間這個程式。彌陀信仰因爲慧遠、曇鸞、道綽、善導等高僧的努力弘揚，譜系得到了系統整理。雖然他們之間沒有直接的師承關係，但是根據他們的著作、思想、時代等先後順序而編排出淨土祖師。無形中，淨土宗本該包括十分淨土，而被其中一個西方極樂淨土所替代。致使當人們一談到淨土宗，就自然是彌陀淨土的錯覺。

在隋唐以前，彌勒兜率信仰比起彌陀淨土信仰盛行。對於兩者進行比較，首先從吉藏（549-623）的《觀無量壽經疏》開始，他把《無量壽經》與《佛說觀彌勒菩薩上生兜率天經》並列比較。到了唐代，隨著法相唯識宗與淨土宗的論著增多，在其中，自然就避免不了對彌勒、彌陀兩種淨土的比較，真理越爭越明唄。可是，好像爭論至今都沒有辦法誰說服誰。

一、爭論焦點

彌勒與彌陀淨土爭論的焦點，主要表現在教理上。玄奘三藏的觀點是：「西方道俗並作彌勒業，爲同欲界，其行易成，大小乘師皆許此法。彌陀淨土，恐凡鄙穢，修行難成。如舊經論，十地以上菩薩，隨分見報佛淨土。依新論意，三地菩薩始可得見報佛淨土，豈容下品凡夫即得往生，此是別時之意，未可爲定。所以西方大乘許，小乘不許。」[214]意思是說：西方印度出家僧人與信眾都奉行彌勒淨土，因

---

214 唐・道世譯：《諸經要集・卷一》，《大正藏》第5冊，頁6下～7上。

為兜率之彌勒淨土同處欲界，修行容易成就，大小乘都接受或默認此一法門。而彌陀淨土，恐怕不是居住在五濁惡世的凡夫俗子所能修行成辦的。按照舊譯經論，十地以上的菩薩，才有資格根據自身境界而往生彌陀報佛淨土，依據新譯的《瑜伽師地論》，也要到三地菩薩才可以見到彌陀報佛淨土，對於下品凡夫怎麼可能往生那裡呢？況且，說三地菩薩始見彌陀報佛淨土，這是為了方便善巧對機而別說，也未必沒有可能。所以西方淨土只攝受大乘菩薩，而且至少是三地以上的菩薩才可以，根本不攝受凡夫、小乘根性的眾生。

西方彌陀淨土信奉者，懷感在《釋淨土群疑論》中，對《瑜伽師地論》所提到的「三地菩薩始生淨土」有不同看法，他認為諸經關於往生淨土說法不一取捨不同。他舉證《仁王護國般若波羅蜜經》說：初地菩薩得百法明門，見百淨土，而《華嚴經》云：初發心凡夫菩薩願生淨土，即得往生。所以不能只依《瑜伽論》的說法位准。[215]佛陀圓音一演，異類等解。可是當菩薩論師給佛經加注造論時，眾生未必能解。但是有一原則必須遵守，即是如是因、如是果，因果不爽。因地修行需要達到三輪體空，破除我法二執，即念佛要達到無念而念，念而無念，這才是開始修行的正念。只有這樣，才有辦法與不生不滅的無為淨土相應。初地菩薩證得我法二空之法眼，故可以見百淨土。但是，未必就能往生佛報土。「三地菩薩始生淨土」，是指得定自在，所有淨土皆可帶業往生。而「《華嚴經》云初發心凡夫菩薩願生淨土，即得往生」，此處往生該是像彌勒菩薩之化淨土。因為佛之三身中的化身，是眾善奉行的功德聚集，這與佛之般若智慧聚集的報身是不同的。所以，只要眾生奉行十善，行六事法，即持戒修善就可以上生兜率之菩薩淨土（化淨土）。

關於「凡夫不生報土」，道綽（562-645）在《安樂集》中解釋說：「今此無量壽國是其報淨土，由佛願故，乃該通上下，致令凡夫

---

215 唐・懷感撰：《釋淨土群疑論・卷二》，《大正藏》第47冊，頁38下。

之善並得往生。」[216]善導（613-681）的《觀經玄義分》：「由托佛願以作強緣，致使五乘齊入（報土）。」[217]意思是借助於阿彌陀佛的本願力加上自己的念佛功德力，才可以往生極樂淨土。況且，《觀經》之九品就是針對凡夫往生而說的。既然承認彌陀淨土是報土，那麼，根據佛陀報身的定義，應該是以般若智慧為因，經過修習而獲得具有三十二相八十隨形好的佛果之身，也是般若智慧聚集之身。一般般若智慧是要靠自己修行方能成辦，佛陀本願之加持力，應該是修行功德力。所以，《瑜伽師地論》中說是三地菩薩以上，就算這樣，也是權巧方便而說。

「凡夫不生報土」，凡夫當然生不了報土，因為報土是由報身佛成就的國土，具備三十二相八十隨形好。一般十地以上位居補處的菩薩才有資格生在報土之中。筆者認為，一般淨土都是方便施設，是報土的同時，應該也可以設有化土區域。接引相應有緣眾生而已。其實，心淨則國土淨。若心不清淨，那如何與清淨國土相應。若想往生，最起碼在往生之際，心是清淨，煩惱潛伏而不生現行，只有這樣，才可以帶業往生。由此可見，就是凡夫要想往生淨土，也是有條件的。並不是因為淨土是化土而任何凡夫都可以去的。有些淨宗祖師承認彌陀淨土為報身佛土，但是還主張凡夫得生報土的觀念。如果真能往生，那能夠往生的可不能稱為凡夫啦，或者，淨土已經不是所說的報身佛土。

兩位淨宗祖師都是在一味地強調佛陀願力，而沒有實際考慮眾生的根性。末法眾生其性剛強，難調難服。一般眾生心識不定，聽說只要念佛就能往生西方，就發心發願，並且天天念佛。可是，當師父告訴他們阿彌陀佛今晚要來接引他們時，他們又推說不行，還沒有準備好。這種有為有相的念佛，怎麼能夠與無為離相的淨土相應呢？要想

216 唐·道綽撰：《安樂集·卷上》，《大正藏》第47冊，頁6中。

217 唐·善導集記：《觀經四帖疏·卷一》，《大正藏》第37冊，頁251上。

真正與之相應，那就必須從有相的事上下手，厭穢土欣淨土，老實念佛，漸漸地就會由事入理，有念成無念，無念而念，念而無念，從此之後，方有辦法在佛願的加持力下，感應道交，接引往生淨土。

關於「別時意說」，在《觀無量壽經》中，佛說「下品下生之人，雖然現世造諸重罪但臨終時得遇善知識，十念成就即得往生」。可是，窺基在《大乘法苑義林章》中，特別用比喻來解釋《攝大乘論》的「別時意說」。他說如一錢貿得千錢，別時方得，非今即得。十念往生也是如此。他主張所謂十念往生，並非命終立即往生，而是為了去除不修善不念佛之人的懈怠，而十念往生，則是為他們先種下往生西方淨土的遠因（種子）。淨宗祖師道綽持不同的意見，他認為「別時意語」應該是指經文中有省略，省掉了這類眾生在過去生中的積善修行，從此生來看，造惡多端，可是在臨命終前，遇大善知識接引，舍惡歸善，乘十念而往生極樂。說明凡是十念往生得以成就之信徒，在過去生中，已種善因，今生因緣成熟，要不然，無法死後即生。

善導認為，《攝大乘論》之所以把發願生安樂土為「別時意語」，是因為但論發願，不去論有行，所以說「未即得生」。如果願行相資，則所願皆成。而《觀無量壽經》中的十聲稱佛，為十願十行之義。由此，他認為十念往生與遠生作因、未即得生沒有太大關係。繼承此說的是迦才與懷感諸師。他們在《淨土十疑論》與《西方要決釋疑通規》中也採取這種「唯空發願，未可即生，故云別時，行願兼修，必可得生，非是別時的說法」。

筆者認為，「別時意說」應該是指強調信、願、行具足方能成辦十念成就。「十」在佛教裡稱為圓滿之數，如《華嚴經》中有十信、十住、十行、十迴向、十地等等。「十念」即是念成就，意即十念成就，即得往生。

窺基對彌勒淨土與彌陀淨土的態度問題。佛法是教化眾生如何離苦得樂，並不是逃避到他方淨土。佛陀演說他方淨土，意在激起眾生修行的信心，所謂斷一份無明，就離淨土接近一步。無明斷盡，

則十分淨土歸於一清淨之心。在眾生位，有十方淨土，各隨機發願往生。在佛位，則爲如如平等一清淨心。自性淨土與十方淨土，是不一不異的關係。所以，窺基（632-682）首先承認彌勒、彌陀佛德等無有差。強調眾生修行應該就在此土比較合乎佛意。他於是得出以下觀點：1）秉承恩師玄奘的主張，兜率同處欲界，容易上升，西方淨土，恐凡鄙穢，修行難成；2）兜率內院乃天神、天子化現，爲化淨土，比之彌陀淨土，不但修行方法簡單，而且，容易成就；3）彌勒悲願深重，度化五濁惡世娑婆世界的末法眾生，惡處修行，厭苦心重，逆增上緣反而加速成就的速度。除此以外，筆者認爲彌勒是承繼釋迦遺命，化現兜率內院，專門接引釋迦文佛未度完的眾生，攝受對象非常專一。並不像西方淨土收攝十方眾生。往生重在般若智慧，報身佛土不易，而往生福德資糧的化身淨土即菩薩化土則比較容易。基於以上理由，窺基主張穢土修行更能彰顯出大乘利他的菩薩行。不過，他也承認彌陀淨土的圓滿殊勝勝過於兜率內院。筆者倒認爲，彌勒、彌陀二淨土的殊勝與往生的難易，並不重要，重要的是，對機與否？佛說一切法，爲度一切眾。法若工具，「法如筏喻者，法尚應捨，何況非法？」病癒藥除，法不在於爭，明理方能正行。

二、彌勒與彌陀比較

　　針對法相唯識宗大力提倡彌勒信仰中的兜率淨土，淨宗祖師也提出他們對西方彌陀淨土的理解，認爲彌陀的西方極樂世界遠遠勝過彌勒的兜率淨土，並且，極樂易往，兜率難升。

　　由於法相宗對彌勒淨土的大力宣揚，唐代淨土宗諸師的著述也採取了相當凌厲的攻勢，提出西方大優、兜率極劣和極樂易往、兜率難生的論點，以對抗法相宗的說法。爲求清楚起見，試把唐代淨土宗論著裡有關這兩處淨土之爭的資料，表列於下：

表 2.1 正報差別

比較名稱	論名	彌勒世尊	阿彌陀佛	彌勒菩薩
現相		當成化佛，未滿現粗	已成報佛，覺滿現妙	位居補處
滅罪（稱念功德）			滅八十億劫生死重罪	滅八十億劫生死重罪
滅罪（稱念功德）	念佛鏡		覺圓果滿，故功德多	現是菩薩，故功德少

附注：說明這部分的表格是引用自汪娟之《唐代彌勒信仰與佛教諸宗派的關心》一文

　　首先，從正報的角度來說，彌勒所在的兜率淨土，是屬於化土。彌勒為位居補處的菩薩，是當來下生彌勒尊佛，還沒有成佛。下生之後，成就彌勒淨土。而阿彌陀佛已經成就西方極樂世界報身國土。從佛果位來說，「齊是法王，俱稱善逝，身充萬德。土盈眾美，具為化眾生。或居穢土，則丘墟滿野。或處淨剎，則奇寶盈邦。如欲校其佛德，則無優劣」。[218]從現相的角度來說，一位是即將成佛的菩薩，而另一位則是已經成就的佛陀。從念佛滅罪上來說，自然是彌勒菩薩滅罪少，功德也少，而阿彌陀佛功行果滿，滅罪則多。這是從眾生位來加以比較的，其所得出來得優劣、好壞、殊勝等等的結果，並不能說明好的一定就適用於娑婆世界的眾生，而不好的則次之。其實不然，個人認為彌勒兜率淨土更加適合娑婆世界的末法眾生。

218 唐・迦才撰：《淨土論・卷三》，《大正藏》第47冊，頁100上。

表 2.2 依報比較

比較名稱	論名	兜率天宮	極樂世界	兜率淨土
空實異居，人天趣別	淨土論	構空而立，天優	就地而安，人劣	蓮花化生
國土莊嚴	阿彌陀經通贊	所居國土劣，國土莊嚴劣	化主所居勝，國土莊嚴勝	知足天宮，莊嚴殊勝
淨穢（界別）	淨土論	穢，兜率極劣	淨，西方大優	清淨
	釋淨土羣疑論	婆婆穢土，欲界劣天	淨土勝方，超眾妙剎	
	淨土十疑論	欲界		
	念佛鏡	不出三界	出過三界	
	西方要決釋通規	未離欲界，不免火災	永辭三界，水火不害	
	阿彌陀經通贊	界系攝屬劣，穢方非淨劣	國非界系勝，淨方非穢勝	
有無女人異（眷屬）	淨土論	男女雜居	唯男無女	有化天子天女吹奏佛法之音
	釋淨土羣疑論	多間男女	少説女人	
	淨土十疑論	有女人，長諸天愛	無女人、二乘之心	

	念佛鏡	男女雜居	無女人相	
	西方要決釋疑通規	男女兩殊，更相染著	皆是丈夫，清潔無染	
	阿彌陀經通贊	男女雜居劣	女人不居勝	
有欲無欲異（內外）	安樂集	著樂無信，順於五欲		聽聞彌勒說法，清淨無欲
	淨土論	有上心欲，染著境界	無上心欲發菩提心	
	釋淨土羣疑論	內親補處，外耽五欲	無內外別	
	淨土十疑論	諸小菩薩尚著五欲		
	西方要決釋疑通規	外處慧少，不見慈尊	一無內外，俱是聖賢	
	阿彌陀經通贊	彼天有欲劣	淨方無欲勝	
退不退異	安樂集	位是退處，命終退落	位是無漏，不復輪迴	不退，隨彌勒下生，三會得度
	淨土十疑論	退位者多		
	念佛鏡	報盡墮落	更不墮落	

	西方要決釋疑通規	慧力輕微，多不免退	慧力增強，唯轉進修	
	阿彌陀經通贊	修行有退劣	修行不退勝	
壽命異	安樂集	四千歲	與佛齊	五十七億六萬歲
	淨土論	四千歲，有中天	無量，無中天	
	釋淨土羣疑論	四千歲，有中天	無量阿僧只劫	
	念佛鏡	四千歲，重墮閻浮提	直至佛果，更不再來	
	西方要決釋疑通規	四千年	無量阿僧只劫	
	阿彌陀經通贊	所化壽促劣	所化命長勝	
三性心異	淨土論	三性間起，惡墮地獄	唯善心性，永離惡道	心性純潔
	釋淨土羣疑論	具惑凡夫，起不善心	不善永亡	
三受心異（受樂）	淨土論	三受互起	唯有樂受	法樂
	釋淨土羣疑論	五受間生	無有憂苦	

	念佛鏡	少時受樂	長時受樂	
六塵境界異	淨土論	令人放逸	令人發菩提心	接受佛法薰陶
	西方要決釋疑通規	外院之境,皆生染想	無非長道	
受生異	淨土論	男在父膝,女在母膝	七寶池內蓮花中生	蓮花化生
	釋淨土羣疑論	或在男女膝上懷中	唯居花裡或寶殿中	
說法異	安樂集	水鳥樹林,生樂為緣	水鳥樹林,皆能說法	天樂、鼓聲說法
	淨土論	唯佛菩薩說法	水鳥樹木皆能說法	
	淨土十疑論	無水鳥樹林說法	水鳥樹林,生念佛心	
得果異	安樂集	不資聖道	證會無生	下生,三會得度
	淨土論	或得聖果,或不得	定得無上菩提	
	淨土十疑論	彌勒出世有不得聖果	悉得無生法忍	
音樂	安樂集	妙樂法音	超十方	勝天魔後所有天樂

身色（果報）	釋淨土羣疑論	天壽終時，五衰相現	純真金色，光明照耀	閻浮提金色
	念佛鏡	造作方成，命終五衰	供具自然化成	
相好	釋淨土羣疑論	天相端嚴，但有美醜	三十二相，無有美醜	
	念佛鏡	無三十二相	具三十二相	
	西方要決釋疑通規	男女不同，好醜殊異	紫磨金身，一類瑩嚴	
神通	釋淨土羣疑論	縱有報通，豈能越界	具有五通，歷事十方	
	念佛鏡	無神通	總六神通	
種現	西方要決釋疑通規	種、現之感俱行	唯種，永無現感	

　　從依報莊嚴來看，淨宗祖師並未是在兜率與西方兩個淨土之間的比較，而是西方淨土與兜率天宮穢土之間的比較。既然不是淨土，那又怎麼會有莊嚴可說呢？更加沒有比較的必要了。要比只能是在淨土之間才有可比性。其實，兜率淨土是指兜率內院的一片清淨化土，與兜率天中業報土完全不同。根據《佛說觀彌勒菩薩上生兜率天經》，此處是由五百天子根據自己修行六度般若之福德力，造四十九重宮殿、牢度跋提大神造善法堂。專門為了彌勒菩薩接引娑婆世界末法眾生而施設接引之「辦事處」。待到五十七億六萬歲，隨彌勒下生。彌

勒成佛之後，爲龍華三會之所度化對象。凡是發願上生兜率內院的，根據自己的修行，往生後皆是蓮花化生，蓮登九品，與西方極樂世界一樣得不退轉。兜率淨土的根本經典是《佛說觀彌勒菩薩上生兜率天經》。如果有看過這部經典的淨宗祖師，那應該不會出現像道綽《安樂集》和迦才《淨土論》中的武斷比較與有失公允。假如看過《上生經》有意牽強而爲之，那更不能讓眾人信服。正是由於他們這樣不公正、不負責任地比較，致使信眾把上生兜率淨土與升天思想混淆並模糊不清。加上他們一味地強調西方淨土，而彌勒的兜率淨土卻少有人去弘揚。正如太虛大師所說：「彌勒淨土法門不行，不在勝劣或難易，而是唐以後修者少，宏揚者少的緣故。」[219]就這樣，被扭曲的彌勒兜率淨土，不明不白地漸漸地被彌陀的西方淨土所替代。

表 2.3 往生難易

比較項目	論名	兜率天宮	極樂世界	兜率內院
處別	淨土論	天難	人易	娑婆眾生易
因別	淨土論	具修十善，方得上生	但持五戒，亦得往生	五戒十善
	淨土十疑論	縱持十善，恐不得生		
	阿彌陀經通贊	善念攝情劣	念佛攝情勝	
行別	淨土論	具施戒修，始得上生	十念成就，即得往生	六事法

---

219 太虛講：《中國淨土宗之演變》，《文史雜誌・第四卷》，第九、十期。

	阿彌陀經通贊	修行勞苦劣	十念往生勝	
自力他力別 （本願、來 迎）	淨土論	無願可憑，自 力上生	憑四十八願他 力往生	釋迦圓寂託付
	釋淨土羣疑論	彌勒本無誓願	彌陀四十八願	
	淨土十疑論	無方便接引之 義	彌陀本願，攝 取眾生	
	西方要決釋疑 通規	無人接引	聖眾來迎	
有善知識無善 知識別	安樂集	無極樂二菩薩 來勸進	觀音、勢至常 來勸進	彌勒與諸聖眾
經論勸生處多 少別	淨土論	經贊處稀，論 勸處少	經經中贊，論 論中勸	六經及注疏
	西方要決釋疑 通規	唯上生經，不 至殷勤	經論極多，不 至殷勤	
古來大德趨向 者多少別	淨土論	願樂者少	趣向者多	精通佛法之高 僧大德多
光明	釋淨土羣疑論	慈氏神光不來 攝受	彌陀神光攝取 不捨	彌勒慈光照觸 我身
守護	釋淨土羣疑論	慈氏菩薩不來 守護	諸佛菩薩常加 守護	天龍八部守護
舒舌	釋淨土羣疑論	無十方諸佛舒 舌證	有十方諸佛舒 舌證	

眾聖	釋淨土羣疑論	無有眾聖守護眾聖發願	一眾生未生西誓不先生	聖眾加持
滅罪	釋淨土羣疑論		除八十億劫生死重罪	除千二百劫生死之罪
重惡	釋淨土羣疑論	造五逆罪，不生兜率	造五逆罪，亦得往生	
教説	釋淨土羣疑論	兜率易往，實無經説	無量壽經，誠言易往	佛説觀彌勒菩薩上生兜率天經

　　往生淨土的難易是眾生內心的分別所得。佛陀說法的本身是如如平等，應機施教。法門本身無有優劣，關鍵是能否對機。那為什麼歷史上又會出現彌勒與彌陀二淨土之爭呢？其原因如下：

　　第一，一門深入。在《隨願往生經》中寫道：「佛告普廣，閻浮提眾生心多濁亂，為此偏贊西方一佛淨土，使諸眾生專心一境，即易得往生。若總念一切佛者，念佛境寬，則心散漫，三昧難成，故不得往生。」[220]引述經文來說明一門深入的修行重要。其實，這「專心一境」，不但對兜率淨土也適用外，而且對十方國土也同樣適用。而淨宗祖師用經文說明，「閻浮提眾生心多濁亂，為此偏贊西方一佛淨土」，只有西方極樂淨土，最為專一、殊勝。

　　第二，自贊毀他的法門之爭。「理窮聖教，於一法門或贊或毀，皆是勸人行道之方便，捨堅執之愚惑。」[221]在自贊中弘揚彌陀法門，在毀他彌勒兜率淨土中成就自己的正統地位。

　　第三，凡愚智薄識淺，不能明辨是非。更不知祖師大德為去眾生

---

220 隋・智顗：《淨土十疑論》，《大正藏》第47冊，頁78中。
221 唐・懷感：《釋淨土群疑論・卷四》，《大正藏》第47冊，頁54下。

執著而或贊或毀。望文生義，執之一端，爭論源於此。有很多高僧大德見此弊端，如懷感在《釋淨土群疑論》中勸誡淨土行者：「志求兜率者，勿毀西方行人；願生西方者，莫謗兜率之業。」[222]唐末孤山智圓亦云：「邇代淺識，不能加其功行，唯徒互相排毀。好淨土者，或輕於知足，尊內院者，則毀彼西方。……世變人澆，致偏贊成弊。」[223]若是一個真正的淨土行者，是沒有時間去自褒貶他。況且，兜率、彌陀淨土皆為釋迦文佛所宣說，各人隨自機緣發願，老實修行，終能如願，往生淨土。按照懷感所言，「如果互相誹謗，便成魔業，不但不能往生，反而會墜入惡道之中。」[224]

總的來說，彌勒的兜率淨土與彌陀的西方淨土有相互之爭，彌勒的兜率淨土信仰者相對理性而且公正，而西方彌陀信仰者中，有個別現象是，在將二者比較的過程當中，存在偏頗，一味強調西方而貶抑兜率淨土，甚至有意歪曲事實。這自然是違背佛意，應該捨棄的。

淨土宗在發展的歷史長河中，經常會出現發願往生西方的淨土行者，在臨終之前，對自己能否往生西方，表示懷疑，卻改信彌勒，上升兜率內院。也有兩種淨土同時修行的，如東晉廬山慧遠（334～416）往生淨土。湯用彤研究指出：「唐代關於遠公神話甚多，但可分二類：一為遠公上生兜率（見禪月大師詩），一為立社期生淨土。中唐以前，彌勒似猶見奉行，故彌陀派著論嘗避之。但法照（777年後卒）之後，兜率往生之思想已漸漸滅，故匡山結社共生西方之各種傳說，乃獨見知於後世。」[225]所以，後世之人知道慧遠廬山結蓮社，而不知他曾是彌勒信仰高僧道安的徒弟，曾經也有關於上生兜率內院的記載。因為彌勒的兜率淨土信仰沒有人繼續繼承與發展，所以，後來的人為了滿足自己的喜好，而在繼承中有所取捨。窺基在

---

222 唐・懷感：《釋淨土群疑論・卷四》，《大正藏》第47冊，頁53中。
223 宋・智圓：《樂邦文類・卷四》，《大正藏》第47冊，頁201上中。
224 唐・懷感：《釋淨土群疑論・卷四》，《大正藏》第47冊，頁53中。
225 湯用彤：《隋唐及五代佛教史》，慧炬出版社。第240頁。

《佛說觀彌勒菩薩上生兜率天經疏》中也有關於慧遠的記載：「且上聖上賢皆修此業（彌勒業）……，《高僧傳》說，此方亦有彌天釋道安、廬山慧遠、慧持等。」[226]根據記載，可以看到慧遠具有雙重身分，即同時信仰彌勒的兜率淨土與彌陀的西方淨土。其實，修行過程中，如果明白，理是一，事（即法門）為多，理事無礙，那麼用哪個法門修，皆能得力。

　　總之，彌勒、彌陀二淨土在唐朝都比較盛行，彌勒淨土受到非正統彌勒信仰的影響加上後繼乏人等原因，致使人們傾向於彌陀淨土。特別是在會昌滅法之後，彌勒淨土更顯消沉，但是，這並不代表彌勒信仰的衰微。彌勒信仰正順勢找到適合自己生存土壤，由原來的生長方式開始轉型，繼續在漢傳佛教中以其特有的方式默默地生存發展。

---

226 唐・窺基：《觀彌勒菩薩上生兜率天經贊・卷上》，《大正藏》第38冊，頁277下。

第三章　本土化彌勒信仰

　　前章提到，會昌滅法（841-846年）之後，佛教倖存的只有禪宗與淨土宗。彌勒信仰則澈底改觀，以一種嶄新的面貌出現，那就是漢地民眾所熟悉的布袋和尚，與禪宗緊密相連的契此大士，傳說中彌勒菩薩的化身。這可以稱得上彌勒信仰在漢傳佛教中的第二次轉型或改造。具有漢傳本土化的彌勒信仰就是：由天上兜率淨土的天冠彌勒菩薩轉型爲人間大度包容笑口常開的布袋和尚；從當來下生的彌勒尊佛變成當今的彌勒化身之契此大士；由原來在社會中上層人士流行的彌勒信仰，轉型到社會中下層人們生活中間的民間彌勒信仰。這個時期的彌勒信仰特色，是讓人們體會到彌勒所宣導的般若智慧。世間智慧是有爲的可以通過老師、長輩、書本等傳授得來的，而般若智慧是無爲的，只有透過自己修行體征的，如人飲水，冷暖自知。般若智慧主要體現在那種「不立文字，教外別傳」之密語密意的「以心印心」之中，是不可以言說口傳，只能靠老實修行意會體證。這也是上一章在探討彌陀報土時，必須是三地以上的菩薩才可能往生的原因，因爲般若智慧只能靠自己，屬於自利的出世智慧資糧，眾善奉行是利他的功德資糧，所謂他力加持應該就是指功德力而言的。讓我們一起走進契此和尚的般若世界。進入之前，必須找到鑰匙。

第一節　禪觀與上生信仰

　　早期禪經似乎也談到上生兜率，面見彌勒之事。如姚秦三藏鳩摩羅什所譯的《思惟略要法》中提到「凡求初禪，先習諸觀」，意即如果凡夫眾生要想進入色界初禪，就必須要先修習各種禪觀，選擇

一種適合自己的禪觀方法，不斷精進，持戒少食，甚至可以不吃五穀雜糧，以禪悅爲食。此書在「不淨觀法」後則說道：「行者志求大乘者，命終隨意生諸佛前，不爾必至兜率天上得見彌勒。」[227]那種發了「上求佛道，下化衆生」的大乘修行之人，在一期生命結束後，便可以隨意往生諸佛面前，否則一定可以上生兜率內院，得見彌勒菩薩。兜率天是在欲界的第四層天，而兜率內院則是兜率淨土，凡是發願往生內院者，需要修持五戒十善與簡單的禪定加上自己的發願即可成辦，往生時是清淨的蓮花化生。這說明透過禪觀可以上生兜率內院。需要補充說明的是，兜率內院是由窺基大師因《大唐西域記》中所記載關於無著、世親與獅子覺相約，生到兜率天后要回來人間報告，結果世親上生六個月回來說到內院見慈尊聞佛法，而獅子覺則在業報兜率天享受天樂，據此，窺基就把兜率天分爲清淨內院即彌勒菩薩淨土，與染汙外院業報兜率天。原文如下：

　　無著弟子佛陀僧訶（唐言師子覺）者，密行莫測，高才有聞。二三賢哲每相謂曰：「凡修行業，願覩慈氏，若先捨壽，得遂宿心，當相報語，以知所至。」其後師子覺先捨壽命，三年不報。世親菩薩尋亦捨壽，時經六月，亦無報命。時諸異學鹹皆譏誚，以爲世親菩薩及師子覺流轉惡趣，遂無靈鑒。其後無著菩薩于夜初分，方爲門人教授定法，燈光忽翳，空中大明。有一天仙乘虛下降，即進階庭，敬禮無著。無著曰：「爾來何暮？今名何謂？」對曰：「從此捨壽命住睹史多天慈氏內衆蓮華中生。蓮華才開，慈氏贊曰：善來廣慧！善來廣慧！旋繞才周，即來報命。」無著菩薩曰：「師子覺者，今何所在？」曰：「我旋繞時，見師子覺在外衆中耽著欲樂，無暇相顧，詎能來報？」無著菩薩曰：「斯事已矣。慈氏何相？演說何法？」曰：「慈氏相好，言莫能宣。演說妙法，義不異此。然菩薩妙音，清暢和雅，聞者忘倦，受者無厭。」[228]

---

227 姚秦·鳩摩羅什譯：《思惟要略法》，《大正藏》第15冊，頁298下。

這個故事本身存在疑點，為什麼無著不親自上升兜率去看呢？因為他曾經就有上升兜率天請彌勒菩薩降臨人間說彌勒五部論。筆者偏向於用「兜率淨土」，但也不反對用「兜率內院」。其理由是，兜率淨土是彌勒菩薩清淨化土，此清淨化土與染汙之業報土是可以共同生存於同一空間而互不妨礙的，只是他們維度空間或生存方式不同而已。

香港學者王靜芬研究發現：「彌勒信仰早期在西域一帶與小乘禪學結合，因此在傳入中國的過程中，兜率往生說借北地禪法的流行而大盛於北涼、北魏之世。」[229]假如這種說法成立，那麼禪法與彌勒信仰之間的淵源又更近一步的聯繫。釋迦佛是透過禪修，夜睹明星而悟道。作為釋迦文佛的繼承人彌勒尊佛，自然也應該是與禪法密不可分。

另外，彌勒之下生信仰的《彌勒下生經》裡就提到「十想」即十種觀想。似乎與早期佛教中的「六念」之「念天」有相通之處。彌勒之上生信仰所依之經典《佛說觀彌勒菩薩上生兜率天經》中「觀彌勒菩薩上生兜率天」之「觀」，基本都是心想意觀，用一念去除萬念或散念，專心一意，心不他馳，若觀想成就，只剩一念，將次一念無限拉長，便可得未到地定。繼續不執著這無限拉長的一念，用空對治一念，空的本身亦是有，必須要去除，去除之心亦需去除，如此去執，直到去不所去，離無所離，止觀等持之時，有四四十六動，即組成欲界之色身的四大元素重新組合成色界天之色身，然後進入初禪。接著繼續修行下去就漸次進入二禪、三禪、四禪，甚至空無邊處、色無邊處、無所有處、非想非非想處，最後，跳出三界，證阿羅漢果位。這是南傳上座部修行次第。

---

228 唐・玄奘口述，辯機記錄：《大唐西域記・卷五》，《大正藏》第51
　　冊，頁896下。

229 王靜芬：《彌勒信仰與敦煌〈彌勒變〉的起源》（摘要），《敦煌研
　　究》，1988年第2期。

佛教之禪觀傳入漢地之後，比較盛行的則是禪宗。

第二節　彌勒與禪宗

　　禪宗緣起是因大梵天王請釋迦佛在靈鷲山說法時，率眾供養佛陀一朵金色婆羅花。佛陀儀態祥和，揚眉舜目，拈花示眾，一言不發。眾中唯有迦葉尊者，破顏微笑。於是，世尊開示道：「吾有正法眼藏，涅槃妙心，實相無相，微妙法門，不立文字，教外別傳，付囑摩訶迦葉。」[230]意思是說，佛陀擁有普照宇宙、洞悉世間諸法本質的正法眼藏，斷除生死輪迴的圓寂實相妙方，於圓寂實相本然之相，離去對一切諸相的執著，這種離言絕相的微妙法門，不是靠文字、語言等來描述自己所看到或感知到的體驗，而是只有證悟者之間以心印心的法門，今天傳給了大迦葉。後來，禪宗祖師就把這幾句話歸納為：教外別傳、不立文字、直指心性、見性成佛。教外別傳，是指禪宗見性之高僧間的那種「以心印心」的交流，別人沒有經過修證，是聽不明白他們之間「古怪」言行。一般為了方便大家學習，暫時稱之為「密語與密意」。密語如「吃茶去」，密意如「敲三下」等等。不立文字，是說明文字只是交流工具，並不究竟。無論對世間怎麼地描述，都無法把諸法實相呈現出來。這就是古德所說的：「涅槃不可說」。諸法實相，其實就是涅槃妙心，實相無相，見自本來面目。直指心性，心性即本來面目，見性成佛。這種「以心印心」傳法，是禪宗的特色，由於是無形無相、言語道斷、心行處滅的，如人飲水冷暖自知的，為了方便一般信眾理解與接受，佛陀就將金縷袈裟傳給迦葉，以表法的金縷袈裟（祖衣）取信於信眾弟子，讓大家清楚誰是真正正統傳承。因此，迦葉尊者就成為禪宗歷史上第一位「衣缽傳

---

230 宋·普濟集：《五燈會元·七佛·釋迦牟尼佛·卷一》，《卍新纂續藏經》第80冊，頁31上。

人」。禪宗因此拉開了序幕。

關於金縷僧伽衣（袈裟）有二說：一、釋迦佛吩咐迦葉尊者持衣待彌勒出世成佛後，把這頂袈裟傳給彌勒世尊；二、禪宗世代單傳，在印度傳了二十七代，到了第二十八代達摩祖師時，攜衣來到東土大唐，繼續傳承下去，經二祖慧可、三祖僧璨、四祖道信、五祖弘忍，至第六祖惠能時爲止，都是有「付法傳衣」的傳承。

根據《六祖壇經》記載：「法海上座再拜問曰：『和尙入滅之後，衣法當付何人？』師曰：『吾於大梵寺說法，以至於今，鈔錄流行，目曰《法寶壇經》。汝等守護，遞相傳授，度諸群生；但依此說，是名正法。今爲汝等說法，不付其衣。蓋爲汝等信根淳熟，決定無疑，堪任大事；然據先祖達摩大師付授偈意，衣不合傳。偈曰：『吾本來茲土，傳法救迷情；一華開五葉，結果自然成。』」[231]

這裡說明，從六祖開始衣法不傳的原因：一、是因爲東土達摩祖師有交待，到了「一花開五葉」之後，只傳「法寶壇經」，不傳衣法；二、眾生根機成熟，堪受大法；三、熄滅利用衣法爭論而引起的爭端。關於袈裟，到底是一頂？還是兩頂？好像無從考證。根據經典記載，佛陀姨母摩訶波闍波提有織一頂金縷僧伽衣供養佛陀，可是佛陀未曾接受，因爲她是私心供養，心量不夠大，爲了讓她打開心量，故轉贈給其他二乘弟子，二乘弟子不敢承擔，最後被敢於荷擔如來家業的彌勒菩薩接受。至於彌勒菩薩什麼時間把衣還給佛陀？猜測應該是在彌勒菩薩上升兜率內院之前。然後，佛陀再將此衣傳給摩訶迦葉，並囑咐他在雞足山內入定，等到彌勒佛出世，再將此衣交給彌勒佛。那麼，同樣從佛陀那裡傳給迦葉，代代相傳，直到六祖惠能這裡的這頂袈裟又該如何解釋呢？筆者猜想，金縷僧伽衣應該是要傳給當來下生彌勒尊佛；而在世間流傳作爲法信的袈裟應該就是佛陀曾經被

---

231 元·宗寶編：《六祖大師法寶壇經·付囑品·第十》，《大正藏》第48
　　冊，頁361上。

過的。到底事情眞相如何？已經無從查考，如果感興趣的學者，不妨可以深究一下。

在許多經論中，提及釋迦佛給彌勒菩薩授記，五十七億六萬年後，彌勒菩薩在此娑婆爲當來下生彌勒尊佛。釋迦佛在世時，彌勒比丘先釋迦佛圓寂上生兜率內院。佛陀涅槃前，囑咐弟子要「以戒爲師」，但是在靈山一會「拈花微笑」，把正法眼藏傳給頭陀第一的摩訶迦葉。大約在佛陀圓寂後的三個月左右，摩訶迦葉召集五百羅漢在靈鷲山七葉窟中結集經、律二藏，因爲那時論藏還未完備。

得到佛陀印證的摩訶迦葉，在組織完第一次經典結集之後，受佛陀遺命至雞足山入定，待彌勒世尊出世後，出定傳衣。在《傳法正宗記》中記載：「（佛陀）以化期將近，乃命摩訶迦葉曰：『吾以清淨法眼、涅槃妙心、實相無相、微妙正法，今付於汝，汝當護持』……復謂大迦葉曰：『吾將金縷僧迦梨衣亦付於汝，汝其轉授補處慈氏佛，俟其出世，宜謹守之。』」[232] 在《歷代法寶記》中有相似的論述：「所以釋迦如來傳金襴袈裟，令摩訶迦葉在雞足山待彌勒世尊下生吩咐。今惡世時，學禪者眾，我達摩祖師遂傳袈裟表其法正，令後學者有其稟承也。」[233]

經論強調釋迦佛讓迦葉尊者傳衣給彌勒尊佛，說明彌勒尊佛與釋迦佛是一脈相承，所修、所證、所說等皆爲相同之正法。無論是「付法傳衣」的禪宗，還是未來下生成佛的彌勒世尊，他們所傳之法相同，正所謂「佛佛道同」。

在釋迦佛與彌勒佛之間連接的關鍵人物是「摩訶迦葉」。摩訶迦葉是佛陀十大弟子中的頭陀（苦行）第一，禪宗尊稱他爲初祖，在《法華經》中，爲內祕菩薩行、外現聲聞身的菩薩，他是第一次經律結集的召集人，還被指派爲入定住世、等待彌勒出世後轉授金縷僧伽

---

232 宋·契嵩編：《傳法正宗記·卷一》，《大正藏》第51冊，頁717下、718上。
233 佚名：《歷代法寶記》，《大正藏》第51冊，頁183中。

梨衣之人。

而彌勒菩薩在釋迦佛世時為彌勒比丘，敢於承擔接受金縷僧伽梨衣，被佛陀授記；圓寂後上升兜率內院成為位居補處的彌勒菩薩；等到五十七億六萬歲方才下生成佛，接受釋迦佛所傳之金縷僧伽梨衣。

透過對金縷僧伽梨衣的分析探討，似乎提供出一條思路：一、無論釋迦佛、彌勒佛還是摩訶迦葉，都是要我們找回自己的本來面目，也是釋迦佛傳給迦葉尊者的正法眼藏；二、末法眾生修行，在理上一定要先明心見性，這稱為理上頓悟；三、事上漸修，1）、要像迦葉尊者那樣勇猛精進，不能放逸懈怠；2）可以發願上生兜率內院，然後跟隨彌勒菩薩下生；四、路徑不同，目標是一。

從這裡看來，迦葉尊者所開啓的禪宗，在前後佛之間，似乎擔任了「承上啓下」的角色。這樣一來，彌勒菩薩在人間成佛就顯得順理成章，而且成為正統，前後一致。

一個思想的構成，應該具備完整的理論體系與實踐價值。透過實踐可以不斷地發展自身的理論或彌補理論的不足。同時，理論又在指導實踐。所以，科學的理論是在不斷地被發現，然後用實踐來證明這個理論自身的價值。這些都是建立在知識與經驗的基礎之上，是屬於人為主導知見層面上的東西，很難體現出事物的本來面目。與之不同的是佛教理論，是建立在事物本來面目之上的，不需思辨，但不思並不是不知，如鏡照像，物來則顯，物去不留，是屬於全息理論體系。

透過修行，去除我、法二執，本來面目之清淨心自然呈現。修行過程中，不同階段有不一樣的證悟境界，如聲聞阿羅漢、緣覺辟支佛、十地菩薩等，最後才能到達佛境界，而此佛不可取。於是佛告誡眾生：「若以色見我，以音聲求我；是人行邪道，不得見如來」。[234]為什麼不可以著相呢？觀想念佛、觀相念佛、清淨莊嚴之十方淨土等，不都是相嗎？這些是佛陀針對度生著相的習性而權巧施設的方

---

[234] 後秦·鳩摩羅什譯：《金剛般若波羅蜜經》，《大正藏》第8冊，頁752上。

便。如《華嚴經》云：「先以欲鉤牽，後令入佛智」。[235]這裡的佛智就是金剛般若智，其內容就是「凡所有相，皆是虛妄。若見諸相非相，即見如來」，[236]在《般若波羅蜜多心經》中就是「以無所得故，菩提薩埵，依般若波羅密多故，得阿耨多羅三藐三菩提。」[237]這種無修而修，修而無修，以及無得而得的離言境界，是如人飲水，冷暖自知。三世一切諸佛皆證此理，當來下生彌勒尊佛，自然也不例外。但是，對於一般眾生還是要借用文字般若方便誘導。爲了說明不可說的宗教體驗與境界，而不得不借助三藏十二部經典這些工具。因此，佛教將整個修行過程分爲信、解、行、證四個部分。彌勒作爲荷擔如來家業的繼承人，有必要對整個佛教的修行體系作一全面了解，所以，這一節所要探討的彌勒思想，其實，就是整個佛教修行思想，所謂的「彌勒思想」自然就應該從這信、解、行、證四個部分來加以考察。

一、信──彌勒玄義

文字是記錄與交流思想或承載語言圖像及符號的工具，方便交流，屬於概念和不究竟的。所以，佛教修行首先由文字般若下手，然後到觀照般若，最後證得實相般若。既然文字是工具，那麼這裡的彌勒到底是什麼意思呢？

彌勒，華譯慈氏，菩薩之姓；阿逸多，華譯無能勝，彌勒爲名，意即慈悲無敵，是娑婆世界下一位佛名。關於彌勒與阿逸多是一人還是兩位？前面已經討論過了，在這裡不再重複。慈、慈心以及大慈成爲彌勒本具性德，代表佛性、本來面目的全貌。如果從佛教究竟

---

235 唐・澄觀述：《華嚴經・行願品疏・卷五》，《卍新纂續藏經》第5冊，頁114下。

236 後秦・鳩摩羅什譯：《金剛般若波羅蜜經》，《大正藏》第8冊，頁749上。

237 唐・玄奘譯：《般若波羅蜜多心經》，《大正藏》第8冊，頁848下。

理體來說則是不二法門，什麼是不二法門呢？「以理爲門，一道清淨，故稱不二。眞極可軌，所以云法。至妙虛通，故因之爲門。」[238]不二，就是不一不異、不來不去、不生不滅、不斷不常等超出二元對立之中道法，從究竟第一義諦來說，通過不二中道可以達到一道清靜之門。俗諦而言，因眞如至極之理有跡可尋，所以稱爲不二之法，但是因其一道清靜不可執取，妙極離言，動念即乖，唯離執廓虛方能通達，所以稱之爲門。所謂清靜，實爲不垢不淨。《大乘義章》云：「言不二者，無異之謂，即是經中一實義也。一實之理，妙寂離相，如如平等，亡於彼此，故云不二。」[239]如日普照，寂而照，照而寂。太陽對於山河大地、草木叢林、六道眾生，不分親疏、大小好壞、眞假美醜等，一視同仁地給予它們陽光和溫暖，不需任何回報。因爲太陽發光源於天性。眾生佛性之光亦是如此，對眾生而言，有慈護加持，對佛、彌勒佛或任何一佛本身卻是無來無去。在聖不增，在凡不減，佛性如在山之金礦。

印宗法師在廣州法性寺（今光孝寺）初會六祖惠能時問道：「『黃梅付囑，如何指授？』惠能曰：『指授即無，惟論見性，不論禪定解脫。』宗曰：『何不論禪定解脫？』能曰：『爲是二法，不是佛法，佛法是不二之法。』」[240]由此可見，所謂傳法，只論見性，見自不二之本來面目。不論禪定解脫，其原因是禪定與解脫是二法。彌勒當年得到釋迦授記，其原因就是除了禪定與解脫二法之外，還不修禪定以開發自利之般若智慧，不入涅槃解脫爲專門利他的菩薩行，具備自利利他、上求下化的菩薩，才有資格得到釋迦授記。不過，若彌勒有受記之心，那授記與受記又落於二法，佛法是不二之法。同樣，若六祖惠能有五祖弘忍給他傳法之念，那恐怕五祖就不會傳法給

---

238 隋・吉藏撰：《十二門論疏・卷第一》，《大正藏》第42冊，頁175下。

239 隋・慧遠撰：《大乘義章・卷第一》，《大正藏》第44冊，頁481中。

240 弟子法海集錄，元・宗寶編校：《六祖大師法寶壇經》，《大正藏》第48冊，頁349下。

他了。這說明要想見性（如見空性、水性、佛性等），就必須透過不二之法才能達到。經文繼續探究不二之法。

法宗法師接著又問：「『如何是佛法不二之法？』惠能曰：『法師講涅槃經，明佛性是佛法不二之法。如高貴德王菩薩白佛言：犯四重禁，作五逆罪，及一闡提等，當斷善根佛性否？佛言：『善根有二：一者常，二者無常；佛性非常非無常，是故不斷，名為不二。一者善，二者不善；佛性非善非不善，是名不二。蘊之與界，凡夫見二，智者了達，其性無二；無二之性，即是佛性。』」[241]這裡說得很清楚，佛性是不二之法，佛性是非常非無常，非善非不善，凡夫認為是二法，如把清淨心、佛性等究竟之法，認為是永恆不變的一元之法等，但智慧之人明白其性是不二，而不二之性即是佛性。

由此可見，彌勒佛所具有的佛性即是不二之性。是超出了世間的相對之法，但也不能說是一元之法，因為佛性本身是離言絕相、心行處滅、言語道斷、動念即乖的。所有的佛名都是方便施設的，當然不可以執取。那怎樣才能認清什麼是佛性、自性或本來面目的？

在《六祖壇經》中，五祖弘忍大師給六祖惠能講《金剛經》至「應無所住而生其心」時，六祖大悟而說出了五個自性，即「何期自性，本自清淨；何期自性，本不動搖；何期自性，本不生滅；何期自性，本自具足；何期自性，能生萬法。」[242]

因此，彌勒的究竟含義除了自身本具的慈悲無能勝外，還有不二之性，具體一點則為本自具足、本自清淨、本不動搖、本不生滅和能生萬法的特性。其實，人人皆具此性，心、佛、眾生三無差別，心迷即眾生，心悟即佛。信為道源功德母，若不信自己佛性本具，那與道無緣。如果不能用世俗心理解不二佛性，清淨心以及真如等出世究竟

---

[241] 弟子法海集錄，元·宗寶編校：《六祖大師法寶壇經》，《大正藏》第48冊，頁349下。

[242] 弟子法海集錄，元·宗寶編校：《六祖大師法寶壇經》，《大正藏》第48冊，頁349上。

理體，那不妨先聽取聖人之言，然後在踐行中加以體證，只有這樣方有希望，若是心高氣傲，那只能在生死大海中隨主沉浮。因此，信是進階第一步。信是建立在解的基礎之上，信與解是相輔相成，隨著對彌勒思想的了解，對佛性的深入，那信心就會隨之增長。

二、解──凡聖不二

一切眾生皆具佛性，佛陀之佛性與眾生之佛性無二無別。佛是開悟的眾生，眾生是在迷的佛。佛性是在聖不增，在凡不減的，也就是說彌勒比丘、彌勒菩薩、彌勒尊佛，其本質佛性是同一個。不過在表相上，是在迷的彌勒比丘，修行中的彌勒菩薩與證悟後的未來彌勒尊佛。

「應無所住而生其心」的境界，正是「本來無一物」的百尺竿頭更進一步。六祖雖先已悟了覺了，但只是悟到離相之「無所住」，尚未悟到清淨心現前時的「而生其心」。當五祖講到「應無所住而生其心」時，般若智慧門開，此時才是真正大悟。於是說出了五句「何期」，自然流露見性之心聲。虛雲老和尚解釋此五句說：「前四句何期是攝用歸體，後一句何期是全體大用；前四句是自度，後一句是度生；能生萬法者，一切種智也。」[243]五祖知六祖之悟自本性為真實不虛。六祖如實清楚：「心如工畫師，能畫諸世間；五蘊悉從生，無法而不造。如心佛亦爾，如佛眾生然；應知佛與心，體性皆無盡。」[244]如此看來，明心是了知無住生心，是「應無所住而生其心」之清淨本心，是「內不依根，外不逐塵」不生不滅之心，是離我相、人相、眾生相、壽者相之菩提心。見性就是見自性本自清淨、本不生滅、本自具足、本無動搖和自性能生萬法。見性前後之其境界變化有

243 岑學呂編：《虛雲法師年譜‧重興曹溪南華寺記》，宗教文化出版社，1995。

244 唐‧實叉難陀譯：《大方廣佛華嚴經‧卷第十九》，《大正藏》第10冊，頁102上。

如「毛毛蟲變蝴蝶」，毛毛蟲眼中的世界是黑白、橫豎平面的二維空間，當它蛻變成蝴蝶之後，整個世界就成爲五彩繽紛的三維空間，可以自由飛翔。世界沒有變，但是各自對世界的感受完全不同，一個活的很痛苦，一個卻逍遙自在，遊戲人間。境界如此美妙，那麼怎樣才能見性呢？

要想理解佛性，就要清楚佛性所具有的本自具足，說明佛性無需外求；本自清淨，不受任何染汙；本不生滅，是不生不滅；本不動搖，在聖不增，在凡不減；能生萬法，珠網相連，一即一切，一切即一。釋尊菩提樹下，夜睹明星而悟道此理，一切眾生皆有如來智慧德相，但以妄想執著而不能證得。佛性眾生本具，但爲無明妄想所覆蓋。所以，六祖惠能見五祖弘忍時說：「人雖有南北，佛性本無南北；獦獠身與和尚不同，佛性有何差別？」[245]獦獠身與和尚等十法界眾生之相，千差萬別，可是一切眾生皆具佛性。萬相歸於一性，一性影現世間諸法之相。性即是相，相即是性，性相一如。爲了去除眾生對外在諸相的執取，而了知性相一如之理，於是《中論》提出八不中道：「不生亦不滅，不常亦不斷，不一亦不異，不來亦不去；能說是因緣，善滅諸戲論，我稽首禮佛，諸說中第一。」[246]平常人們著相，看到外在的事物就是生滅、常斷、來去、一異等相對二元之法。如今佛陀告訴大家世間的本然相貌是八不。所謂生滅，原來是在佛性上的幻生幻滅，其實是不生不滅。世間的相對之法是由虛妄分別之心所生，而這無明妄心在《圓覺經》中說有如空中花、水中月、鏡中像一樣，虛幻不實在的。正如《金剛經》云：「一切有爲法，如夢幻泡影；如露亦如電，應作如是觀。」[247]人們往往承認千江月是天上月

---

245 弟子法海集錄，元・宗寶編校：《六祖大師法寶壇經》，《大正藏》第48冊，頁348上。

246 龍樹菩薩造，梵志青目釋，姚秦・鳩摩羅什譯：《中論》，《大正藏》第30冊，頁1中。

247 姚秦・鳩摩羅什譯：《金剛般若波羅蜜經》，《大正藏》第8冊，頁752中。

亮的倒影，卻不敢接受十法界眾生的種種變化不定之妄心也是一真心之下的「夢幻泡影」，如波浪，真心如水，不斷生滅的波浪離不開水（性），水（性）的外在表現為波浪。波浪當下即是水，水的當下即是波浪。「生滅之波浪」的本性其實就是「不生不滅之水（性）」。由此可見，真心妄心不二即是佛性，佛性即是不生不滅、不來不去、不一不異、不常不斷。如果說佛性是體，那真心是用，妄心則是相。無論是佛性、真心、妄心皆不可以執取，這就是所謂的「實相非相」。因此，這八不中道之理直指菩提自性，如鏡，物來則顯，物過不留。隱顯自在，遊戲人間。彌勒如佛性，彌勒為度眾生而化百千萬身形，或者具有彌勒特性的眾生皆集中在一彌勒身上。正所謂一彌勒化百千萬眾生，百千萬眾生咸歸一彌勒。古德云：理上頓悟，事須漸修。那麼如何得見佛性呢？

三、行──離相而修

　　既然世間一切諸法皆是一真心上所影現的塵相，那麼這些塵相即是如空花水月的假相。如果眾生執著這些塵相，那就是無明的開始。上面說到，佛性是本自清淨，所以不需要修。但是如果不修，無明煩惱如何去除？因此這需要離相而修，即無修而修，修而無修，以妄修真，如鑽木取火。同理，佛性是本自具足、本不動搖。所謂的證果，亦是如此，無證而證，證而無證。可是，在修行過程當中，二乘之人，執著聲聞四果，緣覺之人執著辟支佛果，而菩薩則有十地果位，因此，在《心經》中說到：「無苦、集、滅、道，無無明亦無無明盡，乃至無老死亦無老死盡，無智亦無得，以無所得故，菩提薩埵，依般若波羅密多故，得阿耨多羅三藐三菩提。」[248]不但不執著於三乘之果，而且，佛果等一切果相皆不可著，正因為無所得，所以才得無上菩提妙果。古德云：理上頓悟，事上漸修。

---

248 唐・玄奘譯：《般若波羅蜜多心經》，《大正藏》第8冊，頁848下。

彌勒菩薩在因地修行，有修慈心三昧、唯心識定。在修彌勒之兜率淨土、彌勒淨土時，勸行者修五戒十善、六事法等。

（一）如何見性？

《壇經》中，弟子法海在六祖惠能臨圓寂時問到：「和尚留何教法，令後代迷人，得見佛性？」[249]祖師用「自性真佛偈」開示道：

真如自性是真佛，邪見三毒是魔王，邪迷之時魔在舍，正見之時佛在堂。性中邪見三毒生，即是魔王來住舍，正見自除三毒心，魔變成佛真無假。[250]

這裡說明魔王與佛之間的關係，魔王的特徵是執著於從自性中影現之人事等諸法，而生起貪、瞋、癡三毒，此種邪見住在心裡。去除對三毒的執著是正見真佛坐心堂。因此，佛魔一念之間，迷時魔在，悟時佛在。魔是執著於佛的幻影，佛是去除執著之魔的真如自性。

法身報身及化身，三身本來是一身，若向性中能自見，即是成佛菩提因。本從化身生淨性，淨性常在化身中，性使化身行正道，當來圓滿真無窮。

此處是講佛陀三身即一身的關係。佛具三身：理體聚集之法身、智慧積集之報身與福德聚集之化身。此三身原來是一自性身，若從佛性身中具見三身，則是種下成佛的菩提之因。原本從千百億化身所成就的功德，體證清淨佛性之身。而清靜佛性之身與千百億化身如影隨形，並能使千百億化身在菩提般若下，行於正道，直到成就三十二相、八十隨形好的圓滿報身。

淫性本是淨性因，除淫即是淨性身，性中各自離五欲，見性剎那即是真。今生若遇頓教門，忽悟自性見世尊，若欲修行覓作佛，不知何處擬求真。

---

249 弟子法海集錄，元・宗寶編校：《六祖大師法寶壇經》，《大正藏》第48冊，頁361下。

250 弟子法海集錄，元・宗寶編校：《六祖大師法寶壇經》，《大正藏》第48冊，頁362上。

淫欲亂性是因為貪著清淨心上之幻生樂感，樂感不會久住。在過分享受樂感的同時，傷損了自己的身體，縮短了為人的生命。透過幻生之淫性，其本質就是清淨本性。無須斷除淫欲當下體認即是清淨法身。在清淨法性中，各自離開了對貪、瞋、癡、慢、疑等五欲的執取。清淨本性現前即是見到真佛。這裡指出，如果今生遇到此頓悟法門，茅塞頓開，就可以悟自性見世尊。假如有人想心外求法作佛，那不知道他該到哪裡去求？

若能心中自見真，有真即是成佛因，不見自性外覓佛，起心總是大癡人。頓教法門今已留，救度世人須自修，報汝當來學道者，不作此見大悠悠。

概括說是真如自性本自具足，若在自性上執著妄起空中花、水中月、鏡中像，就是魔王入住，離相無住佛性現前。修行要能從化身中見到清淨法身，清淨法身也從未離開過化身，清淨自性讓化身行於正道，將來覺行圓滿報身就會功德無量。染汙淫欲之性亦是成就清淨法身之因，清淨之性即是見到真佛身。佛不可外求，只有自悟自修，不要浪費時間。「佛在靈山莫遠求，靈山只在汝心頭；人人有座靈山塔，好向靈山塔下修。」[251]

所以，如何得見佛性？從邪見三毒的魔王中見、從千百億化身中見、從淫欲性中見、從煩惱性中見、從自心中見。也就是從日常生活中，離一切相，修一切善，皆可見自佛性。

六祖擔心弟子還不清楚又進一步補充道：「但識自本心，見自本性，無動無靜，無生無滅，無去無來，無是無非，無住無往。」[252]行者只要親見本心，是不生不滅，不來不去等等，即是見自本性。復說偈曰：

兀兀不修善，騰騰不造惡，寂寂斷見聞，蕩蕩心無著。[253]

---

251 清·建基錄：《金剛經科儀》，《卍新纂續藏經》第74冊，頁647上。

252 弟子法海集錄，元·宗寶編校：《六祖大師法寶壇經》，《大正藏》第48冊，頁362上。

湛然不動連善也不修，任運自在不造惡，寂靜不動，內不依根，外不逐塵，但斷見聞，坦蕩蕩心無所著。

（二）見性之方

要想見性，就要知道對治之方。佛說一切法，爲治眾生病。病癒則藥除，故《金剛經》中說：「知我說法，如筏喻者，法尙應捨，何況非法。」[254]眾生病在於六根不斷向外馳求外在六塵生六識，經過第七末那識恒審思量送到第八阿賴耶識，作爲經驗加以保存，爲現行熏種子。然後待因緣和合，由執持第八識爲自我的第七識傳送到前六識，爲種子生現行。這樣種子生現行，現行熏種子，不斷反覆輪迴而迷失自我。要想截斷生死流，就必須讓慫恿六根向外馳求的妄心停止，息下妄心，菩提自性自然現起，所謂息即菩提。可息心並非易事，六祖就指導我們用對治的方法：「邪來正度，迷來悟度，愚來智度，惡來善度，煩惱來菩提度。如是度者，是名眞度。」[255]用正能量來對治負能量，對治結束就放下。猶如雙木摩擦生火，薪盡火滅，無垠虛空自然現前。

六祖要求學人從三個方面下手見自本性，即無念、無相、無住。

無念爲宗就是以不生分別虛妄之心爲宗旨。如給惠明開示說：「汝既爲法而來，可屏息諸緣，勿生一念，吾爲汝說。良久，謂明曰：不思善，不思惡，正與麼時，那個是明上座本來面目？惠明言下大悟。」[256]屏息諸緣，不思善不思惡，就是息心。六祖解釋無念時說：「善知識！于諸境上，心不染，曰無念，於自念上，常離諸境，

---

253 弟子法海集錄，元・宗寶編校：《六祖大師法寶壇經》，《大正藏》第48冊，頁362中。

254 後秦・鳩摩羅什譯：《金剛般若波羅蜜經》，《大正藏》第8冊，頁749中。

255 弟子法海集錄，元・宗寶編校：《六祖大師法寶壇經》，《大正藏》第48冊，頁354上。

256 弟子法海集錄，元・宗寶編校：《六祖大師法寶壇經》，《大正藏》第48冊，頁349中。

不於境上生心，若只百物不思，念盡除卻，一念絕即死，別處受生，是為大錯。學道者思之。若不識法意，自錯猶可，更誤他人；自迷不見，又謗佛經，所以立無念為宗。」[257]於諸境界上，心不染汙，如龐蘊偈云：但自無心於萬物，何妨萬物常圍繞；鐵牛不怕獅子吼，恰似木人見花鳥。木人本體自無情，花鳥逢人亦不驚。心境如如只個是，何慮菩提道不成。[258]心不染於萬物，就是這裡但自無心於萬物，意即生活在這個世界裡，但對任何境界都不執著，有那種「百花叢中過，片葉不沾身」的味道，如果真能無心於萬物，那不僅不擔心別人對自己的「獅子吼」，而且可以與花鳥為伴，心境如是當下即是菩提自性現前。注意這裡的無心，並不是跟無情般的無心，而是不染諸境的菩提自性心。正因為於萬物無心，才擁有大千沙界。虛空對世界所發生的成住壞空、生住異滅、恩怨情仇等一切如觀掌中明珠，眾生就是因為有心而流浪生死，不見自己本來面目。

無相為體就是離四相，知一切相都是虛幻，如夢幻泡影之不實，如露如電之短暫。所以要外離一切相，離相則法體清淨。眾生因著相而長養貪瞋癡三毒，因著相而成為魔王之乖寶寶。眾生因著相而流浪生死，也會因離相而得清淨自性現前。自性本無一法可得，若有所得，妄說禍福，即是塵勞邪見。

無住為本，六祖解釋說：「無住者，人之本性，於世間善惡好醜，乃至冤之與親，言語觸刺欺爭之時，並將為空，不思酬害，念念之中，不思前境。若前念、今念、後念，念念相續不斷，名為系縛，于諸法上，念念不住，即無縛也，此是以無住為本。」[259]若念念不

---

257 弟子法海集錄，元・宗寶編校：《六祖大師法寶壇經》，《大正藏》第48冊，頁353上。

258 唐・於　編集：《龐居士語錄・卷三》，《卍新纂續藏經》第69冊，頁142下。

259 弟子法海集錄，元・宗寶編校：《六祖大師法寶壇經》，《大正藏》第48冊，頁353上。

住，即無系縛，自性隨之而現。如空中鳥跡，飛鳥在空中，兩翼上下舞動清楚分明，念念無住且相續不斷，無須起心動念，只管振翅前行，不留任何飛行痕跡，所以，鳥才可在空中自在翱翔。菩薩境界就如鳥兒在空中自由飛翔，故有遊戲人生之說。

行者若能於諸境上心不染、知幻即離、於諸法上念念不住，吃飯睡覺不生分別，但又不是不知，了了分明。前念不生，後念不滅，現念不住。前念不生情執之心，後念讓此不分別之心不滅，但這不生不滅之心亦是不可執取。前念不生即心，後念不滅即佛，成一切相即心，離一切相即佛。

（三）見性成佛

《洪州雲居山道膺禪師錄》中，洞山禪師對師云：「南泉問僧：「講甚麼經？」曰：「彌勒下生經。」泉曰：「彌勒幾時下生？」曰：「見在天宮，當來下生。」泉曰：「天上無彌勒，地下無彌勒。」師問洞山：「天上無彌勒，地下無彌勒，未審誰與安名？」[260]

洞山良价禪師對雲居山道膺禪師（920年卒）說，「過去南泉禪師問一位講《彌勒下生經》的法師說：『彌勒什麼時候下生？』，法師回答說：『現在兜率內院可以看到，等待因緣成熟（即五十七億六萬歲），即可下生成佛。』南泉禪師則說：『天上無彌勒，地下無彌勒。』雲居道膺禪師隨即來一句：『就提提這個天上無彌勒，地上無彌勒，不知是誰給安上這句名字。』」

這則公案說明了宗門與教下對彌勒下生信仰的不同態度。宗門主張不立文字、直指心性、見性成佛。當教下法師認為，彌勒菩薩現在兜率內院，而待將來機緣成熟，方才下生成佛。宗門禪師就直截了當地指出「天上無彌勒，地下無彌勒」。佛陀在《金剛經》中提到，未曾說一法，所謂三藏十二部經典只是度生權巧方便之法，如筏喻者，

---

260 宋・普濟集：《五燈會元・雲居道膺禪師・卷十三》，《卍新纂續藏經》第80冊，第266頁下。

切不可執取。所以，南泉禪師用無著來對治法師執著經典之過錯。雲居道膺禪師則更進一步，直接地把這個無著自身也一掃而光。意即用以度眾的名言概念都要澈底去除，真正做到離言絕相，心行處滅。這才是佛陀度生讓其回歸自己本來面目的真正意涵。

因此，佛陀對不同根機的眾生說與其相應之法：如對鈍根之人，從相上下手，告訴他們有兜率淨土與彌勒淨土；對中根之人，用離相去執；而對上根之人，則是直指心性，見性成佛。

若用金剛經之三句式套用，則為「是彌勒，即非彌勒，是名彌勒」。彌勒菩薩所成就的兜率淨土與彌勒淨土，是因緣和合而成，是方便之說，意在接引下根著相之眾生，為「是彌勒」。「天上無彌勒，地上無彌勒」則是為了掃除眾生對所有相的執著，即離相無著，為度化中根之人，是「即非彌勒」。離言絕相，動念即乖，心行處滅，讓事物本來面目呈現，此直指心性、見性成佛之法門是對上根之人，為「是名彌勒」。

從這則公案，可以看出教下與宗門彌勒信仰的區別。當教下在文字語句間推敲彌勒信仰到底是什麼的時候，宗門早就堪破彌勒信仰只是一個可以幫助找回自己本來面目的工具而已。當清淨心現前時，那這工具就好比病癒，藥與藥罐一起丟掉一樣。

教下認為：悟後起修。意思為見性是修行的前提條件，由於眾生習氣常來搗亂，所以見性至成佛之間有一段時間的熏習修行。而宗下則持不同觀念，主張：一燈能破千年暗，一智能滅萬年愚。天臺山雲居智禪師，嘗有華嚴院。僧繼宗問：「見性成佛，其義云何？」師曰：「清淨之性，本來湛然。無有動搖，不屬有無、淨穢、長短、取捨、體自翛然。如是明見，乃名見性。性即佛，佛即性。故曰見性成佛。」這裡說得明白，性即佛，佛即性，所以叫做見性成佛。那麼見性成佛後之境界如何呢？

四、證——證無所證

佛陀為了方便救度流浪生死苦海的眾生，而施設八萬四千多法

門。其中兜率內院的兜率淨土與彌勒下生後的彌勒淨土，就是便於釋迦佛在娑婆未度完的眾生。上面說到，佛性本具，在聖不增，在凡不減。所以，在這為了讓自性顯現而用到的方便法門，兜率內院與龍華三會等就如同空花水月的遊戲一樣。因為所謂兜率內院與龍華三會就是佛陀施設的淨土法門，是空中花，為夢中佛事。既然菩提自性，本自清淨，那上面的修行就是無修而修，修而無修。既然菩提自性，本不動搖、本自具足、本不生滅，那隨之修行所證得的果位，也是無得而得，得而無得。

（一）悟後境界

　　所謂迷悟頓漸皆是眾生心之分別，為順眾生故說有悟後境界。第一、不可說之不立文字，是言語道斷，心行處滅，動念即乖的。《維摩詰經》記載：問文殊師利：「何等是菩薩入不二法門？」文殊師利曰：「如我意者，於一切法，無言無說，無示無識，離諸問答是為入不二法門。」文殊師利問維摩詰：「我等各自說已。仁者當說，何等是菩薩入不二法門？」維摩詰默然不應。文殊曰：「善哉善哉。乃至無有文字語言，是真入不二法門。」[261]這與傅大師給梁武帝講《金剛經》有異曲同工之處。當年他戒尺一拍，默然，下座，梁武帝愕然，寶志公和尚欣然笑曰：「此乃真講《金剛經》也，妙！」故禪宗不立文字。如《六祖壇經》說：「自性動用，共人言語，外於相離相，內於空離空。若全著相，即長邪見；若全執空，即長無明。執空之人，有謗經，直言不用文字。既云不用文字，人亦不合語言，只此語言便是文字相。既云不用文字，即此不立兩字亦是文字。見人所說，便即謗他言著文字。汝等須知，自迷猶可，又謗佛經。不要謗經，罪障無數」。[262]這裡要求行者對文字的正確認識。文字是工

---

261 姚秦·鳩摩羅什譯：《維摩詰所說經·卷二》，《大正藏》第14冊，頁551下。

具，依文解義，起觀照行，從而窺見心性，徹證實相般若。

第二、教外別傳，釋迦證道，宣講所悟華藏世界之《華嚴經》，二乘根性眾生，如聾若啞。從而立教外別傳之密法。專對利根眾生，中下根人難信難解。爲免其起惑造罪，故設密語密意。甚深難解，以密意而說的話，稱爲密語；於佛意有所隱藏，而不是顯了眞實說出的，稱爲密意。如五祖弘忍與惠能之間的密語如「汝是嶺南人，又是獦獠，若爲堪作佛」、「米熟也未」、「逢懷則止，遇會則藏」，密意如「祖以杖擊碓三下」、「迷時師度，悟了自度；度名雖一，用處不同」等機鋒問答。皆顯祖師密意，以心傳心，則是密意之內涵。

第三、爲了說明這個不可說故有三藏十二部經典。若以虛空爲喻加以說明，開悟之人「心量廣大，猶如虛空」正所謂心包太虛，量周沙界之清淨法身。「能含日月星辰、大地山河、一切草木、惡人善人、惡法善法、天堂地獄，盡在空中。世人性空，亦復如是。性含萬法是大，萬法盡是自性，見一切人及非人、惡之與善、惡法善法，盡皆不捨，不可染著，猶如虛空」。²⁶³

經文顯示，虛空不動而生萬有，各就各位，井然有序，各自擁有生存空間與生存之道，這叫做寂而照，儘管虛空無緣大慈，同體大悲的奉獻布施，可它並未有布施之人、法和被施對象的分別，無怨無求，常處湛然，這叫做照而寂。

世間萬法運作是按照因果法則來進行的，諸法之間的前因後果在大圓鏡智之前表露無遺。世間萬相緣起性空，無有自性，但性空未礙因緣之假有，所以所謂善人惡人、善法惡法、天堂地獄皆是生滅無常，如夢幻泡影，不可執取。

---

262 弟子法海集錄，元・宗寶編校：《六祖大師法寶壇經》，《大正藏》第48冊，頁360中。

263 唐・法海集：《南宗頓教最上大乘摩訶般若波羅蜜經六祖惠能大師於韶州大梵寺施法壇經》，《大正藏》第48冊，頁339下-340上。

（二）悟者對世間的態度

再來學人需要了解覺者對世人的態度。世人有言：佛不度無緣之人，這是從眾生位來說的。如佛命馬勝比丘度舍利弗、目犍蓮，不是佛陀不度，而是佛知世間之因果，用權巧方便而度之；當年琉璃王滅釋迦族，佛陀兩次勸回，可還是不能免去釋迦滅族之災。對於眾生業力，佛陀也只能在旁教化，而不可代而取之，故有自悟自度之說，這說明因果不爽。野狐禪則示學人：聖者亦需遵循因果不昧之理；在佛來說，不生分別之心，故無好壞、美醜之分，但又不是不知各自性相之殊，故說不生不滅。

法身等虛空，未曾有生滅。切不可執著虛空，虛空亦是相，故《金剛經》中說：「若以色見我，以音聲求我，是人行邪道，不得見如來。」[264] 即佛身非有相非無相。

《英州大容諲禪師錄》載：問：「當來彌勒下生時如何？」師曰：「慈氏宮中三春草。」[265]

問的是彌勒菩薩下生成佛時怎麼樣呢？容諲禪師回答道：「就如同彌勒菩薩兜率內院中三春草。」三春，是指孟春、仲春與季春，也就是農曆的正月、二月與三月。一年之季在於春，三春草，是比喻為最佳最茂盛時節。這裡蘊藏著報恩與無別。懂得報恩，精進修行終有報，三春草木如人意；與修行時無別，歸心正似三春草，閒坐家中無別事。開悟前，妄心紛馳境不定；開悟後，息心無事恒自在。悟前與悟後，外境未變，心境不同。悟前妄心不斷，悟後心不生分別，但又不是不知。如大圓鏡智，光照法界；如掌中摩尼寶珠，含攝世間一切諸法。

「彌勒下生時如何？」其實，就是指彌勒下生成佛時，是怎麼樣

---

264 後秦・鳩摩羅什譯：《金剛經般若波羅蜜經》，《大正藏》第8冊，頁752上。

265 宋・道原纂：《景德傳燈錄・卷二十二》，《大正藏》第51冊，頁386中。

的一種境界呢？「慈氏宮中三春草」，慈氏宮是指兜率內院，在欲界第四天，為三界中的一片淨土。需要經過修五戒十善加禪定方可抵達。「三春草」比喻兜率內院的最佳時節。當自性現前時，眼中的世界，與一般人所看到的世界看似相似其實不同。如彌勒化身之善慧傅大士偈誦：「空手把鋤頭，步行騎水牛；人從橋上過，橋流水不流」，[266]前三句常人易懂，描寫一個場景，關鍵在最後一句「橋流水不流」。在一般人眼裡，看到的是水流而橋不流。可在見性人眼中卻是橋流水不流，其原因是此處的本來面目：橋是因緣和合而成，隸屬生、住、異、滅之無常，橋在日曬夜露自然耗損與車水馬龍的踐踏之下，橋的壽命不斷減損，所以說橋流。水不流是說水的濕性不變，故說水不流。一般凡夫所見到的世界是五濁惡世、雖有短暫的快樂，但是瞬間即逝，大多數時間是煩惱纏心。而毛毛蟲變成蝴蝶之後，看到的是五彩繽紛的三維空間，是可以在空中任意飛舞的世界。同理，在成佛者眼中，無處不是任運自在的莊嚴淨土。

（三）離言絕相

《洪州上藍令超禪師錄》中有則公案，問：「善財見文殊，卻往南方，意如何？」師曰：「學憑入室，知乃通方。」曰：「為什麼彌勒遣見文殊？」師曰：「道廣無涯，逢人不盡。」[267]

有問：「善財童子見文殊菩薩後，卻往南方去了，這是為什麼呢？」，令超禪師（890卒）回答道：「善財童子在文殊師利菩薩處得到印心入室之後，就知道自己的因緣是在南方成佛。」又問：「為什麼彌勒菩薩派遣善財童子去見文殊？」令超禪師說道：「因為文殊師利是果位菩薩，倒駕慈航，為七佛之師，其道法深廣無垠，善巧智慧度人無數。善財童子正需要有文殊菩薩的大智慧，得以成佛。而文

---

266 宋・道原纂：《景德傳燈錄・卷二十七》，《大正藏》第51冊，頁430中
267 宋・道原纂：《景德傳燈錄・卷十七》，《大正藏》第51冊，頁332中。

殊之大智是離言絕相，是回歸自性方能成辦的。」彌勒菩薩讓善財童子見文殊菩薩，其意在見自性般若，透過般若智慧得見自性佛。

（四）無得而得

《福州玄沙師備禪師錄》中，師問明眞大師：「善財參彌勒，彌勒指歸文殊，文殊指歸佛處，汝道佛指歸什麼處？」[268]

師備禪師（835-908）問明眞大師道：「善財參訪彌勒菩薩，彌勒菩薩引導他去文殊師利菩薩處，文殊師利菩薩又指引他去佛陀處所，請你說說佛將指導善財童子往哪裡去？」彌勒菩薩爲大慈悲父，具有無量福德，而文殊菩薩則具無量智慧，善財童子就在福德與智慧圓滿之時，得見自性法身佛。這與《法華經》之公案有點相似，就是「三乘歸一，一歸何處？」，其實，證道佛果之時，應該是無得而得，也就是所謂的一無是處，說明佛果亦不可執取，故《金剛經》云：「實相無相」，亦即「言語道斷、心行處滅、動念即乖」。

（五）無法可傳

《舒州投子山大同禪師錄》，問：「如何是祖師意？」師曰：「彌勒覓個受記處不得。」[269]

有人問：「祖師們出現於世的眞正意圖是什麼？」大同禪師（819-914）回答說：「在彌勒菩薩受記的地方，想發現什麼或者得到什麼是不可能的。」禪宗主張以心印心，並無任何可見的東西可以傳承繼續，只能是「如人飲水，冷暖自知」。

《池州南泉普願和尚（748-834）語錄》……師曰：「不知卻好，若取老僧語，喚作依通人，設見彌勒出世，還被他燖卻頭尾。」[270]普願和尚說：「不知就是好，如果把我所說的話作爲一個教條原

---

268 宋·道原纂：《景德傳燈錄·卷十七》，《大正藏》第51冊，頁347上。
269 宋·道原纂：《景德傳燈錄·卷十五》，《大正藏》第51冊，頁319下。

則,假如遇到彌勒世尊出世,也還是被他看出頭尾破綻。」說明法為工具,不可執取。從這裡可以看出,晚唐時期,彌勒淨土已經衰微,但彌勒思想即佛法真義卻在禪宗裡被記錄繼承。

綜上所述,從究竟廣義上來觀察,佛佛道同,彌勒思想其實就是佛教思想。透過修行,由世間的二法悟入不二之一實平等之理,此理不可執取,因其是離言絕相的。鳩摩羅什[271]說:「有之緣起,極於二法。二法已廢,則入玄境。」這裡的玄境就是不二,是在打破或超越二元對法當下之境界。僧肇[272]則曰:「離真皆名二,故以不二為言。」離開本來面目,就落於二元之法,故用不二譴之。

不二之理是為了讓世界萬物之本來面目直接呈現而假施設之工具,是離言絕相,動念即乖的。但如果不借助文字般若,如何能讓世人明白,故權巧方便,勉強指示。眾生若生心則是凡夫,落於妄想分別,不生心則如木石。要想達到不生心,但又不是不知,即不生不滅這種境界,就必須乘不二之道才能實現。只有這樣,才能真正體悟什麼是「百花叢中過,片葉不沾身」,如實了知「風來疏竹,風過而竹不留聲;雁渡寒潭,雁去而潭不留影。」瀟灑自如之意境,體驗「無風絮自飛,不雨花猶落」的自然神韻。

270 宋‧道原纂:《景德傳燈錄‧卷二十八》,《大正藏》第51冊,頁445中、下。

271 鳩摩羅什（西元344-413年）:梵語Kumārajīva,音譯為鳩摩羅什。其父名鳩摩羅炎,母名耆婆,屬父母名字的合稱,漢語的意思為「童壽」。東晉時後秦高僧,著名的佛經翻譯家。與真諦（499-569）、玄奘（602-664）並稱為中國佛教三大翻譯家。

272 僧肇（384-414）,中國東晉僧人,俗姓張。據《高僧傳》卷六,為京兆（今陝西西安）人。原崇信老莊,讀《維摩經》,欣賞不已,遂出家從鳩摩羅什門下。擅長般若學,曾和道融等講習鳩摩羅什所譯三論,人稱解空第一。曾在姑臧（今甘肅武威）和長安於鳩摩羅什譯場從事譯經,評定經論,著有《肇論》等。

第三節　彌勒菩薩化身

　　布袋和尚，名契此，唐末五代後梁時期明州奉化（現浙江省寧波市奉化區）高僧，號長汀子。因他於後梁貞明二年（916年）三月三日，在奉化岳林寺廊下石凳上示寂時留下一偈：「彌勒眞彌勒，分身千百億，時時示世人，時人皆不識。」故有彌勒化身之說。這可以從《宋高僧傳・唐明州奉化縣契此傳》找到根據，書中描述他：「形裁腲脮，蹙頞皤腹……有偈云：『彌勒眞彌勒……時人皆不識』等句。人言：『慈氏垂跡也。』……以天復（901-903）中終於奉川，鄉邑共埋之。後有他州見此公，亦荷布袋行。」

一、來去無影

　　他的出身成謎，沒有誰說得清楚，只有民間傳說。基本都是說他幼孤，奉化大橋鎮長汀村人，生於後梁亂世，七、八歲左右在扣好勒村前，大橋岳林寺附近的江面，被奉化長汀打魚的張重天發現。當時，他是坐在用一塊小青布添著的冰塊上，身上只繫著蘭肚兜，面帶笑容，圓圓的頭肚，胖乎乎的小手，圓鼓鼓的小腳，甚是可愛。張重天歡喜無比，給他取號長汀子。另一種說法是，「據說唐朝時，明州奉化的龍溪上漂著一捆柴，柴上有一幼兒，有惻隱之心人將其救起，只見孩子圓頭大耳、眉清目秀，對人咪咪發笑，人們愛不釋手，把孩子抱回家來。」關於布袋和尚的出生描述，基本是大同小異。從這裡可以看到，他是來無來處。那他有去處嗎？

　　上面提到他圓寂的時間與地點，時間相差十幾年，地點是奉化岳林寺廊下石凳上示寂，似乎比較一致。可是在一些資料顯示，就在他圓寂之後，在其他地方還有人看到他。說明他是去無去處，眞是無來無去。

　　「定應大師」諡號由北宋元符元年（1098年）宋哲宗追封。北宋崇寧三年（1104年）岳林寺住持把布袋和尚塑像當作彌勒菩薩供奉在寺內閣裡，宋徽宗賜閣名爲「崇寧」，從此天下寺院就把布袋和尚當

作彌勒菩薩供奉在寺院山門殿后的第一重彌勒殿。這成為一條不成文的定式，一直延續至今。無論世間陰晴冷暖變幻，他始終笑迎天下、滿腹包容，度眾生於潛移默化之中。這種民間彌勒信仰在漢傳佛教中綿延不斷，縷縷不絕。

二、還至本處

　　至於他何時出家也未有定論，筆者推斷為十七八歲時，出家地點應該是在岳林寺，因於「上契諸佛之理，下契眾生之機」，故取法名「契此」。他是在岳林寺出家，又是回到岳林寺圓寂，意即「還至本處」。這與《佛說觀彌勒菩薩上生兜率天經》中所述的：「佛告優波離：『彌勒先於波羅捺國劫波利村波婆利大婆羅門家生，卻後十二年二月十五日，還本生處，結跏趺坐，如入滅定，身紫金色，光明豔赫，如百千日，上至兜率陀天。』」此處的「還本生處」亦可作為彌勒菩薩化跡人間的佐證之一。「還至本處」有三意：一、回到自己位居補處的兜率內院；二、回歸自己的本來面目，見性成佛；三、還至娑婆世界，下生成佛，繼續在此娑婆世界度化有緣眾生。

三、接引眾生

　　對於一般信眾，根據宋・道原的《景德傳燈錄》卷二七：「嘗雪中臥，雪不沾身，人以此奇之。或就人乞，其貨則售。示人吉凶，必應期無忒。天將雨，即著濕草屨，途中驟行；遇亢陽，即曳高齒木屐市橋上，豎膝而眠；居民以此驗知。」意思是，他曾經在雪地裡躺臥，雪卻不會沾在他身上，大家都感覺很奇怪。或者只要他靠近向店鋪老闆行乞，那麼，這個店鋪就會生意興隆。他還示現吉凶，一定準確無謬。如果天要下雨，那麼他就穿著草鞋在路上快走；遇到晴天，他就會拖著木屐在橋上翹腳而睡。一般居民就是看他的舉止行為，而知天氣預報。民間市民往往對不可思議的言行舉止、陰晴吉凶在茶餘淡飯間津津樂道。這樣，由於布袋和尚的身分不同，無形中也吸引了不少善男信女對佛教的好奇或興趣，這應該也是弘揚佛法的一種方式

方法。當然,這是針對普遍大眾而言。

對於有緣眾生,他則隨緣接引,「常以拄杖荷布袋遊化市廛,見物則乞,所得之物悉入袋中。有十六群兒嘩逐之,爭挈其袋。」此處說布袋和尚常常游化在市井小巷,見到東西就化緣,化到的東西都裝進口袋。有十六個小孩經常圍著他前後蜂擁追逐,爭著要幫忙扛布袋。他說:「我有一布袋,虛空無掛礙。打開遍十方,入時觀自在。」這充分說明他的心境。一般稱之為「乾坤袋」,打開如虛空,收來如觀掌中物,一目了然,故得自在。

從這裡可以看出彌勒信仰被傳到中國之後的變化,「我憶往昔經微塵劫,有佛出世名日月燈明,我從彼佛而得出家,心重世名好遊族姓。」[273]而到中國後,卻在市廛平民之中。似乎從貴族走向平民,更加接近勞苦大眾,方便救度。

用禪機接引眾生。據《景德傳燈錄・卷二十七》記載:「有一僧在師前行。師乃拊僧背一下。僧回頭。師曰:乞我一文錢。曰道得即與汝一文。師放下布囊,叉手而立。」[274]

真正之道不是用語言文字可以表達的,更不是向外追求而得到的。布袋和尚放下布袋,其實是在接引這位禪師,讓去除對道的追求與執著。因為道在日用之中。生活中的平常事,一摸一回頭,不加思量。「給我一文錢」是布袋和尚的慈悲接引,「道得出,便給你一文錢。」是禪師分別之後的反應,心已經隨境轉。當禪僧內心抓住一文錢的時候,布袋和尚放下布袋,叉手而立。說明他密意在於讓禪僧將一文錢放下。

又有白鹿和尚問他:「如何是布袋?」他即刻放下布袋。又問:「如何是布袋下之事?」他則背著布袋走了。

---

273 唐・般剌蜜帝譯:《大佛頂如來密因修證了義諸菩薩萬行首楞嚴經・卷五》,《大正藏》第19冊,頁128上。

274 宋・道原纂:《景德傳燈錄・卷二十七》,《大正藏》第51冊,頁434上、下。

為了對治白鹿和尚對布袋的執著，和尚放下布袋。此處的布袋，可以理解為開悟。那問題就是「如何是開悟？」開悟不是可以用三言兩語就可以說清楚，而是用心地去體悟印證的，如人飲水，冷暖自知。至於開悟之後的事情，就更加不需要在口中糾纏了，所以，當被問到「如何是布袋（開悟）下之事？」時，和尚背著布袋就走了。意即還沒有開悟，更不要想了解開悟之後的事情了。說明我們平常只管去做，但是不可執取。如空中鳥跡，若船過無痕。一切自然，不帶心機（即分別心），才可以稱得上行在道上。

　　對於世間人之間的是非曲直，他用偈誦答道：

　　是非憎愛世偏多，仔細思量奈我何。寬卻肚皮常忍辱，放開決日暗消磨。

　　若逢知己須依分，縱遇冤家也共和。要使此心無掛礙，自然證得六波羅。

　　他認為在是非憎愛面前要寬容忍讓，遇知己亦有分寸，縱然對冤家也要和平共處，這樣才能達到心無掛礙，自然就可以證得六度波羅蜜。其實，此處道明這個時期應該修行的彌勒法門：「面對是非憎愛，要寬卻肚皮常忍辱；逢知己須依分，縱遇冤家也共和；心無掛礙，自然證得六波羅」，更加貼近現實生活的一種彌勒信仰。

　　對於雲遊生活的態度，他說：「一缽千家飯，孤身萬里遊。睹人青眼在，問路白雲頭」。雲遊參學只需一缽接受千萬家供養飲食，一個人隻身雲遊四海，都是用慈愛或尊重的眼光面對世人，就算走到天邊，也可以向白雲問路。說明如果一個心存慈悲的人，無論走到哪裡，都不會沒有人幫忙的。正如佛陀所說，慈悲沒有敵人。

　　布袋和尚的主要度生思想從下面的公案與偈誦可以看出。《景德傳燈錄·卷27》：「師在街衢立，有僧問：和尚在遮裡做什麼？師曰：等個人。曰：來也！來也！（歸宗柔和尚別云。歸去來）師曰：汝不是遮個人。曰：如何是遮個人？師曰：乞我一文錢。」[275]隨後，布袋和尚唱頌道：

　　只個心心心是佛，十方世界最靈物。

縱橫妙用可憐生，一切不如心眞實。

騰騰自在無所爲，閒閒究竟出家兒。

若睹目前眞大道，不見纖毫也大奇。

萬法何殊心何異，何勞更用尋經義？

心王本自絕多知，智者只明無學地。

非聖非凡復若乎，不強分別聖情孤。

無價心珠本圓淨，凡是異相妄空呼。

人能弘道道分明，無量清高稱道情。

攜錦若登故國路，莫愁諸處不聞聲。

　　布袋和尚站在街上等人，到底等誰呢？禪師不明白他到底在等什麼人，隨意地回答說來了來了。和尚卻明確告訴他說：「你不是這個人。」意思你別自作多情、瞎搞亂。和尚所等之人，一定爲有緣人，或者被他所度之人，抑或是借助於來者之機緣去度化其他有緣眾生。於是，禪師追問，「誰是這個人？」和尚讓他給一文錢，給一文錢，無須思辨，整個過程應該是「日用而不知」的「自性佛」在起作用，無須妄心分別參與。那麼，到底所等「自性佛」之人是個什麼樣子呢？和尚就用偈誦回答。原來自性佛就是心，眞心妄心皆是佛心的影現。這顆佛心是十方世界中最不可思議的東西。就算能夠縱橫妙用的可憐眾生，都不及佛心之眞實。這顆佛心任運自在卻無所造作，是眞正跳出三界無所事事的出家人。如果能夠透過現象看清眼前的本性大道，那還看不清世間因緣果報法則，那也是非常奇怪的。世界諸法沒有什麼差異，對各自所產生的妄心更沒有什麼不同，何必辛苦地在經典中尋求呢？這顆佛心本來就是斷絕了所知障，智慧之人只明確地清楚無學的境界。這顆佛心並非屬於聖人心，同時亦非凡夫心，是超出或去除聖凡之界限後的一種孤獨。這顆無價佛心寶珠本來就是圓滿清淨的，凡是差別之相都是一種虛妄的分別。見性之人能夠弘揚此種回

---

275 宋・道原纂：《景德傳燈錄・卷二十七》，《大正藏》第51冊，頁434中。

歸本性之道，而且此道本來就是清清楚楚，從未掩飾。曲高和寡、與眾不同的無量清高稱為道情。帶著自己的福慧資糧，如果啓程回歸本然清淨的國土，那就不愁到哪裡聽不到歸國法音。

從這裡可以看出，和尚所要等的人應該是自性佛或佛心。對於佛心的理解如下：1）十方世界最靈物，儘管任運自在卻又不執著，有這種佛心的人方屬於真正無所事事的出家人；2）從一真心所幻現出的萬法與因見萬法而生之妄心沒有什麼不同；3）去除了所知障的我執和執著無學果位的法執；4）佛心本來圓滿清淨，根本無須對虛妄空相執著。明白以上幾點，就可以積聚福慧資糧啓程回到久別重逢的清淨故土。

布袋和尚是不可思議的。在《佛祖統紀》裡也同樣記錄了一些關於他不可思議的地方：「……又以紙包便穢云：『者個是彌勒內院底。』……郡人蔣摩訶每與之遊，一日同浴於長汀，蔣見師背一眼，撫之曰：『汝是佛。』師止之曰：『勿說與人。』」凡所有相皆是虛妄，凡夫見為便穢，可是在菩薩與佛陀眼中則為清淨之物，因其心清淨故然。關於蔣摩訶看到布袋和尚背上到底是一眼還是四眼？各自說法不一。若從法義來分析，一眼四眼皆可，一眼為佛眼，加上正常之肉眼，為凡聖眼皆具；四眼加肉眼為五眼，佛具五眼，故蔣摩訶稱之為佛。可是，末法眾生根性愚鈍，不可明示，為免譏嫌，故和尚吩咐一句「勿說與人」。這種傳說表明，民間信仰對彌勒菩薩的認知程度，似乎默認他就是荷擔如來家業的未來佛。為了能夠讓所有人認識彌勒菩薩，於是，從布袋和尚之後，他的那副笑口常開、坦胸露乳、大度包容的形象就成了彌勒菩薩的代言人。

這樣，從「江浙之間多圖畫其像焉」、「四眾競圖其像」的記載，可知彌勒的上生信仰在淨土宗得不到繼續成長的營養時，彌勒信仰又以其他的方式在禪宗或民間開發出適合自己的一片肥沃土壤。甚至關於他的應化、示現、不可思議的神通之傳說依然延續至今。

布袋和尚是彌勒菩薩的化身，主要凸顯其不可言說直指心性的菩提般若。彌勒信仰在漢傳佛教面臨歷史嚴峻考驗時，都會以其獨有的

般若，使其繼承發展佛教之精髓。同時，因其內涵深厚可以接受並與之融合成一種新型民間化信仰。儘管其本身外延已經跳出了宗教之外，但是並不影響其內涵的呈現。這樣，使原本義理深奧，中下民眾不易接近與理解的彌勒信仰，由於契此和尚的出現，走進民間，並深受廣大信眾追捧。布袋和尚似乎給彌勒菩薩重新塑像貼金，更具感染力與親和力。布袋和尚的示現，讓普遍大眾認識了自己，同時，讓人就會聯想到當來彌勒下生時的幸福生活，這與彌勒當來下生信仰似乎有著千絲萬縷的聯繫。今日見到布袋和尚的歡喜種子，會在未來龍華三會時，可以長成與彌勒世尊相聚的妙果。因此，禪宗是在彌勒淨土衰落後，另外一片發展孕育的有機土壤。

至於怎麼從印度天宮的彌勒菩薩發展演變成人間的布袋和尚，無論從漢傳佛教發展歷史與社會民俗文化，或者是從宗教的神祕體驗來解釋，都不容置疑、不可否認：布袋和尚是漢傳佛教中本土化的彌勒信仰，與印度上生信仰中彌勒菩薩遙相呼應，是彌勒信仰連續性與變化性結合的產物。由於布袋和尚深受民間中下層民眾的影響，它應該屬於正統的民間彌勒上生信仰，千萬不可錯誤理解布袋和尚是當來下生彌勒佛化身，而應該是彌勒菩薩化身。因為若是彌勒佛化身，那代表彌勒佛已經下生，顯然這個觀念是不合傳統經意的。若理解為彌勒菩薩化身，那說明是上生信仰。布袋和尚代表漢傳佛教本土化中的彌勒信仰，相對於民間非正統異化的彌勒信仰有著本質區別。至於民間非正統異化的彌勒信仰情形如何？下一節重點探討。

第四節　民間異化彌勒信仰

民間彌勒信仰分為正統與非正統，正統的是以契此和尚為標誌，生活在中下層社會民眾為了能夠維持生計與脫離痛苦，急需一種信仰來滿足他們的精神需求。非正統是指那些借彌勒下生旗號進行造反或叛亂，根本不存在正統彌勒信仰特徵，為民間異樣化的彌勒信仰。

彌勒信仰傳到中國後，與其本土固有文化如玄學、儒學、道學等

相互撞擊中取長補短，終於在異國他鄉找到適合自身生存的空間，前面傳大士就是三家之調和劑，並且讓佛教在中國站穩腳跟。在唐末五代之前，彌勒信仰基本在宮廷及士大夫等上層社會盛行，除了心裡寄託外，偏重於義理的研究。究其原因，除了統治階層想透過彌勒信仰來鞏固與穩定統治地位外，應該與彌勒因地好遊族姓、心重名利有關。在會昌滅法之後，彌勒信仰發展趨勢似乎偏重於走向民間，李世龍教授對此段時期民俗佛教有恰如其分的解析：「在五代北宋之際，中國佛教經歷了一次嬗變，在此之前主要是學理型佛教透過『格義』與『判教』創宗立說，是民俗佛教在民間社會孕育生根的時期，在此之後主要是民俗型佛教蓬勃展開的時期。」[276]用民俗二字更為精確傳神，因為從傳統的彌勒信仰到民間世俗化的彌勒信仰，布袋和尚代表正統世俗化的民間彌勒信仰，而比世俗化更俗的，就是非正統打著彌勒下生旗號進行造反的民間異類彌勒信仰。

　　儘管在宗教面前人人平等，但是，在面對同樣彌勒信仰時，各取所需。於是，原本正統的彌勒信仰，就成為別有用心之人用來達到自己目的的工具。信仰只剩其名而無其實，大都是斷章取義寄生於彌勒信仰下的邪教或邪術，詆惑愚民，打著彌勒下生旗號進行起義或反叛，以此來發洩對社會的不滿。由於心術不正，動機不純，所得到的結果一定是自食其果。這對社會的穩定與人心帶來極大的恐慌與不安，與佛教所主張的「自淨其意以開般若智慧，度生利他以集積福德資糧」相背道而馳，嚴格來講，他們不屬於彌勒信仰，充其量打著彌勒下生的名字而已。換個角度來看，說明彌勒信仰在當時社會收到大眾的歡迎程度。彌勒信仰滋養下的這塊沃土很容易寄養蛀蟲，這些蛀蟲就是那些借助彌勒下生的名號，而進行造反或是惑眾暴動的慫恿者。其表示形式有「沙門」造反、身著白衣、幻術惑眾集會、白蓮教

276 李世龍：《民俗佛教的形成與特徵》，北京大學學報（哲學社會科學版），1996年第4期。

等等，其目的在於推翻當時朝政。下面按照歷史發展軌跡來加以考察，分為三個時期：北魏「僧人之亂」、隋唐時期的「彌勒之妖」、宋元明清之「白蓮教」。

一、北魏「僧人之亂」

僧人造反，南北朝之北魏佛教盛行，僧人內部派系嚴重，在政治、經濟、地位上相差懸殊。加上社會動盪不安，天災人禍，戰亂不止，佛教對彌勒淨土清淨莊嚴的描述，激發人們厭此欣彼的強烈渴望，信者如潮。北魏孝文帝即位後，被統治階層扶持並允許講經弘法的僧人，頌揚明君賢相政治清平等，激起了被嚴禁聚眾布道僧侶的強烈不滿，最後演變成此起彼伏的社會動亂。這一時期就出現了中國歷史上的一種怪現象「僧人造反」，如延興三年（473年）慧隱造反，太和五年（481年）法秀起事於京都平城，十四年（490年）司馬惠御自稱聖王，起兵攻克平原郡。延昌三年（514年）劉僧紹起兵於幽州，自稱淨居國明法王。規模最大的是延昌四年（515年）六月，冀州（今河北冀縣）僧人法慶、尼惠暉在渤海李歸伯及其鄉人的支持下於武邑阜城起兵。法慶任命歸伯為十住菩薩、平魔軍司、定漢王，自號大乘，自命為「新佛」，暗示自己就是當來下生彌勒尊佛，創「大乘教」。根據《魏書・卷十九》《元遙傳》記載：

> 「時冀州沙門法慶既為妖幻，遂說渤海人李歸伯，歸伯闔家從之，招率鄉人，推法慶為主。法慶以歸伯為十住菩薩、平魔軍司、定漢王，自號『大乘』。殺一人者，為一住菩薩，殺十人者，為十住菩薩。又合（喝）狂藥，令人服之，父子兄弟不相識，唯以殺害為事。於是聚眾殺阜城令，破渤海郡，殺害吏人。……所在屠滅寺舍，斬戮僧尼，焚燒經像，云『新佛出世，除去舊魔』。」法慶及其妻尼惠暉等後被抓獲，「斬之，傳首京師」。[277]

---

[277] 杜鬥城輯編：《魏書・卷十九》，《正史佛教資料類編》第1冊，頁69上。

從上面這段文字，可以看出：1）妖幻惑人；2）李歸伯是渤海豪族巨富，在地方上很有勢力，根據《魏書‧李叔虎傳》，渤海李氏除李歸伯外，另有李台戶等參與其事，「延昌末，（李）叔寶為弟台戶及從弟歸伯同沙門法慶反，陷破郡縣，叔寶當坐，遇病死於洛陽」，[278]所以有「闔家從之」與「招率鄉人」之謂；3）曲解「十住」菩薩概念，如果從字面上來理解，那十住是十信、十住、十行、十迴向、十地、等覺、妙覺等五十二位菩薩中第二個階段。若此處十住作十地講，那十地菩薩是靠自己修行得來的，而不是由他人給封賜的，更不是靠殺人來成就的；4）殺人不但有違佛戒，更為社會所不能容忍，觸犯法律，與彌勒信仰毫不相干；5）喝狂藥致使父子兄弟相殘，斬戮僧尼，還自稱「新佛出世，除去舊魔」，其實，自身就是魔王魔頭；6）其後果則充分說明佛教的因果不爽之法則。唐長孺指出：「大乘暴動的口號是『新佛出世，除去舊魔』。毫無疑問，所謂『新佛』，就是從兜率天宮下降的彌勒。在傳世有關彌勒降生的佛經中未見有掃魔之說，但《隋眾經目錄疑偽部》有《彌勒成佛伏魔經》，正與此相應。」[279]

　　為什麼法慶能夠在很短的時間內召集萬人之眾？依據《魏書‧元遙傳》只提到「凶眾遂盛」，而元遙指揮討平法慶叛亂的魏軍人數是「步騎十萬」，至於法慶叛軍人數沒有記載。不過，在《北齊書》卷21《封隆之傳》中敘述：「大乘之眾五萬餘」。到底人數是多少？可以再從《魏書‧卷64》《張彝傳》中的描述：「多所殺戮，積屍數萬」而得到佐證，說明當時參加叛亂人數肯定在數萬以上。召集這些人的辦法，除了他施展妖幻之術、喝幻藥使父子兄弟相殘，還依據偽經《彌勒成佛伏魔經》提出了「新佛出世，除去舊魔」的口號，給人

---

278 杜鬥城輯編：《魏書‧卷七十二》，《正史佛教資料類編》第1冊，頁69上。

279 唐長孺：《魏晉南北朝史論拾遺》，北京：中華書局，1983年，第199頁。

感覺，似乎出師有名。伏魔或降魔是釋迦摩尼成佛前所必須經歷「八相成道」中的一相，降魔是專指降伏著相之心魔，並非外在之魔。法慶有意曲解其意而變成降伏外在之魔。

二、漢化彌勒偽經

需要注意的是，彌勒疑偽經與真正的彌勒經典表面上看差不多，都有彌勒信仰中的般若與利他的菩薩思想和下生成佛信仰思想，但是上生信仰在疑偽經中卻似乎有意被忽視。如根據俄藏Д Ｘ04401號校錄出《救諸眾生一切苦難經》經文如下：天臺山中有一老師，年可九百歲。正月二月，天神悲哭，眼中出血。唱言：「苦哉！苦哉！眾生死盡。」弟子惠通合掌頂禮，眼中泣淚，啟言：「有此災難，如何得免？」老師報言：「惠通！我見閻浮眾生，亡沒者眾，普令彌勒下界，救諸蒼生。中國黃河已北，相、魏之地，正在其中。愚癡之子，不覺不知。三月四月，鬼兵亂起，無邊無際。八月九月已來，大末劫，眾生行善，鬼兵自滅，天地黑闇，得免此災。寫一本，免一門；寫兩本，免六親；寫三本，免一村。流傳者，是吾弟子。謗此經者，入阿鼻地獄，無有出期。至心讀誦者，得成仏道。」勸善偈：黑風西北起，東南鬼兵來。永常天地暗，何得心不驚。先須斷酒肉，貪嗔更莫生。若能慎此事，仏道一時行。[280]

「中國黃河已北，相、魏之地，正在其中。」這裡的「相、魏」，就是隋唐五代時期的相州和魏州，當時屬於河北道南部。今河南、山東、河北三省交界之處。《資治通鑑‧卷一百七十五》記載：「是歲，隋主詔境內之民，任聽出家。仍令計口出錢，營造經像。於是時，俗從風而靡，民間佛書多於經數十百倍。」當時相、魏之地，似乎成為黃河以北的佛教中心，向周邊地區發展開去。

很明顯，這是中國式經典，人名、地名和事情，都是土生土長

---

280 佚名：《救諸眾生一切苦難經》，《大正藏》第85冊，頁1461下。

的，一般在民間底層流行。寫作體裁應該是揭帖，跟張貼的啓事、公告差不多。「寫一本，免一門；寫兩本，免六親；寫三本，免一村。」這跟1900年夏義和團所發揭帖差不多，末尾有幾句：「見貼速傳，傳一張，免[一]家之災。傳十張，[免一]村之災。如不下傳者，即有（吊）〔掉〕頭之苦。」[281]

天臺山有一位九百歲的老師對惠通說：「惠通！我見閻浮眾生，亡沒者眾，普令彌勒下界，救諸蒼生。」創作者的動機爲何？不得而知，不過，如果大膽推測一下，天臺山智者大師，因開設五時八教，人稱「東土小釋迦」，到這裡爲老師，具有民間性。九百是不是與智者大師用九十天時間講《妙法蓮華經》中的一個「妙」字，後人稱爲談玄說妙，因此有九百歲之說，這種推測只能提供一條解讀思路。這位老師正月二月見「天神悲哭」預言三月四月有「鬼兵亂起」，現派彌勒下界，勸「眾生行善」，八月九月「鬼兵自滅」。

此經主要說明彌勒下生救度將要受災的眾生，具有預見性、教化性，作者目的應該是告訴大家爲了避免災難發生，所以要「先須斷酒肉，貪嗔更莫生」。這是抓住下層民眾的好奇心，對不能確定的預言是採取「寧可信其有，不可信其無」的心態。把自己想要傳達的信息送出去，讓更多的人知道。此經只有彌勒下生信仰，未有彌勒上生痕跡。

北魏民間社會，戰爭頻繁、人民生活得不到保障，隨時都有生命危險，因此，他們更加重視彌勒之下生信仰，輸入一些似是而非的彌勒觀念：1）釋迦佛已經涅槃，把彌勒將要出世，改爲已經降生；2）彌勒在主流佛教信仰中占據主導地位；3）彌勒可以消除人們在現實社會中的苦難和增進人們福祉。這種彌勒消災免難、濟世救人的思想正是生活在下層社會大眾所需求。這也是彌勒信仰中國化的具體表

---

281 陳振江、程歗：《義和團文獻輯注與研究》，天津人民出版社，1985年，第41頁。

現。同時，正是彌勒當來下生，解救眾生離苦得樂的思想，成爲民間組織用來發洩對現實社會不滿的最好藉口。

　　加上當時社會上，經過歷代弘揚彌勒信仰高僧大德的努力，善良的人們信仰非常純眞，似乎沉醉於彌勒下生時那種清淨莊嚴的人間淨土之中，對其充滿著欣慕之心。一旦，有人提出魔王就在身邊時，讓大家好似從睡夢中醒來，事實是殘酷的：社會動盪、人心不佔、衣不遮體、食不充饑等等，長期以來遭受壓迫的人們在法慶的鼓動之下，大家都站起來與群魔作戰，卻不知自己反被魔王所驅使。邪不勝正，多行不義必自斃，被愚弄的人們蘇醒過來，就在同年九月十四日，法慶與惠暉等百餘首領被捕殺。其大乘教之餘部一直頑抗到熙平二年（517年）正月，方才澈底被平定。大乘教造反前後延續近兩年，兵鋒遍及於冀、瀛二州的武邑、勃海、長樂、武垣四郡，叛軍人數多達五萬多，是北魏時期打著彌勒旗號進行暴動且規模最大一次。這表明被異化後的彌勒信仰對社會所帶來的危害，本來是以淨化人心、誘眾向善、慈心等施的彌勒信仰，在惡人或邪魔手中，同樣會擾亂社會秩序、給人們安定帶來恐慌與不安，對彌勒信仰或整個佛教帶來不可估量的嚴重傷害。這應證了「邪人說正法，正法亦爲邪」這句話，也正如魔王波旬在釋迦佛臨涅槃前對佛陀說，「魔王語佛云：吾於汝末法中。令諸眷屬，食汝飯，著汝衣，破壞汝法。佛言：汝但自壞，吾法不壞也。今若欲不墮三塗，徑登聖果，請必從持戒始」。[282]佛陀告誡弟子，末法時代需要持戒方能不懼魔擾。《大般涅槃經・卷七》：「佛告迦葉，我般涅槃七百歲後，是魔波旬漸當壞亂我之正法。譬如獵師身服法衣，魔王波旬亦復如是，作比丘像、比丘尼像、優婆塞、優婆夷像，亦復化作須陀洹身，乃至化作阿羅漢身及佛色身。魔王以此有漏之形作無漏身，壞我正法。」法慶暴動失敗是因果報應的具體

---

282 古吳蕅益智旭匯釋：《重治毗尼事義集要・卷一》，《卍新纂續藏經》第40冊，頁344中。

表現，但是卻開啓了後世以「彌勒降生（下生）」名義進行起義或反叛的開端。

　　身著白衣。時隔不久，在北魏正光五年（524年），北方少數民族在山西五城郡發生暴動，核心人物是馮宜都和賀悅回成等人，後被裴良率軍剿滅。據《魏書・卷69》《裴良傳》載：「時有五城郡山胡馮宜都、賀悅回成等，以妖妄惑眾，假稱帝號，服素衣，持白傘、白蟠，率諸逆眾，於雲台郊抗拒王師」。此處提到的「服素衣，持白傘、白蟠」，就是直指彌勒信仰，有學者研究：「北朝至隋唐時期曾流行崇尚白色的彌勒信仰，彌勒教徒利用了這一信仰，曾多次發動起義」。[283]與此相類似的是，隋煬帝大業六年（610）正月：「癸亥朔，有盜數十人，皆素冠練衣，焚香持花，自稱彌勒佛。入自建國門。監門者皆稽首。既而奪衛士仗，將爲亂。齊王暕遇而斬之。於是都下大索，與相連坐者千餘家。」[284]從自稱彌勒佛「監門者皆稽首」來看，當時，彌勒佛在人們心中的虔敬程度與普及狀況。此處之「盜」並非真盜，而是想刺殺皇帝隋煬帝。白衣，一般在南傳佛教中，是在家學佛居士到寺院去禮拜時著裝，代表清淨純潔之意。傳到中國後，有人將傅大士、白衣佛與彌勒教聯繫到一起。

三、隋唐「彌勒之妖」

　　幻術惑眾集會，實爲推翻當時朝政。時隔三年，即隋大業九年（613），唐縣（今河北唐縣略北）人宋子賢，「善爲幻術。每夜，樓上有光明，能變作佛形，自稱彌勒出世。又懸大鏡於堂上，紙素上畫爲蛇爲獸及人形。有人來禮謁者，轉側其銑，遣觀來生形象。或映見紙上蛇形，子賢輒告云：『此罪業也，當更禮念。』又令禮謁，乃轉人形示之。遠近惑信，日數百千人。遂潛謀作亂，將爲無遮佛

---

283 王惠民：《白衣佛小考》，《敦煌研究》2001年第4期（總第70期），第66-69頁。

284 杜鬥城輯編：《正史佛教資料類編・卷二》，頁571上-572上。

會，因舉兵，欲襲擊乘輿。事泄，鷹揚郎將以兵捕之。夜至其所，逸其所居，但見火坑，兵不敢進。郎將曰：『此地素無坑，止妖妄耳。』及進，無復火矣。遂擒斬之，並坐其黨與千餘家」。[285]宋子賢自稱彌勒出世，其目的是潛謀作亂，想襲擊在瀛洲（今高陽）隋煬帝的車乘，事泄被擒，儘管其謀葬送在繈褓之中，但株連人數過千。雖然他惑眾不對，但是目的在於刺殺暴君，頗有英雄氣概。這就難怪乎同年沙門向海明以同樣模式，自稱彌勒佛出世，「於扶風自稱彌勒佛出世，潛謀逆亂。人有歸心者，輒獲吉夢。由是人皆惑之，三輔之士，翕然稱爲大聖。因舉兵反，眾至數萬，官軍擊破之」。[286]向海明自稱彌勒佛出世，獲萬人支持。前者是「襲擊乘輿」，後者「舉兵反」，說明了當時統治階層的腐敗與暴政，受壓迫人們很想跳出這備受煎熬的火坑，故起義反抗。這些事件加速了隋朝滅亡的腳步。他們的幻術惑眾，表面上具有讓人迷戀的神祕性與吸引力，爲聚眾的極佳手段，其實是有嚴密組織，有計畫、有步驟地進行觀念洗腦，有選擇性地植入一些彌勒信仰因素。其策劃者目的性非常明確。根據《隋書・煬帝紀》：「扶風人向海明舉兵作亂，稱皇帝，建元白烏。」白烏之白色，與彌勒信仰中的白色崇拜有內在聯繫。在後世的類似事件中，或多或少地都能找到他們這種模式的影子。

隋朝僅存三十七年，借助彌勒旗號進行反抗或起義的就有三次，這讓教內有識之士不免憂慮萬分。道宣《續高僧傳・卷二十四》載僧人曇選告誡徒眾：「自佛法東流，矯詐非少。前代大乘之亂，近時彌勒之妖，註誤無識，其徒不一。聞爾結眾，恐壞吾法」。[287]「大乘之亂」與「彌勒之妖」都是「註誤無識」，嚴重損害彌勒形象，威脅到社會和諧與穩定。在這些傳統的高僧大德眼中，這些事件應該屬於附佛外道，誤解經典，竄改經文，傷害人們正信的宗教感情，危害社

---

285 杜門城輯編：《正史佛教資料類編・卷五》，頁336上。
286 杜門城輯編：《正史佛教資料類編・卷二》，頁336上。
287 唐・道宣：《續高僧傳・卷二十四》，《大正藏》第50冊，頁641下。

會，必須引以爲鑒，亡羊補牢，爲時未晚。可是，世間的歷史發展畢竟與無爲修行一直是分道揚鑣，事與願違。

唐高祖武德元年（618），沙門高曇晟借助彌勒反叛在懷戎「自稱大乘皇帝」，「懷戎戎沙門高曇晟者，因縣令設齋，士女大集，曇晟與其僧徒五十人，擁齋眾而反，殺縣令及鎮將，自稱大乘皇帝，立尼靜宣爲耶輸皇后，建元爲法輪。遣人招誘（高）開道，結爲兄弟，改封齊王。開道以眾五千人歸之，居數月，襲殺曇晟，悉並其眾。」[288]懷戎當時屬於幽州，是今天河北涿鹿西南。隋朝末年，隋煬帝三征高句麗，大興土木，民不聊生，官逼民反，導致天下大亂，群雄並起。高曇晟就是其中一位奇葩，身爲和尚卻自稱爲大乘皇帝，娶尼姑靜宣爲妻並冊封爲耶輸皇后。立高開道爲齊王，養虎爲患，高開道歸順後三個月，乘其不備，突然襲擊，殺害高曇晟，兼併其部下，回漁陽郡（今天津薊縣）做回自己「燕王」。可憐高曇晟稀里糊塗地葬送了自家性命。「大乘皇帝」與北魏法慶自稱「大乘」如出一轍。

縱觀中國佛教歷史，借助彌勒旗號起義造反的事件中，基本都是以失敗而告終。其原因是多方面的，首要原因是不合如來正法，亂解佛意，自然會有因果法則懲處之。但有一例成功完成了改朝換代。唐永昌元年（689），沙門薛懷義、法朗等人僞撰《大雲經》進呈朝廷，稱太后（武則天）乃彌勒下生，其時唐爲閻浮提主。武后正中下懷，經過籌畫，於天授元年（690）自立爲帝，定都洛陽，改國號爲「周」，自封爲「慈氏越古金輪聖神皇帝」。從這個自封可以看出，她是遵循彌勒下生信仰，因爲彌勒成佛時有阿逸多爲金輪轉輪聖王。既然訛稱自己爲彌勒化身，那應該就是二者的結合，即慈氏加上金輪聖王，就變成「慈氏越古金輪聖神皇帝」。於是，中國歷史上唯一的一位女皇帝因她而產生。武則天即位後，對唐宗室施行「酷吏政治」，「明察善斷」，善用賢能，獎勵農桑，改革吏治，但是，晚

---

288 杜鬥城輯編：《正史佛教資料類編·卷二》，頁105上。

年專橫跋扈，弊政多端。神龍元年（705），武則天病篤，宰相張柬之等發動「神龍革命」，擁立唐中宗，迫其退位。上尊號「則天大聖皇帝」。同年十一月，武則天在上陽宮駕崩，年八十二。中宗遵其遺命，改稱「則天大聖皇后」。武則天足智多謀，儘管她利用彌勒信仰得到王位，但是她還是有遠大抱負，至少她在位期間，社會經濟發展迅速，國庫充實，沒有聽說有農民起義與寇賊暴動之事。雖然沒有達到彌勒下生成佛時的人間淨土，但是也可以算是太平盛世。

西元705年唐中宗李顯登基，西元710年李隆基剿滅武韋兩氏勢力和平定譙王之亂，西元712年，唐玄宗李隆基登位，713年清除太平公主勢力，這樣，唐朝李家江山才又穩定下來。可是民間借助彌勒下生進行造反事件並未停息。

唐玄宗開元元年（713），貝州（今河北清河）人王懷古煽惑籤言：「釋迦摩尼末，更有新佛出，李家欲末，劉家欲興。今冬當有黑雪下貝州，合出銀城。敕下諸道按察使捕而戮之。」[289]籤言煽動性極強，以古類今，借助釋迦牟尼佛已經結束，新佛意為彌勒佛出世主政，下一句意思非常明顯，李家江山快要滅亡，劉家將要主持政局，這自然會讓當政者恐慌不已，立即下令捕而戮之。開元三年（715），唐玄宗下詔禁斷假託彌勒下生，詔令云：

彼有白衣長髮，假託彌勒下生，因為妖訛，廣集徒侶，稱解禪觀，妄說災祥，或別作小經，詐云佛說；或輒畜弟子，號為和尚，多不婚娶，眩惑閭閻，觸類實繁，蠹政為甚。刺史縣令，職在親人，拙于撫馭，是生奸宄。自今以後，宜嚴加捉搦。[290]

這裡明確表示當時彌勒民間化後，非正統「彌勒信仰」的特徵：「白衣長髮」、「假託彌勒下生」，雖稱佛教，但心離佛法，心遊道

---

289 北宋・王欽若、楊億撰：《冊府元龜・卷922》《宗錄部・妖妄》，北京：中華書局，1988年影印本，頁3660上。

290 蘇頲：《禁斷妖訛等儁》，《古今圖書集成選輯（上）・卷72》，頁172中。

外；所用手段是：「妖訛、廣集徒侶、稱解禪觀、妄說災祥、別作小經詐云佛說」，不善修學，見地不正；表現形式則爲：「詐云弟子、號爲和尚、多不婚娶、炫惑閭閻、觸類實繁」，攀附利用佛教，宣傳邪教邪法以鼓動刺激民眾，進行爲我所用的叛亂暴動行爲；所產生的結果是：「蠹政爲甚」，危害政局穩定，置社會大眾生死於不顧，任其生活在水深火熱之中。從上面種種跡象，足以證明他們是附佛外道。

因此，民間異類彌勒信仰表現出來的特徵有：1、教主自稱彌勒佛降世；2、教主文化程度與社會地位低下；3、表面崇佛，心遊道外；4、名字取自佛經，如「白蓮」、「大乘」等；5、借彌勒之名，並非佛教正信弟子，反對、否認、排斥正統佛教；6、修練之前，需賭咒盟誓，方得傳授；7、編造籤言以煽惑人心，騙取名利；8、對當局不滿；9、按照佛經，編造經典。

總而言之，民間異化彌勒信仰，是借助佛教影響以謀取權位與利益，「心遊道外」，實非佛教。他們統屬邪教，邪不勝正，邪教在歷史長河中扮演跳梁小丑角色，是腐蝕社會的蛀蟲。正因爲他們的存在，讓人民迫切需要一個清淨莊嚴之人間淨土，而他們歪曲彌勒下生信仰之本意，開發出彌勒現今下生救度眾生出離苦海的論調，從而聚眾爲己所用，進行造反。有學者認爲這就是彌勒信仰在漢傳佛教中的民間信仰，筆者不敢苟同，因爲被利用並故意曲解的彌勒信仰已經不再是彌勒信仰，失去了彌勒信仰所具有的本質特性，充其量爲附佛外道而已。附佛外道一般在下層社會民眾中才有發展空間，因爲他們貧窮、沒有文化、不善思辨、正邪不清，喜歡求佛保平安，但不懂佛法。對神祕、幻術等江湖手法充滿好奇，容易上當受騙，邪師抓住他們的這些弱點，採用誆惑欺騙手段以滿足他們的心理訴求，讓他們錯誤認爲邪師可以解救他們。學者馬西沙在《中國民間宗教史》序言中寫到：

民間宗教是對大一統的封建思想專制的一種離異和無聲的反抗。民間宗教苦難與專制制度的產物，專制使人離異，苦難則是培養信

仰主義的溫床。[291]

　　民間異化彌勒信仰者與附佛外道之教主不相上下，多數是自我膨脹、欺世盜名之輩，是社會上天生的投機家、心理學家，擅長觀察社會，迎合信仰民眾的心理需求，妖言惑眾，利用方士幻術伎倆吸引聚集社會大眾，並能有效地把他們組織起來。明知自己不懂佛法，卻販賣之，並假冒彌勒佛降生，如果從佛教信仰者的角度，則會描述爲不知廉恥，用心險惡，手段卑鄙，毀壞佛教、坑害良民，實爲魔子魔孫。在《佛藏經》中早有預言：

　　「當來之世，惡魔變易，作沙門形，入於僧中，種種邪說，令多眾生入於邪見。」

　　法慶、高曇晟、向海明等輩，皆屬此類。從佛教角度看，附佛外道危害極大。他們譭謗三寶，奪走信眾法身慧命，命終墮無間地獄。《楞嚴經》警誡邪師下場：「弟子與師，俱陷王難」。如北魏法慶起事，其「大乘教」徒多被殺戮，「積屍數萬」。歷史教訓，諸多史實，大家不得不警之戒之。

四、宋元明清之白蓮教

　　令人驚奇的是，隨著時間的延續，到北宋慶曆七年（1047），在貝州同一地方，有王則提出「釋迦佛衰謝，彌勒佛當持世」的口號進行造反。「王則者，本涿州人（今河北涿州），歲饑，流至恩（貝）州，自賣爲人牧羊，後隸宣毅軍小校。恩、冀俗妖幻，相與習《五龍》、《滴淚》等經及圖讖諸書，言『釋迦佛衰謝，彌勒佛當持世』。初，則去涿，母與之訣別，刺福字於其背以爲記。妖人因妄傳則字隱起，爭信事之。而州吏張巒、卜吉主其謀，黨連德、齊諸州，約以慶曆八年【1048】正旦，斷澶州浮梁，亂河北。……則僭號東平郡王，以張巒爲宰相，卜吉爲樞密使，建國曰安陽。」[292]年號曰德

---

291 馬西沙：《中國民間宗教史》，上海人民出版社，1992年12月。
292 杜鬥城：《正史佛教資料類編·卷二》，第1冊，頁144上-145上。

勝，旗幟號令皆以佛爲號。原訂慶曆八年元旦起事，因走漏風聲，提前在慶曆七年（1047）冬至日在貝州發動兵變，捕知州張得一，他被推爲東平郡王等。史料表明，王則似乎沒有接觸佛法，更加談不上彌勒信仰，只是從《五龍》、《滴淚》等經及諸圖讖書，言「釋迦佛衰謝，彌勒佛當持世」。由此可見，在他們這類人群中，此時正統的彌勒信仰已經是面目全非。

到了元代，在北方這一帶轉換成以燒香禮彌勒聚眾的「香會」，順帝至元三年（1337）在河南有棒胡假託彌勒下生，「作亂二月壬申朔，日有食之。棒胡反於汝寧信陽州。棒胡本陳州人，名閭兒，以燒香惑眾，妄造妖言作亂，破歸德府鹿邑，焚陳州，屯營於杏崗。命河南行省左丞慶童領兵討之。……己丑，汝寧獻所獲棒胡彌勒佛、小旗、僞宣救並紫金印、量天尺。」[293]，順帝至元四年（1338），在袁州（今江西宜春）有白蓮教僧人彭瑩玉與其徒周子旺，以勸人念彌勒佛號爲名，在夜間燃火炬點香禮彌勒結社造反。「以白蓮會燒香惑眾，至山童倡言：『天下大亂，彌勒佛下生』」。規模較大的應該是元末韓山童、徐壽輝借香會之名聚集香軍（即紅巾軍）。「劉福通，潁州人。是年五月，以紅巾爲號，陷潁州。六月據朱皋，攻破羅山眞陽確山，遂陷舞陽葉縣等處。九月陷汝寧州，眾至十萬。韓山童樂城人，自其祖父，以白蓮會燒香惑眾，至山童昌言：天下大亂彌勒佛下生。河南江淮愚民翕然信之。」[294]其實，這裡的「白蓮會」與「白蓮教」是有本質不同。

白蓮教是由南宋紹興三年（1133）吳郡（今江蘇昆山）僧茅子元依西方淨土宗創立。以往生淨土爲修行終極目的，把原來的「十聲相續」改爲五聲，宣揚「念念彌陀出世，處處極樂現前」。[295]茅子元

---

293 明·宋濂撰：《元史》之《本紀第三十九·順帝二》，第838頁。
294 明·幻輪編：《釋鑒稽古略續集·卷一》，《大正藏》第49冊，頁916中。
295 元·普度撰：《廬山蓮宗寶鑒·卷二》《離相念佛三昧無住法門》，楊訥編：《元代白蓮教資料彙編》。北京中華書局，1989年，第35頁。

自稱「白蓮導師」，依天臺教義制「晨朝禮懺文」、「圓融四土圖」等，勸人茹素念佛。茅子元撰寫《彌陀節要》：「但有信願念佛…不斷煩惱，不捨家緣，不修禪定，但念佛名，臨終彌陀接引」，[296] 但是需要「念念不忘於淨土，心心不離於彌陀」。[297]他把禪宗與淨土宗結合，主張：「悟自性彌陀，達唯心淨土，入諸佛境界，成就無上菩提」，[298]宣揚「白蓮正教，直截無多，超凡越聖，祇個彌陀。我今常念常不捨，普願修行出愛河」。[299]他這種「自信、自行、自修、自度」簡化易行的修行方法，得到了在家信眾的親睞。白蓮教的誕生是佛教世俗化的表現，意謂著傳統宗教勢力減弱，宗教的世俗化得到社會大眾的認可，如貝格爾所說：「所謂世俗化意指這樣一種過程，透過這種過程，社會和文化的一些部分擺脫了宗教制度和宗教象徵的控制。」[300]白蓮教可以脫離規模龐大、信眾數量巨大的寺廟與傳統的宗教儀式，嘗試自我覺醒、找回自性、體證人生的終極意義。從上面白蓮教的理論體系與修行法門來看，似乎只跟西方極樂世界的阿彌陀佛有關，跟彌勒信仰毫無瓜葛。[301]

　　到了宋元時期，白蓮教擴大的原因：1）確定師徒關係；2）以澱山湖的白蓮懺堂為永久性教團中心；3）茅子元接受高宗所賜「白蓮

---

296 元·普度撰：《廬山蓮宗寶鑒·卷二》《慈照宗主圓融四土選佛圖序》，楊訥編：《元代白蓮教資料彙編》。北京：中華書局，1989年，第44頁。

297 元·普度撰：《廬山蓮宗寶鑒·卷一》《深信因果》，楊訥編：《元代白蓮教資料彙編》。北京中華書局，1989年，第27頁。

298 元·普度撰：《廬山蓮宗寶鑒·卷七》《念佛正願說》，楊訥編：《元代白蓮教資料彙編》，北京中華書局，1989年，第115頁。

299 元·果滿編：《廬山白蓮正宗曇華集·卷下》《我念彌陀》，楊訥編：《元代白蓮教資料彙編》，北京中華書局，1989年，第242頁。

300 【美國】彼得·貝克爾（Peter Berger）著，高師寧譯：《神聖的帷幕》。上海人民出版社，1991年，第128頁

301 葛兆光：《哪一個佛教，哪一個道教：談中國宗教與文化研究中的一個問題》，《東方》1996年第3期。

導師」、「慈照宗主」的稱號；[302]4）將徒眾以「普、覺、妙、道」四字定名；5）分散在各地的信徒可以跟白蓮宗門確立關係；6）堂庵主持稱為「白蓮道人」的職業傳教人，不是出家僧人，而是可以結婚生子的「在家出家」，子承父業，世代相傳。等等。

　　白蓮教教義與組織隨時代發展而有變化，從組織上由一個趨附於上層社會的宗教社團，分化出無數個具有激進反政府色彩的祕密教團。從教義、教規上除上層社團的一部分仍然恪守原始白蓮教理外，其他一些白蓮教在吸收所謂的彌勒信仰之後演變成白蓮會。因此，上面所提及的幾次起義或造反，其實是白蓮會的傑作。很明顯隨著彌勒信仰的注入，體現出白蓮教中部分開放激進左翼的態度，他們宣稱「彌勒弟子」，但是，在傳統彌勒經典中，彌勒下生是為了度化釋迦佛未度完的末法眾生，而不是拯救大眾脫離水火之中，是把五濁惡世的世界轉化為人間樂土，所以，這些理念與暴力反叛沒有絲毫聯繫。然而，現實生活是殘酷的，暴政高壓、賦稅多如牛毛、受盡折磨痛苦的勞苦大眾，至少在心理上強烈渴望一個清淨莊嚴、豐衣足食、所求如意的理想世界。理想與現實形成強烈反差對比，彌勒就是在中國不同時期，在原有的基礎之上，經過人們的改造加工而成為一位救世主式的英雄人物。為了配合這位救世主的可信度，在正統的彌勒經典基礎上，進行加工修繕成他們所需求的民間式彌勒經典。人們對生活苦難承受程度與精神信仰有密切關係，壓力越大對人生體驗就越有心得，在內心無法承受壓力時，出離心就越強，對美好世界的憧憬與期盼，以及脫離現實苦海的意志力就越強。

　　當民間彌勒下生信仰發展至明朝初期，彌勒降世說與道家思想相互糅合成民間祕密會社，共同信奉的「三佛應劫」、「三陽劫變」說，並且依據彌勒下生說編造了《彌勒三會說》、《五龍經》、《大

---

302 元・普度揆：《廬山蓮宗寶鑒・卷4》《慈昭宗主》，楊訥編：《元代白蓮教資料彙編》，第84-85頁。

聖彌勒化度寶卷》、《彌勒谷佛救劫編》等僞經供會社所用。到了明清時期，借助「三佛應劫與彌勒降世說」進行造反，時有發生。

如康熙二十年（1681），雲南大乘教主張寶太倡言：「彌勒佛當世管天下，擁立李開花爲皇帝」，直到雍正十年（1732）張寶太才被捕監斃。

乾隆二十九年（1764），東大乘教教主王森七世孫王忠順自稱彌「勒佛轉世」，乾隆三十七年（1772）爲官府捕殺。

乾隆五十三年（1788），混元教徒劉松與弟子劉之協創立「三陽教」。劉松被推爲老教主，其子劉四兒被說成是「彌勒佛轉世」。乾隆五十九年（1794），清當局破獲三陽教，劉松父子均被處死，門徒一百五十一名被發配黑龍江爲奴。

道光十三年（1833），山東鄆城離卦教徒李芳春自稱彌勒佛轉世，託言直隸離卦教總教首劉功令他來接充教首，分文武二教，輾轉傳徒，均以李芳春爲總師傅。

當彌勒降世說與道家思想相融合之後，不應該繼續稱爲彌勒信仰了，只能說彌勒被移民到道教那裡，並占有一席之地，與傳統彌勒完全成爲兩種不一樣的理論。

西方清淨莊嚴的極樂世界，與彌勒下生之人間淨土都是人們所嚮往的美好家園，然而，人們對同處娑婆世界的彌勒淨土以及釋迦摩尼佛業已涅槃與當來下生的彌勒尊佛的輪替關係，似乎更感興趣，這也許是白蓮會吸收彌勒信仰的重要原因。正因爲西方彌陀淨土沒有與任何民間造反有聯繫，所以，在唐末五代以後比彌勒淨土更加盛行。可笑的是，社會民間團體如白蓮會卻接受並信奉彌勒菩薩，儘管他們自己對之有不同的理解，可以把他們歸於異化的非正統彌勒信仰。

統治階層，只要發現對自己統治不穩定因素時，往往採取一棍子打死，寧可錯殺一萬，不讓一人逃走，這樣勢必導致那些本來安分守己的宗教徒起來反抗，站到自己的對立面去，因爲官逼民反。如蒙元統治者，在武宗至大元年（1308）禁止白蓮社，毀其祠宇，然後在英宗至治二年（1322）嚴禁白蓮佛事。本來只是白蓮教中一小部分白蓮

會的人在起義造反，在不明眞相，不分青紅皂白的情況下，全盤加以否定。白蓮教在毫無選擇的情況下，只能轉成地下成爲祕密宗教，與統治者的合作關係演變成對抗。白蓮教對下層民眾利用其名進行起義造反等活動，採取默認甚至積極參與其中的態度。

整日在擔心受怕、品嘗著煉獄般生活的民眾，迫切渴望出離痛苦，只要有人敢站起來代表或說就是宗教領袖如彌勒佛等，欲引領大家前往樂土。那肯定是一呼百應，深得人心，加之戴上神祕色彩的面紗，即編造荒唐無稽的故事，足以讓大家在心裡上遲疑或猶豫不定地接受，因爲迫切脫離困境的心理起了決定性的作用。所以，「當一個超凡的首領發布逼迫世界變革的消息時，當他號召跟隨者團結起來把力量放到已經變動的宇宙變化的車輪上時，我們看到的是太平盛世的起義」。[303]

儘管白蓮教遭禁，但是普度譴責妄托「彌勒下生」的做法還是被正統的白蓮教徒所接受。傳統的彌勒信仰與彌陀信仰，原先是在上層士大夫與佛教徒之間盛行的樂邦淨土，但是對於下層民眾的加入也表示歡迎，所以，傳統的淨土信仰其實有助於社會和諧穩定。隨著社會的發展，底層民眾當精神疲勞於理想淨土時，首先想到改變現實社會，努力把理想變成現實。於是，對彌勒下生信仰的改造就成了順理成章的事情。當改造後的漢傳彌勒民間信仰，滲入白蓮教時，對傳統上的白蓮教組織結構及教義也隨之改變成勞苦大眾的救星。漢化後的民間彌勒下生信仰，滿足了下層民眾的精神需求以及對彌勒下生時人間淨土的美好展望，並努力地用實際行動，而爲之努力奮鬥，這興許是「救世戰爭的信仰基礎」。[304]

從白蓮教到白蓮會再到祕密白蓮教的發展來看，白蓮教的初期是

---

303 【美】克利斯蒂安·喬基姆（Christian Joachim）著，王平等譯：《中國的宗教精神》，北京：中國華僑出版公司，1991年，第123頁。

304 【美】歐大年（Daniel L. Overmyer）著，劉心勇等譯，劉昶等校：《中國民間宗教教派研究》，上海古籍出版社，1993年，第115頁。

一個規模較大、機制健全、遵守傳統的宗教團體，重在自身的修行解脫，對社會起到穩定和諧的作用。白蓮會是白蓮教中規模較小、文化程度不高、比較世俗但又非常激進，善於發現與革新，對現實社會強烈不滿，敢於改變現實、擺脫痛苦，傾向於脫離原有的環境以組成志同道合的革新團體。祕密白蓮教則是在政府的高壓打擊下，不得已而爲之的生存方式，有種極強的被動性，本不想造反或反叛，但是由於白蓮會的種種造反事件，被統治階層貼上反叛的標籤後，一起受累受罪，漸漸地也改變了自身的性質，給人造成他們就是一個高度世俗化、但以拒絕塵世自居與不滿現狀並付諸改變行動的印象。

傳統的佛教具有淨化心靈、導人向善、解脫生死的教化功能，佛教徒應該是奉公守法、虔心付出的優等公民，是社會結構中不可缺少的穩定因素，正信的彌勒信仰亦是如此。正因爲佛教的包容寬大，善惡好壞都能接納，這樣也就給投機分子有機可趁。漢傳民間彌勒信仰就是在這基礎之上形成的，很難去論斷他們的好壞，但是，如果觸及到人們生活穩定，道德敗壞，爲世人所不能容忍的造反與起義，都是佛教不能苟同的。白蓮會就是把漢傳民間彌勒信仰及其教義融進原來的白蓮教之中，從而發展或顛覆傳統彌勒信仰與白蓮教本身的信仰、價值與踐行系統。

彌勒民間信仰者在歷史長河中與所處社會上具有領軍意識，極盡所能激起波浪引領潮流。除武則天外，這些彌勒民間信仰者基本生活在資源匱乏、賦稅壓榨、備受欺凌、飽餐人生痛苦的下層大眾，共同的人生歷練，讓他們一拍即合，原本孤立無援的個體，找到了可以依賴的宗教組織、精神領袖，心有所托，內心就會漸漸變得越來越強大，在投機分子的鼓動下，就會膨脹，甚至爆破或爆炸。當他們發現無法用正常的努力方式改變現實時，只能透過宗教的方式來改寫自己的命運。特別是政治專權、官僚腐敗、社會秩序混亂、自然災害不斷的社會形勢下，人們整日坐立不安、六神無主，當恐懼焦慮觸及承受能力的時候，自然會導致反抗心理。他們往往被暗示：這個世界已經腐朽不堪、好似人間煉獄，政治凋零、飄搖欲墜，到了世界末日的盡

頭，大家需要站起來努力建立一個理想世界，其宗教領袖是彌勒尊佛，理想社會就是當來下生之人間淨土。唯有皈依彌勒佛，不但可以參加戰鬥，為建立理想社會貢獻自己，而且可以在大災難中得以存活下來。更有甚者，如白蓮教，信奉者被告知：死亡不是生命結束，而是一個新生命的開始，為理想戰鬥而英勇犧牲是上升天堂的最佳殊遇，是一種上天的賞賜。所以，他們成員非常驍勇，不畏死亡。「當殺戮被解釋為救世，死亡就是一種解放，其結果是暴力暢行無阻」。[305]

勒龐指出：這類群體衝動、易變和急躁，易受暗示和輕信，群體情緒誇張和單純偏執、專橫和保守，他們「漫遊在無意識的領地，會隨時聽命於一切暗示，表現出對理性的影響無動於衷的生物所特有的激情，它（他）們失去了一切評判能力，除了極端輕信外再無別的功能。在群體中間，不可能的事不可能存在，要想對那種編造和傳播子虛烏有的神話和故事的能力有所理解，必須牢牢地記住這一點」。[306]

因此，在歷代民間彌勒信仰中，熾熱憧憬著對彌勒下生時人間淨土的嚮往，幻術神奇的驅使，用暴戾的手段發洩出內心的積怨。彌勒人間淨土的千年傳奇與民眾不能化解的怨憤，足以在歷史潮流中製造出陣陣龍捲風，對政治、經濟、社會結構、自然生態、人文環境等都形成巨大的影響。如涂爾幹分析宗教的社會性認為：宗教作為一種「集體表象」（Collective Representaion），是社會存在，即使具有「超自然」和「反經驗」的特性，卻始終不可能超越於社會之外，而是始終「鑲嵌」於其中。[307]

民間異化的彌勒信仰產生於社會並作用於社會，繼而推動社會的

---

305 謝克（Richard Shek）：《宗教末世學與暴力》，紐約州立大學出版社，1990年。

306 【法】古斯塔夫・勒龐（Gustave le Bon）著，馮克利譯：《烏合之眾：大眾心理研究》。北京：中央編譯出版社，2000年，第28頁。

發展。作爲宗教組織，他們的言行卻從未脫離過世俗社會，因此他們的社會行爲和價值觀念，也自然會受到當時社會文化背景的引導與制約，他們的起義或造反，失敗是其必然結果，並且招致更加嚴厲的政府打壓，滿門抄斬等慘不忍睹之局面，其原因是，他們不該利用勸人爲善、自利利他、自我解脫等爲主的佛教來製造事端，還歪曲其內容和義理等，多行不義必然遭到因果法則的懲處。

---

307 【法】愛彌兒・涂爾幹（Emile Durkheim）著，渠東、汲喆譯：《宗教生活的基本形式》。上海：上海人民出版社，2006年，第8-16頁。

第四章　彌勒信仰與人間佛教

　　玄奘的彌勒信仰，重在上生兜率，面見彌勒尊佛，而非彌勒菩薩，究其原因在於，玄奘主張彌勒菩薩之兜率淨土為彌勒尊佛化現而成，見彌勒佛則可見十方諸佛即自性佛現，因此玄奘的彌勒信仰僅止步於龍華三會，而很少提及彌勒佛之人間淨土。筆者認為玄奘之彌勒信仰適用於上乘根機，而非中下之人。佛慈廣大，為接引他們，特開設彌勒佛人間淨土之法門，流行於社會的中、下層。殊勝莊嚴的彌勒淨土足以讓著相之末法眾生厭此欣彼，發起勇猛增上之心，由事入理，從有念至無念，無念而念才是入道之方便，見自性淨土之種子。自唐末五代至清代，彌勒信仰是潛隱融匯在佛教的禪宗、淨土宗、律宗以及民間習俗、佛像藝術等方面而從未間斷。彌勒信仰發展至近代，經太虛改造後重見天日，以一種嶄新的面目呈現在眾人面前，那就是人間佛教。

　　彌勒下生信仰之彌勒淨土，是彌勒當來下生成佛時的人間淨土，是娑婆世界眾生心中所憧憬的理想世界。如何將久遠之未來人間淨土移植到現實之真實世界？或怎樣透過大家的共同持戒修善感得彌勒早日下生呢？換句話說，如何把現實穢土轉化為聖潔淨土成為人們關心的問題？太虛洞見佛教時弊：專為亡者誦經超度；僧人住寺應付香火撞鐘度日；隱居山林獨自修行做自了漢等，乃振臂高呼：這不是佛教，想傳承真正佛教，則必須進行改革。為了更好的了解或辯證地對待太虛在彌勒信仰影響下所解讀的人間佛教，有必要先對彌勒淨土有個詳盡了解。

第一節　自性淨土

　　人生離不開生老病死、七情六欲、悲歡離合、名聞利養等，如何能將心安住在無上菩提心上，不爲他境所擾呢？那就應該能夠做到離相無住。知人生無常，虛幻不實，不可執取，故須遠離虛幻之相。實相無相，佛果亦不可執取，「若以色見我，以音聲求我；是人行邪道，不得見如來」，[308]所以無住。

　　人是怎麼來的？父母未生我之前，我是誰？人生生世世都有父母，在最初或無始之際，即父母未生我之前的本來面目是什麼？根據六祖惠能開悟時所說：「何期自性，本自清淨；何期自性，本不生滅；何期自性，本自具足；何期自性，本不動搖；何期自性，能生萬法。」這說明我們的本來面目權且叫作自性。意即人之本體——自性具有：本自清淨、本不生滅、本自具足、本不動搖、能生萬法的特性。與之相應，人之特徵正好相反，不清淨、有生滅、心動搖、不能生萬法。那麼到底在人之本體自性與人之本性之間發生了什麼呢？

　　既然自性本自清淨，本自具足，本不動搖，那與之相應之淨土亦本自清淨具足，無須外求。自性爲清淨心，淨土則是清淨心上所影現的淨土之相。正所謂：心淨則國土淨。自性清淨心是體，能生萬法，幻現種種生滅之相爲用，淨土中的種種莊嚴爲相。由體起用，因用成相，攝相歸體，體相用相即。人之生命爲體，人之生死輪迴爲相，人之生活爲用。此清淨心體是不生不滅的，既不是永恆存在的，也不可以說是斷滅的。是屬於物來則顯、境過不留的，若空中鳥跡，似水過無痕，爲離言絕相、心行處滅。

　　十方淨土不離一清淨之心，離開清淨心就沒有淨土可言。既然淨土本自具足，那穢土是從何而來呢？依據《圓覺經》解釋，一清淨

---

308 姚秦・鳩摩羅什譯：《金剛般若波羅蜜經》，《大正藏》第8冊，頁752上。

心所生的佛國淨土，有如空中花、水中月。若執著空花水月，則無明生起，本來清淨國土就被無明遮覆而成穢土。「一念不覺生無明相」，[309]主張無始無明。穢土其實就是對清淨心上影現出的清淨莊嚴之相產生歡喜執著。佛陀應機施教，對鈍根從相上下手，如十分淨土之殊勝莊嚴，讓眾生生起欣求嚮往之心。中下機眾生難以了知，欲想往生淨土之心是虛妄的分別之心，所追求的莊嚴淨土，是佛陀為化導眾生從清淨心上影現出來的。執著清淨心與執著貪嗔癡等染汙心一樣可怕，如同金屑與灰塵一樣讓眼睛得到傷害。如果照此下去，那是不是不需要發心發願，因為都是分別虛妄心，十分淨土也是如夢幻泡影，那又何必念佛求往生呢？

　　淨土主張自力（自己勇猛精進）與他力（佛力加持）結合，由事入理，可以順利往生淨土，所謂往生，即是自心中斷一份無明，離一份執著，淨土則靠近一步，無明斷盡，十分淨土皆在一心之中；對於中根之人，講說離相無住；對上根之人，則直指心性，見性成佛。

　　無論在什麼時代，總會有上中下根之眾生。對上根之人，直接告知：當下即是淨土。因為自性清淨心是本自具足、本來清淨、本不動搖的，無論無明煩惱如何興風作浪，都只不過是清淨心中的幻塵影相而已，並不會對自性清淨心有任何影響。對中根之人，告知：淨土的種種莊嚴之相，其實，就是內心莊嚴，心莊嚴則身莊嚴，所處世界莊嚴。這種種莊嚴皆為虛幻之相，因為《金剛經》云：「凡所有相，皆是虛妄，若見諸相非相，則見如來」。相由心生，心滅則無相可顯，故古德有「息即菩提」之說。

　　對下根之人，除了用清淨莊嚴之淨土來誘引之外，還要規勸他們老實念佛，從有念到無念，即念而無念，無念而念，一心皈依彌勒如來，透過自己的努力與彌勒尊佛本願加持力，命終則可上生兜率內

---

309 明・德清解：《圓覺經直解・卷2》，《卍新纂續藏經》第10冊，頁500上。

院，花開見佛，未來隨彌勒菩薩下生人間成佛，龍華三會相逢得度。於是就有了當來下生彌勒尊佛之人間淨土。此一人間淨土首先建立在彌勒菩薩兜率淨土之上生信仰上，然後才是彌勒尊佛人間淨土之下生信仰。

　　需要說明的是，凡是可以上生兜率淨土的，應該都是蓮花化生，為聖胎，並且不退轉。隨彌勒下生，在龍華會上，一般應該得證的是菩薩聖果。其理由是，經典中只提到彌勒成佛，並未言及其他人同時成佛，所以不應該是證佛果；要想發願往生淨土，必須先發無上菩提心，即上求佛道，下化眾生之菩薩心。一旦上生兜率，即是菩薩聖胎。隨彌勒下生，在龍華會上該成菩薩聖果。這與《彌勒下生經》中，所證阿羅漢果位是相矛盾的。經云：「初會有九十六億人，得阿羅漢。二會有九十四億人，得阿羅漢。三會有九十二億人，得阿羅漢。」這就充分體現出彌勒經典出現時期與傳到漢地發展之後的彌勒信仰的不同。從彌勒經典中可以找到南傳上座部佛教思想的影子，而當被傳到漢地之後，菩薩思想得到了進一步發展，如《法華經》主張三乘歸一佛乘，一佛乘方為究竟，而菩薩只是三乘之一，有十地之果位之分，況且，十地果位不可執取。這與禪宗的「直指心性，見性成佛」是相通的。唐玄奘為什麼當年只勸導大家上生兜率，而很少提及彌勒下生成佛以及彌勒之人間淨土的原因大概就在這裡。

　　綜上所述，淨土本自具足，這是根本。就算中下根人修行到最後，還是需要歸結到這裡。既然淨土本自具足，從未離開過我們，只是無明煩惱遮住了我們的眼睛而已。在日常生活中，面對自己孩子，無私奉獻不求回饋，用般若智慧以身示範感化誘導孩子，這就是菩薩行，這種因菩薩心而生菩薩行，自然就可以得到清淨莊嚴的菩薩淨土，甚至佛淨土。法鼓山的聖嚴法師也注意到了這一點，於是，他提出了「心靈環保」理論，主張「如果在日常生活中體驗佛法，哪怕一個念頭與佛法的慈悲與解決煩惱的智慧相應，當下見到的就是人間淨土。」「只要你的一念心淨，此一念間，你便在淨土；一天之中若能有十念、百念、千念的心靈清淨，你便於此十念、百念、千念之間，

體驗到淨土。」（《法鼓山的方向》）這樣的表述，筆者只能說是這個意思，但是不夠精準。「一念、十念、百念」等等仍是落於時間概念的相對之法，用「當下」就更爲準確。因爲「當下」是超出時間概念，是直截了當地與自性相應，這便是「當下」。聖嚴師父爲了「提升人的品質，建設人間淨土」而提出了「心六倫」：家庭、校園、生活、自然、職場和族群等六種倫理道德。他認爲，「每個人在六倫中所扮演的角色是多元的，無論作爲何種角色，都要有守分、盡責、奉獻的正確觀念，時時做到尊重、關心他人，建立起『心』的倫理，這個社會才能和諧、幸福」。這種人間佛教的理念，筆者是非常贊同的，與之不一樣的是，筆者是通過研究彌勒信仰與漢傳佛教之後得到的。從日常法鼓山的共修來看，他們應該沒有突出彌勒信仰。這也許就是人們常說的殊途同歸吧！

第二節　太虛彌勒信仰

太虛針對當時佛教時弊，把未來彌勒下生成佛之人間淨土進行了改造。爲了實現未來之人間淨土，那我們現在該做什麼？未來之人間淨土在當今現實生活中是否有實現的可能？他認爲答案是肯定的。首先，他爲此創建「慈宗」，然後提出人間佛教的具體理念。

早在1924年，太虛大師就編著《慈宗三要》，「大師特弘彌勒淨土，至此乃確然有所樹立。序曰：『遠稽天竺，仰慈氏之德風；邇征大唐，續慈恩之芳焰；歸宗有在，故曰慈宗。三要者，謂瑜伽之眞實義品，及菩薩戒本，與觀彌勒上生兜率經；……如次爲慈恩境行果之三要也』」[310]，「選集《瑜伽眞實義品》以明其『境』，《瑜伽菩薩戒本》以軌其『行』，《彌勒上生經》以明其『果』」，正式把彌

---

310 釋印順：《太虛大師年譜・卷一》，《新編部類》第13冊，頁166上-167上。

勒菩薩奉爲宗師。「慈宗」的要點有三：一、釋迦佛之所以給彌勒菩薩授記，就是因爲他在心裡上發了無上菩提心，在行動上，具備「不厭生死」的利他，與「不斷煩惱」之自利（般若智慧）的菩薩精神；二、奉行五戒十善的人天乘可以透過福慧雙修的菩薩行，來建設或成就人間淨土，這樣，以彌勒爲中心，融會人生佛教、大乘菩薩行以及人間淨土的建設，凸顯出以慈氏貫串佛法的慈宗思想；三、布袋和尚所體現的是「人間性」，更加接近大眾，在漢傳佛教中起現出其圓融性、包容性、可親喜樂性。在具體的修行上，太虛特別強調：「知法在行，知行在戒，而戒又必以菩薩戒爲歸。以菩薩之戒三聚，……饒益有情之戒聚，實爲菩薩戒殊勝之點。梵網瓔珞諸本，戒相之詳略有殊。其高者或非初心堪任，而復偏於攝律儀、攝善法之共戒。舊譯之彌勒戒本，亦猶有詭略；唯奘譯瑜伽師地論百卷中之菩薩戒本，乃眞爲菩薩繁興二利，廣修萬行之大標準！而一一事分別應作不應作，又初心菩薩之切于日行者也。竊冀吾儕初行菩薩，皆熟讀深思其義，躬踐而力行焉！故日行在瑜伽戒本」。[311]除此之外，他還修訂慈宗儀軌，組辦慈宗學會。

太虛透過對彌勒上生信仰的研究發現，「兜率淨土之殊勝兜率淨土，殊勝有三：一、十方淨土有願皆得往生，但何方淨土與此界眾生最爲有緣，則未易知，彌勒菩薩一生補處，以當來於此土作佛，教化此土眾生，特現兜率淨土與此界眾生結緣，故應發願往生兜率親近彌勒也；二、兜率淨土同在娑婆，同在欲界，變化淨土在同處同界，即與此處此界眾生有殊勝緣，最易得度。他方淨土泛攝十方眾生，而此專攝此土欲界眾生也；三、彌勒淨土是由人上生，故其上生是由人修習福德成辦，即是使人類德業增勝，社會進化，成爲清淨安樂人世；因此可早感彌勒下生成佛，亦即爲創造人間淨土也。」[312]太虛用行動表明自己對彌勒信仰的態度，根據《太虛大師年譜》，在他晚年宣

---

[311] 釋印順：《太虛大師年譜·卷一》，《新編部類》第13冊，頁168上-169上。

講次數最多的就是《彌勒上生經》。

太虛曾經感歎：「彌勒淨土法門的不流行，不在勝劣或難易，而是唐以後的修者少、弘揚者少的緣故」。爲了重興彌勒法門，他創建慈宗，大弘彌勒法門。本來上生兜率淨土就是爲了跟隨彌勒下生，成就人間淨土。可是，太虛把未來的人間淨土移花接木式移居到現實社會，提倡人間佛教，努力建設人間淨土。這樣，佛教就更加具有現實的指導作用，符合佛陀出世利益眾生的本懷。

太虛對人間六道加以剖析：「今則此人間，除少數道德自貞、超然榮辱之士，大都已墮落爲夷狄——修羅、禽獸——傍生、餓鬼、地獄，非復人間，不既彰明甚耶！不惟去帝道、王道之人間甚遠，且於霸道亦難企及。其強力專權者，則損人自益之夷狄、修羅也。其貴本專利者，則食人自肥之禽獸、傍生也。多數被資本高壓，勞作不給衣食者，非餓鬼也耶！多數被強力高壓，言動不能自由者，非地獄也耶！靜以觀之，此人間之爲何世，在人世所爲何事，能不悲從中來，愴然涕下乎，於此猶不蟠然悔悟，期有以改善其所爲以復乎人道，則無恥之極矣！知恥近勇之士，於是乎有人間淨土之建設。」[313]很顯然，太虛並沒有提及人中四聖：聲聞、緣覺、菩薩、佛，而只提到人中六道。也許他重在治病，所以先診斷病症，然後施藥。大乘佛教之淨土宗主張信願行，信人人心中皆有一個淨土，這方淨土可以透過發願行菩薩道來成就。故太虛認爲：「然遍觀一切事物無不從眾緣時時變化的，而推原事物之變化，其出發點都在人等各有情之心的力量。既人人皆有此心力，即人人皆已有創造淨土本能，人人能發造成此土爲淨土之勝願，努力去做，即——由此人間可造成爲淨土，固無須離開此齷齪之社會而另求一清淨之社會也。質言之，今此人間雖非良好

---

312 太虛：《法藏·法相唯識學（三）》，《太虛大師全書·卷十》，宗教文化出版社，2004年4月，第365頁。

313 太虛：《論藏·支論·建設人間淨土第五》，《太虛大師全書·卷二十五》，宗教文化出版社，2004年4月。第279頁。

莊嚴，然可憑各人一片清淨之心，去修集許多淨善的因緣，逐步進行，久之久之，此濁惡之人間便可一變而爲莊嚴之淨土；不必於人間之外另求淨土，故名爲人間淨土。」[314]這裡，太虛認爲如果人人都努力發願造就淨土，那就無須離開齷齪社會而另外求一個清淨社會或國土。這還是與彌勒下生之人間淨土之理想社會相應。只不過把未來之人間淨土拉近到現實世界，而激發人們努力修善積德，久而久之，此濁惡之人間可變爲莊嚴之淨土。

從理論上講，似乎很有道理，但是事實已經告訴我們：理想是好的，可現實是殘酷的。釋迦牟尼佛出現的時代，人們應該生活在水深火熱之中，眾生迫切希望能夠脫離苦海，所以，才需要佛陀出現於世救度眾生。這個世界到底是清淨的還是污濁的？同樣一個世界，在不同眾生心目中，應該是不一樣的世界。這個世界對魚來說是水的世界，對天來說是水晶仙境，對整日品嘗痛苦的人是地獄，對喜嗔好鬥的人是阿修羅，對佛菩薩來說就是一片淨土。在人眼裡，則根據個人的心情所得到的世界感受是不同的；佛眼所看到的世界則是清淨莊嚴的。對於個人而言，在不同心境的作用下，所得到對這個世界的認知也是不同的，心情好，到哪裡都好。反之亦然，心情不好，到哪裡都找不到淨土。其實，這個世界本來就是清淨的，因爲菩提自性，本自清淨。人人都具有清淨之心，所以說，這個世界本來就是清淨。這在上一節已經討論過了。

可是，爲什麼眾生眼中的這個世界不清淨呢？那是因爲眾生著相，執著我相、人相、眾生相、壽者相等。不但有我執，還有法執。這就讓我們不得自在，輪轉六道，不得出離的原因。因此，要想看到一個眞正的淨土，那必須去除我法二執。如果按照太虛說法：「可憑各人一片清淨之心，去修集許多淨善的因緣，逐步進行，久之久之，

---

314 太虛：《論藏·支論·怎樣來建設人間佛教》，《太虛大師全書·卷二十五》，宗教文化出版社，2004年4月。第354頁。

此濁惡之人間便可一變而爲莊嚴之淨土。」他並沒有給出如何得到一片清淨之心的方法,所以,人們只知道修善做好事求功德,可是,自己本身習氣還是沒有得到改善。當根本問題沒有得到解決的時候,想透過細枝末節的善因善緣來改變這個社會,就顯得力不從心了。

太虛歸納他的思想說:「眾苦方沸騰,遍救懷明達。仰止唯佛陀,完就在人格。人圓佛即成,是名眞現實。」[315]這其中,有願力,有目標,道出人圓佛即成的現實命題。於是,他發願:「臆!人間淨土!吾人當發悲願,勤行捨施,精進求之,宏濟群品。系以歌曰:今世何世兮?人間地獄!當發悲願兮,捨身命財。進善人心兮,嚴淨佛土。三寶加被兮,南無如來。」[316]從他悲願中「勤行捨施,精進求之」,並未強調般若智慧。如果能夠用離相無住,來對治眾生執著之心,然後,再眾善奉行,那人間淨土出現就有希望了。

太虛人間佛教思想體現在三個方面[317]:

一、隨順世間,應機施教。「至世間法則遷流無常;因乎時分而生種種差別,眾生之心亦因之而有種種之殊異:若不隨順世間巧施言說,以應其時而投其機,則宜於此者或失於彼,合於過去而不合於現在,故佛法有適化時機之必要!夫契應常理者佛法之正體,適化時機者佛法之妙用,綜斯二義以爲原則,佛法之體用斯備。若應常理而不適化時機,則失佛法之妙用;適化時機而不契應常理,則失佛法之正體。皆非所以明佛法也。」[318]佛陀出現於世只因眾生需要,離開眾生,則無佛法可言。不同時代應該用何種佛法來加以教化,則是弘法

---

315 參見太虛:《論藏・支論・即人成佛的眞實論》,《太虛大師全書・卷二十五》,宗教文化出版社,2004年4月。第377頁。

316 參見太虛:《論藏・支論・創造人間淨土》,《太虛大師全書・卷二十五》,宗教文化出版社,2004年4月。第348頁。

317 參見太虛:《法藏・佛乘宗要論》,《太虛大師全書・卷一》,宗教文化出版社,2004年4月。第104-105頁。

318 參見太虛:《法藏・佛乘宗要論》,《太虛大師全書・卷一》,宗教文化出版社,2004年4月。第94頁。

者必須慎重考慮的問題。

　　二、提倡人生佛教。「乃析之爲相對各個人之個人，相對自家庭之個人，相對自職團——包學校及團體——之個人，相對自區域之個人，相對自種族之個人，相對全人類之個人，相對自世界之個人，相對眾生類之個人，相對全宇宙之個人，終以體達全宇宙緣成的個人——如來藏——爲中心，開發個人實現乎全宇宙——法界身——爲極則。在個人曰全人，在社會曰大同，在宇宙曰圓融法界。」[319]從這裡可以看出，人是組成家庭、團體、社會、世界、全宇宙的基本元素。個人的修爲，心量的大小，與其在社會中扮演的角色息息相關。個人無法自我管理，容不下別人，則只能孤獨一生。容得下妻兒老小，則可以做家長；心想一個社團的福利得失，則可爲區長；心繫一個國家，則可以做國家領袖；一個世界，則可做轉輪聖王；一個國土，則可以成佛；整個法界，則清淨法身毗盧佛現前，圓融法界。人都具有一個共性就是有一顆如來藏心。隨著個人對內外執著的多少而演變成十法界眾生。十法界各具十法界，也就是人法界亦有十法界，意即一心具足十法界。換句話說，十法界同在一心中。一個人與外在十法界眾生的關係是不一不異的。不一是從事相差別上指個人與其他十法界同時具足存在，不異是從理上說同具一如來藏心，即其他十法界眾生皆是這個人心中影像。當一個人對自己生起歡喜或厭惡之心時，其實，是自己心中與之相應的歡喜或厭惡種子與之相應而產生的感受，此時，所謂外在歡喜或厭惡之人，是自己心中的一個眾生，爲外在的一面鏡子。因自他不一不異的，所以，《六祖壇經》中說：「若眞修道人，不見世間過；若見他人非，自非卻是左。他非我不非，我非自有過；但自卻非心，打除煩惱破。」。[320]在不斷的改善修行中，需要般若智慧的協助，在成就自己修行的同時，也同樣成就

---

319 參見太虛：《眞現實論宗體論》，《太虛大師全書‧卷二十、二十一》，宗教文化出版社，2004年4月。
320 元‧宗寶編：《六祖大師法寶壇經》，《大正藏》第48冊，頁351下。

了別人。因爲別人皆是自己心中的眾生，當這些眾生在自己心中都已成佛的時候，那自己佛果自然現前。這就是地藏菩薩宏願：「眾生度盡，方證菩提；地獄未空，誓不成佛。」所以，太虛指出：「簡約說，佛學不是消極的、厭世的或迷信的，而是發達人生到最高最圓滿的地位的。以最高成佛爲模範，把人的本性實現出來，從人生體現出全宇宙的眞相，才完成人的意義。」[321]太虛成熟後的「人生佛教」著重在四方面：人間改善、後世勝進、生死解脫、法界圓明。

　　三、建設人間淨土。太虛認爲：「佛學所謂的淨土，意指一種良好之社會，或優美之世界。土謂國土，指世界而言。凡世界中一切人事、物象皆莊嚴、清淨優美、良好者，即爲淨土。」[322]太虛理解的淨土是與彌勒下生後的人間淨土相類似，這應該是從眾生位或下根之人來說明的。如果從究竟位或利根眾生來說，直指心性，心淨則國土淨。釋迦牟尼成佛後，看到這個世界應該是清淨國土，可是眾生看到的則是五濁惡世。從這裡可以看出，只要一個人自心清淨，那國土就會清淨。在華嚴會上，迦葉尊者問釋迦佛爲何其他諸佛所成就的是清淨國土，而釋迦佛卻顯現的是穢土？當時，釋迦佛用腳大拇指觸按大地，整個國土就變得清淨莊嚴。這說明我們其實就處在一個清淨國土，只是妄想執著而不能看到而已。太虛所強調的淨土並沒有脫離彌勒人間淨土的影子，重在外在的一個有形有相的清淨國土。玄奘則很少提及彌勒人間淨土，是因爲他重在上生兜率，面見彌勒菩薩，可以親近彌勒尊佛，隨之見十分諸佛，見自性佛則本來面目現前，而達到究竟解脫自在。其實，自心淨土才是眞正佛陀所要宣揚的目的。外在淨土只是接引下根之人的善巧方便，由外在之事相入究竟之極理，其歸宿還是在心淨則國土淨。

---

321 參見太虛：《法藏·佛陀學綱》，《太虛大師全書·卷一》，宗教文化出版社，2004年4月，第185頁。

322 太虛：《論藏·支論·怎樣來建設人間佛教》，《太虛大師全書·卷二十五》，宗教文化出版社，2004年4月，第354頁。

綜上所述，太虛的彌勒信仰包括了上生與下生兩種形式。他爲了弘揚彌勒法門，創建慈宗與提倡人間佛教。如果說玄奘注重在上生信仰，所度對象爲上根之人，從自性上下手；那太虛則偏重於下生信仰，所度對象爲中下根人，從未來清淨莊嚴之人間淨土到努力建設現實人間淨土，從事相到理性上，由事入理。從度生角度來說，兩者正好互補；若從究竟的角度來說，那玄奘更勝一籌。因爲若從相上說，很難說的清楚，容易產生偏頗，不究竟。若是不信，我們可以從近現代「人間佛教」之源流來加以考察。

第三節 「人間佛教」之興起

清末民國我國佛教學理方面極爲衰微，有影響力的高僧不多，另外佛教典籍散佚，經版毀壞，再加上西方思想的傳入對傳統儒家理學思想的衝擊等等，中國佛教可謂進入了發展的黑暗期，這種現象引起教內外一些有識之士的深切關注，而「人間佛教」也正是在佛教陷入最低谷的歷史背景下應運而生的。顧名思義，「人間佛教」，強調佛教的人間品質和人間屬性。「人間佛教」這種「以人爲本」的人文關懷，在修行上必然表現爲一定的「人世」性，這些與釋迦佛的應世情懷其實是遙契相應的，與中土佛教的大乘精神也是不二的。從佛教史看，釋迦牟尼佛出生在人間，修道在人間，成佛在人間，弘法在人間，這些都是說明佛教是人間的佛教。六祖惠能也強調，「佛法在世間，不離世間覺；離世覓菩提，猶如尋兔角」。到了太虛大師則提出：「仰止唯佛陀，完成在人格；人成即佛成，是名眞現實。」這都是在強調佛教的人間性。

「人生佛教」爲太虛所宣導，1928年，太虛應邀爲上海儉德儲蓄會作題爲《人生佛學》的演講，這次演講可視爲太虛「人生佛教思想形成的標誌，並且囊括了人生佛教要義」。另外，爲「人間佛教」思想作出貢獻的還有楊文會、趙樸初、印順、星雲、聖嚴等高僧大德。

楊文會（1837-1911），中國近代著名佛學家，字仁山，號深柳

堂主人，自號仁山居士，安徽石埭（今石台）人。先生年少時任俠仗義，輾轉多地。1864年，楊先生二十八歲時，在家養病期間開始接觸佛學經典，從而對佛學產生了濃厚興趣。他反復研讀《大乘起信論》和《楞嚴經》等大乘經論，於是他一心學佛，悉廢棄其向所爲學。楊文會先生對近現代的佛學「中興」影響巨大，他的主要貢獻包括：

創立金陵刻經處，刻印方冊本藏經，楊文會先生在學佛的過程中，發現佛教典籍散佚太多，不利於傳播佛法，因此，他組織志同道合者十多人，刻印方冊本藏經，楊文會先生一生從事刻經事業將近五十年，完成三千多卷，幾百種經書，在近代佛學的振興中發揮了重要的作用。

建立居士道場，培養佛學人材，楊文會的另一大貢獻是對當時國內「釋氏之徒，不學無術，安於固陋」[323]的狀況很不滿意，認爲要振興佛教，必須「自開學堂。」楊先生主張「仿照小學、中學、大學之例，能令天下僧尼人人講求如來教法。」[324]按照課程規定，學完三年受沙彌戒，再學三年受比丘戒，再學三年受菩薩戒，然後「方能作方丈，開堂說法，升座講經，始得稱大和尚。」楊先生的弟子眾多，包括黎端甫、桂伯華、譚嗣同等社會居士，也包括太虛這樣的高僧。

融通的佛學思想、入世的佛學態度。楊文會的佛學思想，會通了儒、佛、道，「儒、道之高者，始能與旨理相通，皆是菩薩影現，行權方便也」，並以佛教爲核心，楊先生認爲道家求長生，故而「首重命功」，佛家則「直須命根斷。命根斷，則當下無生，豈有死耶！」也就是說，佛法是要超脫生死，而道家求爲成仙，只不過高於人界一等，總不出三界之外，而且即使壽至千萬歲，也終有盡時。所以楊

---

323 魏道儒：《略談早期「人間佛教」的理論與實踐》，中國宗教學術網，2011年11月22日。

324 樓宇烈：《中國近代佛學的振興者——楊文會》，《世界宗教研究》，1986年第二期。

先生學佛以來近四十年,「始則釋道兼學,冀得長生而修佛法。方免退墮之虞。兩家名宿參訪多人。證以古書。互有出入。遂捨道而專學佛。如是有年,始知佛法之深妙,統攝諸教而無遺也。」[325]在佛教理論和實踐上,楊文會也是圓通中國佛教各宗派,他對於法相宗、天臺宗、禪宗、華嚴宗等都悉心研究,相互融通。楊文會的淨土思想,是他大力宣導的自他二力並重的意趣,自身修行和借助他力缺一不可。總之,楊文會的佛學思想最突出的一點就是在於溝通「世間法」與「出世間法」,爲明清以來同現實社會完全脫離的佛教重新找到人世間的立足點。楊文會的這一思想,也被看成是「人間佛教」的思想源泉。

梁啓超在《清代學術概論》中說:「晚清所謂新學家者,殆無一不與佛學有關係,而凡有眞信仰者,率歸依文會。」這是對楊文會振興佛學的評價。

楊文會的許多佛學思想,後來由其學生太虛進一步發展成「人間佛教」。太虛(1890-1947)於1904年在蘇州木瀆小九華寺出家,先後跟隨奘年、敬安二師學經,隨後又參學於江浙各地,遍訪名師。1909年到南京,就讀於楊文會創辦的祇洹精舍。此後,太虛受到中國民主革命思想的影響,找到了大乘佛教菩薩行與近代的社會革命思想的結合點。1913年太虛大師提出了佛教革命理論,主張在教制、教產、教理三個方面對傳統佛教進行全面改革,以振興中國佛教。當時,太虛的改革理想並未成熟,同時受到了佛教界保守勢力的抵制。因此,影響不大,但太虛這種對於中國佛教發展的考慮和對社會關切的大乘菩薩行和淵源於禪的思想解放精神,是其「人間佛教」思想的立足點。

1925年,太虛在廬山講學,就以「人生佛教」爲題,其中已深入到「人成即佛成」,「完成在人格」的核心思想,可視爲「人間佛

---

[325] 楊仁山:《楊仁山居士遺書·卷二十一》,《新編部類》,頁667上。

教」思想誕生的標誌。自1928年起，從太虛在上海儉德儲蓄會講「人生佛學的說明」開始，他發表了一系列講演，標誌著其「人間佛教」思想的系統化。此間，太虛發表系列講演與文章，就建設人間佛教的出發點、具體方法、步驟、目標等作了具體闡述。1944年，太虛彙集歷年有關人生佛教與人間佛教的論述，新撰了代序，編成《人生佛教》一書，全面地闡明了建設「人間佛教」的方法、步驟、目標，即在個人是由奉行五戒十善開始，漸而四攝六度，信解行證而成佛果；同時每個人都「要去服務社會，替社會謀利益」，一方面以個人人格影響社會，一方面合力淨化社會，達成建設人間淨土的目標。

　　1946年8月，太虛演講的《人生佛教之目的》標誌著「人間佛教」思想的最終成熟。「在整個人類社會中，改善人生的生活行為，使合理化、道德化，不斷地向上進步，這才是佛教的真相。人生的解釋：狹義說，是人類整個的生活；廣義說，人是人類，生是十法界的眾生。人類是十法界一切眾生的中樞，一念向下便為六凡：天、人、阿修羅、地獄、餓鬼與畜生，一念向上便為四聖：佛、菩薩、緣覺與聲聞。故人類可為十法界眾生的總代表，也就是十法界眾生的轉捩點」。這裡，太虛強調了大乘佛教應該是積極向上，而不是消極求解脫的。

　　幾十年的不懈探索，太虛為中國佛教界建立起一套「人生佛教」理論體系。當然這其中不免有些批評的聲音，但太虛大乘菩薩行的精神影響深遠。「人間佛教是表明並非教人離開人類去做神做鬼，或皆出家到寺院山林裡去做和尚的佛教，乃是以佛教的道理來改良社會把世界改善的佛教」。[326]

　　趙樸初（1907-2000年）是當代傑出愛國宗教領袖、曾任中國佛教協會會長。青年時代，在中國佛教會從事佛教社會公益事業時，趙樸初先生便結識太虛大師，並受到器重。1935年秋天，圓瑛在上海興

---

[326] 太虛：《佛教並非教人離開人間去做鬼神》，慧海佛教資料庫，1933年。

辦圓明講堂，經他介紹，趙樸初皈依佛門，成爲在家居士。1947年3月7日，太虛大師於圓寂前十天，在上海玉佛寺召見趙樸初，「以所著《人生佛教》一書見贈，勉余今後努力護法」。趙樸初沒有辜負太虛大師的囑託，即使在解放後前三十年的特殊形勢下，也盡力護法。1979年，隨著改革開放大政方針的確定和實行，趙樸初開始公開提倡「人間佛教」理念。1981年，他撰寫的《佛教常識問答》在中國佛教協會會刊《法音》上發表，其最後一節即是「發揚人間佛教的優越性」。趙樸初對於「人間佛教」的最大貢獻，是將「人間佛教」理念放在中國佛教的指導地位，強調了「人間佛教」理念的普遍意義，並積極地實踐於中國佛教的恢復與弘揚。

印順（1906-2005年）是太虛大師的學生，同時也是太虛「人間佛教」理論的堅決擁護者和繼承者。印順在《人間佛教要略》一文中說：「從經論去研究，知道人間佛教，不但是適應時代的，而且還是契合於佛法眞理的。從人而學習菩薩行，由菩薩行修學圓滿而成佛——人間佛教，爲古代佛教所本有的，現在不過將他的重要理論，綜合的抽繹出來。所以不是創新，而是將固有的『刮垢磨光』。」印順認爲成佛是學佛的目標，但要實現這一目標，就要次第升進，從凡夫發菩提心，到學菩薩行，再到進入菩薩地，這其中，菩薩道是最關鍵的。

印順的佛學思想中，從五個方面繼承了太虛的「人間佛教」理論：一是同樣直仰佛陀，「不屬於宗派徒裔」；二是認同菩薩道是佛法正道，菩薩行是人間正行；三是中國佛教應有世界胸懷，「不爲民族感情所拘弊」；四是擁護淨化社會，建設人間淨土目標；五是贊成佛教適應現代社會，關懷社會，進而提升社會。同時，在此基礎上，印順還對「人間佛教」進一步擴展爲嚴整的體系，印順指出：「人間佛教」的第一個出發點是現代「人」而非死人、鬼神，是由「人」出發浩浩蕩蕩地向菩薩、佛陀的境界前進。「人間佛教」的理論原則是「法與律合一」，「緣起與空性的統一」，以及「自利與利他的統一」。「人間佛教」所適應的時代傾向是「青年時代」，因而要重視

青年工作；是「處世時代」，因而要入世「傳播法音」，以利益人類；是「集體時代」，因而僧團組織「要更合理化」。居士也「可負起弘揚佛法的責任」，但應有健全的組織，以入世爲導向。人間佛教的修持「應以信、智、悲爲心要」。

在印順思想的影響下，他的出家弟子證嚴發起組建了慈濟功德會，她在《佛教慈濟功德會・序》中提倡「慈善、醫療、教育與文化四大單元於一爐」，「以理事圓融之智慧，力邀天下善士，同耕一方之福田，勤植萬蕊心蓮，同造愛的社會」，「以慈悲喜捨之心，起救苦救難之行，與樂拔苦，締造清新潔淨之慈濟世界。」慈濟功德會也正是以社會慈善事業爲入口，積極建立人間淨土。

佛光山星雲大師也同樣以弘揚「人間佛教」爲宗旨，致力推動佛教教育、文化、慈善、弘法事業，推動佛教的現代化進程。1990年，星雲在「佛光山佛教青年學術會議」中發表演說《人間佛教的基本思想》，提出「人間佛教」具有六重特性，即：「生活性」、「人間性」、「利他性」、「喜樂性」、「時代性」和「普濟性」。星雲的「人間佛教」思想也同樣是以「入世」爲核心的，「過去關閉的佛教、山林的佛教、自了漢的佛教、個人的佛教，失去了人間性，讓許多有心進入佛門的人，徘徊在門外，望而卻步」。「過去傳教者鼓勵信徒捨棄人間，拋棄妻子，入山修道，埋沒佛教的人間性，致使佛教衰微，了無生氣，是功？是罪？明眼人當可察知」。「不要把出世的思想，完全加諸於每一位佛教徒身上，讓他們有消極、厭世的想法，我們應該把樂觀、喜悅的佛教，來增進他們的幸福，增進他們的道德、慈悲，使他們的生活更美滿，這才是眞的佛陀示教的眞諦。」爲了進一步說明佛教應該「入世」，星雲大師進一步指出：「我們知道佛教的教主——釋迦牟尼佛，就是人間的佛陀。他出生在人間，修行在人間，成道在人間，度化眾生在人間，一切都以人間爲主。佛陀爲什麼不在其他五道成佛呢？爲什麼不在十法界中其他法界中成道，而降世在人間成道呢？再深入來看，佛陀爲什麼不在過去時間、未來時間成道，而在我們現世的婆婆世界成道？」星雲以釋迦牟尼佛爲例，

是想說明佛陀成佛在人間，那生活在世間的人都可以透過努力修行成佛。再說佛陀出生於世，是因眾生需要。如果沒有眾生，那要佛幹嘛？至於後來佛教強調出世精神，是說明要用出世心做入世事。

對於佛教應該如何開拓人類的心靈世界，星雲大師指出：「發心，就是建設自我；發展，就是建設世界。幫助自己要發心，幫助世間要發展。」具體地說，發心要發四種心：一要發慈悲心，怨親平等；二要發增上心，定慧等持；三要發同體心，人我一如；四要發菩提心，自在圓滿。發心之外，還要有四種發展：一要發展人性的真善美好；二要發展世間的福慧聖財；三要發展人際的和樂敬愛；四要發展未來的生佛合一。不難看出，這是純粹的人間佛教，從眾生位來觀察對治，由世間法進入出世法，發心為世間法，「怨親平等、定慧等持、人我一如、自在圓滿」為出世間法。筆者認為，由世間法進入出世間法，不容易。因為發心本身是妄心分別，種妄心因，想成就清淨心果，如同種豆想得西瓜。除非從豆到西瓜中間有一個如「毛毛蟲變蝴蝶」般的飛躍，即由事入理，方可成辦。如果用出世心做入世事，就容易成出世果。

「慈悲喜捨遍法界，惜福結緣利人天；禪淨戒行平等忍；慚愧感恩大願心」，這是不離世間的菩薩行內容。《星雲大師人間佛教語錄》中說明了人間佛教的具體含義：「五乘共法是人間佛教，五戒十善是人間佛教，四無量心是人間佛教，六度四攝是人間佛教，因緣果報是人間佛教，禪淨中道是人間佛教。」人間佛教的內容與條件是：「家庭溫暖、身心調和、生活淨化、處事愉快、人群融洽、環境潔淨、社會安定、國家承平、國際和平、佛土吉祥。」

在這裡值得一提的是，從稱呼上可以看到，現今佛教各大組織為人間佛教所作出的努力。佛光山在家居士彼此稱呼為「師兄、師姐」，尊稱星雲為「大師」。法鼓山在家居士彼此之間稱「菩薩」，尊稱聖嚴為「師父」。慈濟功德會，他們在家居士無論男女老少彼此稱呼為「師兄」，敬稱證嚴為「上人」。筆者認為，在建設人間佛教的過程中，稱菩薩更為合適，因為「如是因，如是果」，種菩薩因得

菩薩果。「師兄、師姊」似乎更加容易與社會大眾接近，但是，也容易被大眾拉跑。菩薩則不一樣，在叫出菩薩兩個字的時候，就是一種無形的鞭策，時刻警戒自己需要用菩薩的要求規範自己。

因此從人間佛教的理論基礎與實際行持來說，彌勒信仰是人間佛教有力的組成部分，也是其內在的根據之一。從上面幾大佛教團體的功課中看，其並未顯現出專修彌勒法門，命終上生兜率內院的痕跡。真正將太虛大師彌勒信仰繼承下來的是臺灣彌勒內院的慈航菩薩，接著是他的門生美國紐約東禪寺的浩霖老和尚，在他們的寺院一直保持著彌勒信仰的傳統與修持。縱觀現今社會，有很多網站與寺院都在修彌勒法門與弘揚彌勒信仰，為了構建一個和諧社會而添磚加瓦。

「人間佛教」是具有中國特色的佛教，其文化底蘊與殊勝因緣，突出表現在「人間佛教」的理論與實踐，以及在構建和諧社會的途徑上。

第四節　人間佛教之反思與正確認識

彌勒信仰注重人間性，不論是上生兜率還是下生人間，其著落點都在現實世間，都是為了建設人間淨土，這一思想是太虛大師「人間佛教」思想的理論來源和基礎，這也是太虛特別推崇、弘揚彌勒信仰的原動力，因此，彌勒信仰與「人間佛教」思想有著許多相通之處。

首先，彌勒信仰和「人間佛教」思想二者都關注人和人間，都重視人間的淨化。太虛的「人間佛教」思想，主要是以人類的生存發達與現代群眾為中心而設立的，這與彌勒信仰的持戒修福、彌勒下生時的人間淨土相應，彌勒下生成佛標誌著人間淨土的完成。

其次，彌勒信仰中彌勒的德行，有助於慈悲濟世、行善利他、提升心靈，並積極改造現實世界，努力創建人間淨土。太虛在《太虛大師的彌勒因緣》中，談到他對彌勒了解彌勒菩薩「以慈為姓者，具大因緣，故不但因地以慈為姓，即至果位猶名彌勒」，「常修慈心三昧，觀察一切眾生本性平等」，「彌勒菩薩常以歡喜笑臉迎人，不分

善惡慈心相向，平等施與，可做修此（利他）行者的代表人物」。而太虛大師的「人間佛教」思想也希望世人學習彌勒的大菩提心、深菩薩行，改善人間，特別重視一個人人格的完成。他曾說：「仰止唯佛陀，完成在人格。人成即佛成，是名眞現實。」太虛大師強調人生，重視人生，認爲一個人在成佛之前，首先應當過好現實人生生活，完善自己的品格，慈悲濟世，自利利他，與人建立起和諧的人際關係。只有世人道德素質提高了，精神昇華了，才能推動社會的文明進步，才能建設好彌勒經典中所描述的彌勒人間淨土。太虛大師認爲，彌勒菩薩能夠以凡夫身行菩薩行，我們世間眾生更應該效法彌勒精神，行菩薩道，從利益眾生中完善人格，建成理想的人間淨土。

第三、彌勒淨土思想提供了建設「人間淨土」的理想，建設人間淨土，是太虛大師等提倡的人間佛教之重要內容，所謂人間淨土，即是佛教的理想國，將在未來彌勒下生成佛時實現。對這一理想國，《長阿含經》之《轉輪聖王修行經》、《世紀經》，《中阿含經》之《說本經》、《轉輪王經》，以及《佛說起世因本經》、《彌勒下生經》等，有詳盡的描述，其特點主要有：自然環境極爲優美、潔淨、舒適，無荊棘坑坎穢濁塵埃，無旱潦等災患，無蚊蠅蚤虱蛇蠍等害蟲毒物，土地平整，風雨及時，氣候涼熱宜人，樹木繁茂，花香馥鬱，草坪青翠，水果甘甜，是人們理想中的天國、仙境；生活用品極其富足，地生自然粳米，眾味具足，衣服、樂器等皆從樹上自然出現，「財寶豐饒，無所匱乏」，無有貧窮，無有因物質財富不足所引起的種種苦惱、爭鬥；人們的道德水準極大提高，皆行十善，貪瞋癡等煩惱淡薄，「人心均平，皆同一意，相見歡悅」，互愛互敬，沒有語言隔閡。政治清明，永絕戰爭之患；人口眾多，村鎮「雞鳴相接」；人皆形貌端正，身無疾患，壽命長達八萬四千歲，可謂人皆如意。

彌勒應該可以看成是「人間佛教」的初祖，而從繼承彌勒菩薩開創的大乘菩薩行，到「人菩薩行」，再到「今菩薩行」與「菩薩學處」，貫串太虛大師、星雲大師、聖嚴師父等人間佛教思想發展的不變主線，始終是從「做人」出發的現代菩提道思想。正如太虛以身作

則的表示：「我今修學菩薩行，我今應正菩薩名。願人稱我以菩薩，不是比丘佛未成。」

人間佛教的出現，是應運時代發展的需要，是爲了建設一個人間淨土而服務的。人間淨土的實現是靠人人努力來共同構建的。筆者認爲這固然可以改善社會，淨化大眾心靈，但是，按照這個思路發展弘揚，那應該止步於理想，而無法實現。誠然，如樓宇烈教授所說：「中國傳統哲學的精髓是人文精神，以人爲天地萬物的核心，把人的道德精神的自我提升與超越放在首位。因此，在中國傳統文化中有兩個十分顯著的特點，即：一面是高揚王權淡化神權，宗教觀念相對比較淡薄；另一面是高揚義理節制物欲，道德自我完善的觀念深入人心。」這是具有中國特色的基本國情，他認爲：「在中國傳統哲學的人文精神中，包含著上抵拜神教，下防拜物教的現代理性精神。」可是現今社會的情形是：「由於物質文明的高度發展而帶來的拜金主義和拜物教，以及由此而造成的自我失落和精神空虛。」因此，他提倡並呼籲：「以中國哲學的人文精神來提升人的精神生活、道德境界來加以抵禦」。[327]《地藏經》云：「末法眾生，其性剛強，難調難伏」。

一、人間佛教的反思

自太虛大師弘揚人間佛教至今，佛教是眞的走向人間，如佛光山、慈濟等佛教團體，對人間佛教作出了可圈可點的貢獻。但是，「物無美惡，過則爲災」，似乎有種過分地迎合社會，無形中削弱了自身出世的修行。不是說人間佛教不好，而是有些佛教被過度人間化，甚至庸俗化。

當來下生彌勒之人間淨土的概念是否成立？需要愼重考察，若從

---

[327] 樓宇烈，《建設和發展具有中國特色的人間哲學》，國學網，www. guoxue.com.

究竟義理上來推斷，那要想成爲淨土，那應該是達到蓮花化身，起碼也是超出六凡而至四聖境界，否則，則不能稱爲淨土。如果硬冠名爲淨土，那只是相對的有爲有相之淨土，如果這樣，那就失去佛教聖潔的意義。假如末法眾生現在發無上菩提心，發願上生兜率，命終如願上生彌勒菩薩前，那時，應該是蓮花化身的菩薩，待到隨彌勒下生成佛龍華三會時，所證果位應該是在各自對應的菩薩十地。按照這個邏輯推理下去，那對彌勒行者來說，應該是菩薩淨土，而非人間淨土。

根據本章第一節討論，淨土本自具足，無須另外再建一個淨土，況復人間淨土。人間淨土的建設，好像是大家的事，跟自己無關，這是人的劣根性使然。彌勒下生之人間淨土，是爲了接引眾生的權巧方便，若渡河之舟、治病之藥，不可執取。

在人間佛教推行至今，佛教的負面現象表現突出：

一、寺院本來是社會中一片心靈淨土的故鄉，現在卻成爲商人們尋找商機的戰場。商人投資建廟，還有承包寺廟，進入寺廟，有種進商場超市的感覺。

二、寺院住持的選拔與管理制度基本商業化，寺院住持並不是按照傳統規矩選拔，那種德才兼備、修行有道、住化一方的高僧大德甚少。如今的寺廟當家或方丈相當於公司的CEO。寺院的管理制度與社會上的管理模式一模一樣，更有甚者，有的寺院就直接聘請管理公司幫忙管理。

三、弘揚正法者少，致使信眾眞假難辨。坑蒙拐騙的假和尚充塞社會，嚴重影響到社會大眾對佛教的印象。根據鳳凰網華人佛教報導：「假和尚有六十萬，據靜波法師講，北京藏語系高級佛學院有一個副院長，他來到極樂寺，說了一個信息：『在北京市，有五百多位假活佛被大老闆所包養。』我說：『不可能吧！』『我們說的是比較準確的信息。』」第二個信息：一個專家統計，全國的眞和尚有二十二萬，假和尚有六十萬。」這已經不再是佛教內部問題，而應該是社會現象問題。如果無利可圖，哪會有那麼多假和尚出現呢？

四、古德云：寺院不在大小，只問有道無道？現如今卻以寺廟大

小貧富來判斷一個主持的成功與否，「弘法是家務，利生為事業」的本分事早就拋到九霄雲外去了。

五、講經法師真正做到安貧樂道，經懺法師則如眾星捧月般的被信眾們供養與擁戴，把和尚當成一種職業，甚至結婚生子，因宗教條例法的執行，辦假離婚，這種亂象似乎已被司空見慣。

想當年，太虛大師就是因為看到這些不正常的現象，才發心弘揚人間佛教，努力建設人間淨土。將近一個世紀過去了，在人間佛教的影響下，佛教得到了改善，還是社會得到了改善呢？原來寺院在人們心目中的聖潔崇高已經蕩然無存，本來想讓佛教走進人間，度化社會大眾，結果佛教卻被大眾給「度化」世俗了，沾滿污垢或滿身灰塵的佛教，如何洗去身上的塵垢，還歸原有聖潔的面容呢？這是一個必須引起所有正信佛教徒反思的問題。

人間佛教思想的提出是具有一定的時代性，是專門針對當時佛教中所存在的弊病：隱居山林做自了漢，只顧自身修行解脫，專為死者誦經超度的……而真正的佛教是可以指導人們的現實生活，引領大眾進行福慧雙修，體會「人成即佛成」的境界。太虛大師對此明察秋毫，於是根據《彌勒下生經》中的人間淨土，想到現實建設人間淨土：既然未來彌勒之人間淨土可以實現，那說明有一定的可行性，於是，就提出透過弘揚人間佛教，來努力建設人間淨土。殊不知，末法眾生，其性剛強，難調難伏。未來彌勒之人間淨土與目前在人間佛教指引下建成的人間淨土，在時間與眾生的根性上有著根本區別。一個是在彌勒下生成佛、轉輪聖王出世、龍華三會菩薩證果、人民貪嗔癡淡薄（不生現行）等淨土世界，而我們現在則是末法五濁惡世時期，群魔亂舞、邪師盛行。如果在末法時期提倡人間佛教，勢必導致上面佛教亂象。其原因是，眾生本來著相，人間淨土亦是相，由相到相，怎麼糾纏都不會究竟。如果這個時候談建設人間淨土，筆者只能說是一個無法實現的理想，容易弄巧成拙，畫虎不成反類犬。那麼，難道我們應該坐視不管嗎？當然不是。我們必須重新審視佛教的真正意涵。

二、自淨其意

「諸惡莫作、眾善奉行、自淨其意、是諸佛教」。所有宗教基本都教人「諸惡莫作、眾善奉行」，「自淨其意」則是佛教與他教不同之處。「自淨其意」之「自」，應該是自他一如的意思，與經首「如是我聞」的「我」意義相近。「自淨其意」首先確定了修行的方向，應該是向內「淨」，而不是向外尋找一個「淨」。上文多次提到十方淨土盡在一心之中。人間佛教指引下的人間淨土也不應該例外。「自淨其意」的第二層意思是回歸自性，找回自己的本來面目。若從究竟意義上來說，根本不需要找，本來就在，從未離開，只因我們心動意亂、無暇顧及，故需要「淨其意」。「自淨其意」的第三層意思，不生意識分別，離相去執。只有在「離相去執」的前提下，所進行的「諸惡莫作，眾善奉行」才是無為的，可供見自本性的資糧。從這裡可以看出，要想真正悟透「自淨其意」之玄旨，進入佛教聖潔的殿堂，那「自性清淨」就是打開或者正確解讀人間佛教的金鑰匙。

自性到底是清淨還是污染的，樓宇烈先生認為：「在原始佛教之理法中，尚無『心本性清淨』、『本源自性清淨』等『心性本淨』的說法。而且如果從釋迦牟尼之出家原因，以及初期所說的『四聖諦』、『八正道』等理法來看，甚至可以說原始佛法是把染汙看作眾生的主要特徵的。」[328]這是從原始佛教佛陀應機度生的角度來觀察，若是從大乘《華嚴經》的角度來探究佛陀證悟自身，則會發現從佛陀開悟的那一刻開始，自性清淨的觀念就一直與佛教緊密相連。佛陀證道後，向宇宙法界宣稱：「奇哉！奇哉！此諸眾生云何具有如來智慧，愚癡迷惑，不知不見？我當教以聖道，令其永離妄想執著，自於身中得見如來廣大智慧與佛無異。」[329]這說明眾生本具如來智

---

[328] 樓宇烈，《禪宗「自性清淨」說之意趣》，《燕京學報》新四期，北京大學出版社，1998年5月。

[329] 唐·實叉難陀譯：《大方廣佛華嚴經·如來出現品第三十七之二·卷五十一》，《大正藏》第10冊，頁272下-273上。）

慧，因妄想執著而不知不見。佛陀之所以這樣說，就是因爲佛陀與眾生之「本具自性清淨」是無有差別的。

到了部派佛教期間，自性清淨還是染汙的爭論，發生在上座部與大眾部等部派之間。根據樓宇烈先生的研究，發現：「從部派佛教的說一切有部，都以常人之心爲具貪、嗔、癡妄見之雜染心，亦即心本性非淨；所謂解脫，乃是以佛法聖道對治貪、嗔、癡三毒，斷離此雜染心，然後生起一清淨心。而部派佛教中的大眾等諸部則認爲，清淨乃是心之本性，雜染只是心之客相，相染性淨，其體無異；故所謂解脫，乃是以佛法聖道去染還淨，而非另求一清淨心。」[330]這裡清晰地提供出上座部與大眾部各自的觀點，對進一步深入理解他們爭論的焦點與主張有指導性作用。下面走進他們中間，一窺廬山眞面目。

上座部之說一切有部主張雜染心是本有的，需要佛陀聖道來對治或清洗內心的貪、嗔、癡等無明煩惱，清洗之後剩下的是清淨心。以水爲喻：

「如世尊言，貪等煩惱雜染心故，令不解脫。由此證知，貪等斷故，不染汙心，名得解脫。如濁水滅，後水生時，離濁澄清，名爲淨水。如是，與染俱行心滅，依淨相續諸心轉時，離縛而生，名爲解脫；未離染者，不染汙心依有染身，似變異轉，如雜血乳，不名解脫。」[331]

上段說明：1）貪等煩惱是雜染心，爲不解脫；2）解脫就是斷貪等煩惱，爲不染汙之清淨心；3）先有染汙心，用聖道斷貪等煩惱之染汙心，依淨相續，得解脫，然後有清淨心；4）清淨心與染汙心都依染汙色身而居。很顯然，本有雜染心包括清淨心與染汙心，清淨心與染汙心是相對存在，清淨心是在依淨相續去除染汙心之後得到的，

---

330 樓宇烈：《禪宗「自性清淨」說之意趣》，《燕京學報》新四期，北京大學出版社，1998年5月。

331 尊者眾賢造，唐・玄奘譯：《阿毗達磨順正理論・辨聖賢品第六之十六・卷七十二》，《大正藏》第29冊，頁732下。

如離濁澄清得淨水。既然清淨與染汙是相對存在的，無論如何依淨相續，染汙都會存在。要不然，清淨就成爲絕對永恆之唯一，就墮入外道之常見。

大眾部的主張「眾生心性本淨，客塵所汙」，在《隨相論》中有所表述：

「如僧祇等部說，眾生心性本淨，客塵所汙。淨即是三善根，眾生無始生死已來有客塵，即是煩惱，煩惱即是隨眠等煩惱，隨眠煩惱即是三不善根。由有三善根故，生信智等，信智等生時，與三善根相扶，故名相應；由有三不善根故，起貪嗔等不善，不善生時，與三不善相扶，故言相應。若起邪見，斷三善根，三善根暫滅，非永滅，後若生善，還接之令生；若斷三不善根者，斷則永不生，最勝息故，名永離者。」[332]

僧祇等部說主張眾生心性本淨，但是爲客塵所汙。眾生無始以來心性本淨，爲隨眠等煩惱之客塵所染汙。由不貪、不嗔、不癡三善根生信智，而信智反資三善根，信智與三善根相扶增上；貪、嗔、癡三毒與三不善根相應。邪見斷三善根，善根暫時斷滅非永遠滅盡，如果生善時，三善根還接著生起，究其原因是三善根是本淨，三善根生信智等，心性本淨與心智相應，並扶助三善根不斷；但是如果斷三不善根，此斷爲永遠斷滅不生，因爲抵達最爲殊勝寂滅的緣故，稱之爲永離解脫。這裡心性本淨與客塵、善與不善爲相對二法，其實，善與不善皆爲心性本淨之幻化客塵，心性本淨與幻化客塵又是涅槃解脫之浮雲，而涅槃是不可說的。因此，此處心性本淨是建立在善與不善的基礎之上而說的。爲了理清大眾部的心性本淨的觀點，有必要作進一步探討。《大毗婆沙論》中有代表大眾部觀點之「一心相續論者」來仔細詳究：

---

332 德慧法師造，陳‧真諦譯：《隨相論‧卷上》，《成實論‧卷三‧心性品第三十》。《大正藏》第32冊，頁163中。

「或有執但有一心，如說一心相續論者。彼作是說：有隨眠心，無隨眠心，其性不異。聖道現前，與煩惱相違，不違心性，爲對治煩惱，非對治心。如浣衣、磨鏡、煉金等物，與垢等相違，不違衣等。聖道亦爾。又此身中，若聖道未現在前，煩惱未斷故，心有隨眠；聖道現前，煩惱斷故，心無隨眠。此心雖有隨眠、無隨眠時異，而性是一。如衣、鏡、金等，未浣、磨、煉等，名有垢衣等，若浣、磨、煉等已，名無垢衣等。有無垢等，時雖有異，而性無別。心亦如是。」[333] 這段是說，有一相續之心，與隨眠煩惱相應，則爲染汙，如浣衣、磨鏡、煉金等物；與聖道對治並斷除隨眠煩惱相應，則爲清淨，如衣、鏡、金等。無論清淨還是染汙，體性不異。染汙遮覆清淨，如雲遮日月，只需用聖道掃雲即可。日月不會因爲雲遮雲散而有變化，所以說其性不異。大眾部強調的是「心雖有隨眠、無隨眠時異，而性是一」。相續、時異落於時間概念的有爲法，對「一心相續、其性是一」本身的執著，就是染汙的。因此，此處心性本淨，就是樓宇烈先生在上面說提到的「清淨乃是心之本性，雜染只是心之客相，相染性淨，其體無異」。大眾部把「心性本淨」坐實的本身，是不究竟的。大乘佛教注意到了這一點，於是把心性本淨的觀念，升級爲諸法性空、假有、無生等內容，後來，與阿賴耶識緣起、如來藏緣起、法界緣起等理論體系聯繫在一起。

大乘《金剛經》對心性本淨的主張就是無住生心，經云：

「諸菩薩摩訶薩，應如是生清淨心：不應住色生心，不應住聲、香、味、觸、法生心，應無所住而生其心。」[334] 這說明清淨心的生起就是離相，就連清淨心之相也要離，無心可得。經云：「佛告須菩提，爾所國土中所有眾生若干種心，如來悉知。何以故？如來說諸心

---

333 五百大阿羅漢等造，唐・玄奘譯：《阿毗達磨大毗婆沙論・卷二十二》，《大正藏》第27冊，頁110上。

334 後秦・鳩摩羅什譯：《金剛般若波羅蜜經》，《大正藏》第8冊，頁749下。

皆爲非心，是名爲心。所以者何？須菩提，過去心不可得，現在心不
可得，未來心不可得。」

正因爲無心可得，這才是眞正所證之心。

六祖惠能就是因爲聽到五祖弘忍講《金剛經》至「應無所住而生
其心」，而悟自本性。經云：「惠能言下大悟，一切萬法，不離自
性。遂啓祖言：『何期自性，本自清淨；何期自性，本不生滅；何期
自性，本自具足；何期自性，本無動搖；何期自性，能生萬法。』祖
知悟本性，謂惠能曰：『不識本心，學法無益；若識自本心，見自本
性，即名丈夫、天人師、佛。』」335

原來心性本淨，發展到這裡，升級爲自性清淨。自性具有本自清
淨、本不生滅、本自具足、本不動搖和能生萬法的特性，是人之本來
面目。學習佛法的目的就在於認識自性、了解自性、找回自性。要
不然，正如五祖所言：「不識本心，學法無益」。那怎樣才能識自
本心呢？《六祖大師法寶壇經》開始就開門見山：「大師告眾曰：
「善知識！菩提自性，本來清淨，但用此心，直了成佛。」336這裡
在自性前面加了菩提，爲菩提自性，菩提即是般若。爲了說明這個
般若，六祖專門講了一品。教導學人念「摩訶般若波羅蜜」，並詳細
解釋。經云：「自性能含萬法是大，萬法在諸人性中。若見一切人，
惡之與善，盡皆不取不捨亦不染著，心如虛空，名之爲大，故曰摩
訶。」337對世間人事諸物之善惡，物來則顯，物去不留，不取不捨
亦不執著，心包太虛，量周沙界。但是，六祖提醒到：「善知識！心
量廣大，遍周法界，用即了了分明，應用便知一切。一切即一，一即

---

335 弟子法海集錄，元・宗寶編校：《六祖大師法寶壇經》，《大正藏》第
　　48冊，頁349上。

336 弟子法海等集錄：《六祖大師法寶壇經》，《大正藏》第48冊，頁347
　　下。

337 弟子法海集錄，元・宗寶編校：《六祖大師法寶壇經》，《大正藏》第
　　48冊，頁350中。

一切。去來自由，心體無滯，即是般若。善知識！一切般若智，皆從自性而生，不從外入。」[338]心量不但要遍周法界，而且，起用時要了了分明。如空中鳥跡，飛鳥振翼，了了分明，但不留痕跡，似船過水無痕。然後清楚，世間萬象，如《金剛經》所云：「一切有爲法，如夢幻泡影；如露亦如電，應作如是觀。」既然是幻化不實，爲一清淨心上之幻塵緣影，也是自性清淨心能生萬法的外在表現，這樣，起用之自性清淨心與世間諸法就是「一即一切，一切即一」的關係。如金獅子之千萬毛髮咸歸一金獅子，一金獅子具千萬毛髮，每一根毛髮皆可代表一金獅子，也是無數金獅子，如基因複製。能於一毫端轉大法輪。「須彌納芥子，芥子納須彌」，來去自由，心體無礙，這就是般若。六祖補充說明到：「般若無形相，智慧心即是。」[339]在《金剛經》中說般若是三世諸佛之母。修行、證悟、度生都離不開般若。因此，菩提自性是由般若來開啓。接著六祖繼續解釋：「何名波羅蜜？此是西國語，唐言到彼岸，解義離生滅。著境生滅起，如水有波浪，即名爲此岸；離境無生滅，如水常通流，即名爲彼岸，故號波羅蜜。」[340]著境如水有波浪，流轉生死；離境則如水流通暢，任運自在，不生不滅。這裡其實解決了佛教終極問題，即當清淨心現前時如何？或法華經上說三乘歸一，一歸何處？當宗本見六祖時就問：

「黃梅付囑，如何指授？」惠能曰：「指授即無；惟論見性，不論禪定解脫。」宗曰：「何不論禪定解脫？」能曰：「爲是二法，不是佛法。佛法是不二之法。」[341]

---

338 弟子法海集錄，元・宗寶編校：《六祖大師法寶壇經》，《大正藏》第48冊，頁350中。

339 弟子法海集錄，元・宗寶編校：《六祖大師法寶壇經》，《大正藏》第48冊，頁350中。

340 弟子法海集錄，元・宗寶編校：《六祖大師法寶壇經》，《大正藏》第48冊，頁350中。

341 弟子法海集錄，元・宗寶編校：《六祖大師法寶壇經》，《大正藏》第48冊，頁349下。

此處「不論禪定解脫」，似乎與彌勒之「不修禪定，不證涅槃」一脈相承。六祖是惟論見性，彌勒未曾言說，但是釋迦佛給彌勒授記。這存在見性與離言兩個問題，見自己清淨之心，而這清淨心亦不可執取，若自性真正現前，那就到了離言絕相，言亡慮絕，動念即乖，如人飲水，冷暖自知的超脫自在境界。

眾生眼中見時間有生滅、動搖、染淨、有無等二法的對立，透過般若智慧打破二法的分別，去除執著，見自性之不二之法，即是本不生滅、本不動搖、不垢不淨之本自清淨、本自具足。佛教講不二中道之法，在於說明世界的本來面目是離言絕相、心行處滅、動念即乖的究竟實相，但是實相無相，一默驚雷。

三、正確認識人間佛教

人間佛教的概念提出是無可厚非的，如何去解讀非常關鍵。根據六祖惠能，「外若著相，內心即亂；外若離相，心即不亂。」[342]

若從相上說，是為邪說；若從性上說，是名正說。這就是為什麼筆者在第四章第一節重點提出淨土本自具足的觀點。若從性上說，自然就是本自清淨、本自具足、本不生滅、本不動搖、能生萬法，這才是人的本來面目。人是清淨心中影現十法界中的其中一界，人法界亦具十法界。人之所以不能見自本來面目，是因為動心著相執境、一葉遮目，著一相而丟天下，甚至整個世界。所以，要想見到自己本來面目，那就要先學會息心，讓心休息，息即菩提。如何息心見性呢？

要想見性，就要知道對治之方。佛說一切法，為治眾生病。病癒則藥除，故《金剛經》中說：「知我說法，如筏喻者，法尚應捨，何況非法」。[343]眾生病在於六根不斷向外馳求外在六塵而生六識，

---

342 弟子法海集錄，元·宗寶編校：《六祖大師法寶壇經》，《大正藏》第48冊，頁353中。

343 後秦·鳩摩羅什譯：《金剛般若波羅蜜經·正信稀有分第六》，《大正藏》第8冊，頁749中。

經過第七末那識恒審思量送到第八阿賴耶識處，作爲經驗加以保存，這叫現行熏種子。然後待因緣和合，由執著第八識爲自我的第七識傳送到前六識，這叫種子生現行。就這樣種子生現行，現行熏種子，不斷反復輪迴而迷失自我。要想截斷生死流，就必須讓慈恩六根向外馳求的妄心停止，息下妄心則菩提自然現前，所謂息即菩提。可息心並非易事，六祖就指導我們用對治的方法：「邪來正度，迷來悟度，愚來智度，惡來善度，煩惱來菩提度。如是度者，是名眞度。」[344]用正能量來對治負能量，對治結束就放下。猶如雙木摩擦生火，薪盡火滅，無垠虛空自然現前。

六祖要求學人從三個方面下手見自本性，即無念、無相、無住。無念爲宗就是以不生分別虛妄之心爲宗旨。如六祖對惠明開示說：「汝既爲法而來，可屏息諸緣，勿生一念，吾爲汝說。」良久，謂明曰：「不思善，不思惡，正與麼時，那個是明上座本來面目？」惠明言下大悟。[345]屏息諸緣，不思善不思惡，不思就是息心。六祖解釋無念時說：「善知識！于諸境上心不染，曰無念，於自念上常離諸境，不於境上生心，……所以立無念爲宗。」[346]如空中鳥跡，飛鳥在空中，兩翼上下清楚分明，無須起心動念，只管振翅前行，但在空中不留任何飛行痕跡，所以，鳥才可在空中自在翱翔。菩薩境界就如鳥兒在空中自由飛翔，故有遊戲人生之說。行者修行亦應如是，吃飯睡覺不生分別，但又不是不知，了了分明。前念不生，後念不滅，現念不住。前念不生情執之心，後念讓此不分別之心不滅，但這不生不滅之心亦是不可執取。前念不生即心，後念不滅即佛，成一切相即

---

344 弟子法海集錄，元·宗寶編校：《六祖大師法寶壇經·懺悔品第六》，《大正藏》第48冊，頁354上。

345 弟子法海集錄，元·宗寶編校：《六祖法寶壇經·自序品第一》，《大正藏》第48冊，頁349中。

346 弟子法海集錄，元·宗寶編校：《六祖法寶壇經·定慧品第四》，《大正藏》第48冊，頁353上。

心，離一切相即佛。

無相爲體就是離四相，知一切相都是虛幻，如夢泡影之不實，如露如電之短暫。所以要外離一切相，離相則法體清淨。

對於「無住爲本」，六祖解釋說：「無住者，人之本性，於世間善惡好醜，乃至冤之與親，言語觸刺欺爭之時，並將爲空，不思酬害，念念之中，不思前境。若前念、今念、後念，念念相續不斷，名爲系縛，于諸法上，念念不住，即無縛也，此是以無住爲本。」[347] 若念念不住，即無繫縛，自性隨之而現。但是自性本無一法可得，若有所得，妄說禍福，即是塵勞邪見。行者若能從無念、無相、無住中當下直取自性，則可見性成佛。

這些修行功夫是出家人或佛家弟子所要掌握並照之實修的本職功課。出家人就該在寺院道場修道，要守本分。當信眾需要佛法甘露時，要眞有甘露法乳施捨，而不是心靈雞湯。佛法僧稱之爲三寶，既然是寶，就比較尊貴。應該是讓人來求寶，而不是賤賣。所以，人間佛教是解決人的問題，但不是走到人間社會中去，若想去，那就要有布袋和尚、濟公活佛那樣的境界才行。

「人能弘道，非道弘人」。佛教僧侶要有道才行。問題是在選拔住化一方的主持時，應該先問一下，他是僧寶嗎？有法寶可傳嗎？升任方丈未曾講過一經一論者，如何能夠住持正法呢？如果不能講經，那能像廣欽老和尚那樣德化一方也行。寺院如果選對人，那就不擔心自身純潔問題了，佛教正氣就會慢慢抬頭。用樓宇烈教授的話說：「廣泛地去關心現實社會和人生中所提出的各種問題，並積極地去指導它、解決它。」要做到「極高明而道中庸，也即是儒學中反復強調的上學下達，知而能行，知行合一等等。」[348]

---

347 弟子法海集錄，元・宗寶編校：《六祖法寶壇經・定慧品第四》，《大正藏》第48冊，頁353上。

348 樓宇烈，《建設和發展具有中國特色的人間哲學》，國學網，www.guoxue.com.

對出家人應該用戒律來幫助他們修行，可以為他們製造一個很好的修行環境，一些日常必需品由寺院統一調配。如果在寺院無利可圖，那就可以斷絕教內教外很多憂患，讓真正想修行的人留下。

因此，在宣導人間佛教、建設人間淨土中，筆者比較贊同法鼓山「心靈環保」的道風。主張從自性下手，如六祖所說：「前念迷即凡夫，後念悟即佛。前念著境即煩惱，後念離境即菩提。」[349]出家人重在禪修與領眾打七。對在家居士推行「心六倫」，居士之間互稱「菩薩」。這些都是合乎佛陀正法，與彌勒信仰的理念相一致。

六祖惠能有偈云：「佛法在世間，不離世間覺；離世覓菩提，恰如求兔角。正見名出世，邪見是世間；邪正盡打卻，菩提性宛然；此頌是頓教，亦名大法船；迷聞經累劫，悟則剎那間。」[350]祖師正是老婆救子心切，苦口婆心，唉！不雨花猶落，無風絮自飛。

---

349 弟子法海集錄，元・宗寶編校：《六祖大師法寶壇經》，《大正藏》第48冊，頁350中。
350 弟子法海集錄，元・宗寶編校：《六祖大師法寶壇經》，《大正藏》第48冊，頁351下。

全文總結

　　本文以彌勒信仰為研究對象，對包括彌勒信仰在印度的起源、發展及其演變，做了深入探討與研究，釐清了不同時期彌勒信仰特徵及其對漢傳佛教的影響等問題。

　　彌勒信仰在印度有三種形態：未來佛信仰、下生信仰與上生信仰。傳至漢地，除了承繼傳統的彌勒信仰之外，與本土文化相結合演變成本土化的彌勒信仰。最明顯的就是布袋和尚、民間異化彌勒信仰與人間佛教，而這三者似乎跟彌勒下生信仰有著千絲萬縷的聯繫。

　　未來佛彌勒信仰的形成是以阿含彌勒經的出現為標誌。未來佛彌勒信仰的教法、修持以及心靈皈依都是秉承釋迦教法，依之聞修，有望龍華三會得見彌勒，彌勒成佛是在久遠的未來，佛境豐饒是人們對純潔善良美好生活的響往；修行是以「出要為樂」，命終生天，並未言何天，更沒有提及兜率天。

　　彌勒下生信仰是以四部舍利弗系彌勒經典為依據。《彌勒大成佛經》是彌勒下生信仰發展成熟的標誌。下生信仰中針對聲聞了生死與入涅槃，提出「不求斷結，不入涅槃」專門利他的菩薩思想；對聲聞之斷煩惱與修禪定，提出「不斷煩惱，不修禪定」以開發般若智慧的自利菩薩思想。正因為這種自利利他的菩薩思想，彌勒比丘贏得了釋迦佛給他的授記。「慈心不殺，不食眾生肉」成為彌勒之本具性德。自彌勒下生信仰之後，「慈心」就成為彌勒的代名詞，一提起彌勒就想到他的慈心。

　　下生信仰主要包括未來彌勒佛與彌勒佛之人間淨土信仰。有研究認為，這個時期的信仰特徵是：心理皈依對象發生了根本性的改變。把已經涅槃的釋迦佛變為過去佛，未來彌勒佛成為現在佛。筆者認

為，釋迦佛儘管已經涅槃，但釋迦時代並未結束，而彌勒是在久遠的未來成佛，並未下生，他的時代還沒有到來。如果把彌勒下生信仰解讀為「釋迦佛已成過去佛，未來彌勒佛成為心理皈依的現在佛」，那這種觀念容易將正統的彌勒信仰導向民間非正統異化彌勒信仰。如果認為彌勒已經下生，那麼與之相應的人間淨土又當如何理解？於是就有打著彌勒下生的旗號，為了實現所謂理想的人間淨土而造反？自釋迦佛涅槃後，至未來彌勒佛下生前，應該皈依的是於兜率內院說法度生的彌勒菩薩，而不是彌勒佛。只有這樣理解，此後出現彌勒上生信仰才能夠順理成章。

彌勒上生信仰的形成，是以《佛說觀彌勒菩薩上生兜率天經》為依據，意謂著彌勒信仰體系的完善。上生信仰解決了生命週期結束後該往何處去的問題。上生信仰的建立，主要基於原始佛教時期的生天思想和未來佛彌勒信仰的流傳階段，並受到了當時社會上流行的淨土思想的影響。稱名念佛概念的引進，使原本以自力為主的修行，加入了他力的元素，使上生兜率淨土變得更加容易。

彌勒淨土包括彌勒菩薩的兜率淨土與彌勒尊佛的人間淨土。兜率淨土是菩薩化土，專為接引釋迦佛未度完的末法眾生。西方淨土則是報土。佛陀之報身是般若智慧的積集，具有三十二相八十隨行好的莊嚴之相。兜率淨土屬於菩薩化土，諸佛的化身是功德資糧的積集。化土偏重在修行福德資糧的聚集，報土偏重於般若智慧的集聚。他力是指佛菩薩願力成就給淨土行者的加持力，只能局限在世間的福慧加持，但是出世間的福慧則需要自力來完成。在他力加持下的福德易修，而只能靠自力修行的般若智慧難成。因此，兜率淨土的彌勒菩薩化土易生，而西方淨土的阿彌陀佛報土難往。其實，十方淨土皆是度生工具，本無高低、優劣、好壞之分，只是對治不同根性眾生而已。若從究竟第一義來說，十方淨土皆在一心之中，正所謂心淨則國土淨是也。

筆者對彌勒尊佛的人間淨土提出疑議，焦點是在龍華三會上，所證到的是否是阿羅漢果位呢？按照彌勒上生信仰，發願上生兜率就必

須發無上菩提之大願，那上生兜率後，應該是菩薩蓮胎，隨彌勒下生成佛，龍華會上所證果位應該是菩薩果位才對，爲什麼在阿含彌勒經與彌勒下生經中明確寫清是阿羅漢果呢？這說明這些經典的製作完成應該是在大乘興起初期，菩薩思想並未完善，當時佛弟子心中極果還是阿羅漢。

　　彌勒信仰傳到漢地後，以上生信仰爲主是東晉道安、唐代玄奘；以下生信仰爲主，是民間彌勒信仰，包括正統與非正統，正統一支以布袋和尚爲代表，非正統是指打著彌勒下生之名進行起義或叛亂的欺世盜名之輩。近現代的太虛則是兼弘上生與下生二信仰，爲弘揚上生信仰創建慈宗，爲宏宣下生信仰提倡人生佛教，建設人間淨土。

　　東晉時期，以道安爲首的彌勒信仰主要是上生信仰，流行於上層社會。主張發願上生兜率天，親近彌勒菩薩，除疑解惑。上生的目的在於不退轉與未來隨彌勒下生成佛，最終在龍華三會中得度。

　　隋唐時期，以玄奘爲首的彌勒信仰重點在上生兜率，親近彌勒尊佛，在高僧間與上層社會盛行。他們認爲彌勒菩薩的兜率淨土只是彌勒佛的化現而已，上生兜率直接見彌勒尊佛，見一佛則可以見十方佛，見十方佛即是自性佛顯現，自性是佛，這樣就達到了修行目的。至於下生，他僅止步於隨彌勒下生成佛與龍華三會，基本沒有提及彌勒佛之人間淨土。究其原因，應該是悟透佛陀玄旨，了知彌勒佛之淨土與西方極樂淨土一樣都是度生工具，是「化城」，眞正抵達時也許又是另外一個妙不可言的淨土境界。

　　唐末五代至清代，民間彌勒信仰盛行，在中下層社會大眾中備受歡迎。布袋和尚，彌勒菩薩的化身，爲漢傳本土化所獨有的彌勒信仰。從兜率天宮到人間，從菩薩到人間比丘，由上升問法到走進社會大眾，從天宮之言教到人間之身傳等等，讓社會大眾更全面立體地了解彌勒菩薩。彌勒的般若智慧主要體現在：深切了悟禪定與解脫爲相對二法，不斷煩惱開發般若智慧以上契諸佛之理，不證涅槃解脫專利他人以下化眾生，加上他用般若智慧無住於自利利他之菩薩行。正因爲他能解答所有般若智慧的問題，所以，他成爲般若智慧的化身，除

此之外，他的事蹟與所留詩歌，無不讓人體會到「慈顏歡笑」與「大肚包容」之彌勒精神，在禪宗中所特顯出來的般若則是上上根機與之神交密碼。

民間非正統異化的彌勒信仰，其實就是那些打著「彌勒下生」旗號進行造反者，他們宣稱彌勒佛已經下生，或乾脆自稱是彌勒佛降世。只強調彌勒佛之人間淨土的殊勝，忽視了如何修行才能到達的境界，對彌勒信仰中的慈心等施、五戒十善、般若智慧以及利他的菩薩行置之不顧。除了把「彌勒下生」當成救世主之外，與彌勒信仰毫無瓜葛。這種被異化的彌勒信仰，不但欺騙了無辜的民眾，置他們生死於不顧，讓社會處於動盪不安戰火不斷的年代，而且嚴重傷害到正信的彌勒信仰，阻礙了彌勒信仰正常發展的腳步。

彌勒信仰在太虛的大力推動下重見天日。太虛為弘揚彌勒上生信仰而創建「慈宗」，針對當時佛教在社會上的弊端，參照彌勒尊佛之人間淨土，宣導「人生佛教」，認為透過大家善業增上，可以感得彌勒早日下生，從而提倡建設人間淨土。「人生佛教」的提出具有時代的使命感，主要是為向社會大眾宣揚真正的佛教，以正視聽。太虛的「人生佛教」，在現代高僧大德們的推動發展下演變成「人間佛教」。佛陀因眾生需要而出現於世，開示悟入佛之知見，而佛之知見唯佛與佛乃能究竟了知。這也是佛教「自淨其意」的內容。解開「自淨其意」的鑰匙，應該是菩提自性之般若智慧，彌勒就是悟透般若玄旨以「不斷煩惱，不修禪定」與「不求斷結，不入涅槃」而被佛陀授記。二乘聲聞對此尚且存疑待佛解惑，更何況凡夫眾生？那如何解讀「人間佛教」與彌勒下生之人間淨土呢？

彌勒上生信仰，是要求釋迦佛未度完眾生，經信願行在一期生命結束時上生兜率淨土，而成菩薩蓮花化生待因緣成熟，彌勒下生成佛，在龍華三會，釋迦之末法眾生應該都證得各自相應的菩薩十地果位。對釋迦未度完、上生兜率、隨彌勒下生以及龍華三會得證菩薩果位的這類眾生來說，那彌勒下生之人間淨土，其實就是菩薩淨土。最起碼這彌勒淨土是具有菩薩的出世心而生活在人間，亦可理解為人中

菩薩。而如今世界是五濁惡世，煩惱垢重，出世心難以構建，若不能用出世心做入世事，那人間淨土如何建成？筆者認爲要想眞正提出人間佛教，那必須先讓眾生起碼從理上建立出世之心，如若不然，那佛教自身的聖潔就會受到玷污。怎麼可以用有爲著相的虛妄心去建立一個無爲清淨的淨土呢？因爲如是因，如是果，因果不爽。

再者，十方淨土主要針對我法二執重的中下根之人而施設的，讓其先生起厭此娑婆、欣生彼樂之心。從有相下手，念佛、誦經、禮拜，漸次修行，由事入理。若悟無爲性空之理，那十方淨土之莊嚴相，也就可以放下不管了，因爲「凡所有相，皆是虛妄，若見諸相非相，即見如來」。如果執著彌勒下生之人間淨土，便會導致非正統民間彌勒信仰。如對「人間佛教」解讀不愼，則很容易失去佛教的純潔性。

人生佛教是太虛基於其對彌勒下生之人間淨土的理解，針對社會時弊而提出的，是想把佛教眞正推向大眾，並提出了改革當時佛教弊端的實施方案。但結果並不樂觀，其原因值得探討。在此，筆者僅借古德一句作結：「相上說爲邪說，性上說爲正說。」六祖惠能則言：「不識本心，學法無益；若識自本心，見自本性，即名丈夫、天人師、佛。」

參考文獻

一、漢譯佛典

1. 大名長老著，悟醒譯：《大王統史》（94卷），《南傳大藏經》第33冊。

2. 白法祖譯：《佛般泥洹經》（1卷），《大正藏》第1冊。

3. 佛陀耶舍、竺佛念譯：《長阿含經》（22卷），《大正藏》第1冊。

4. 僧伽提婆、僧伽羅叉譯：《中阿含經》（60卷），《大正藏》第1冊。

5. 失譯人：《佛說古來世時經》（1卷），《大正藏》第1冊。

6. 僧伽提婆：《增一阿含經》（50卷），《大正藏》第2冊。

7. 般若譯：《大乘本生心地觀經》（8卷），《大正藏》第3冊。

8. 闍那崛多譯：《佛本行集經》（60卷），《大正藏》第3冊。

9. 地婆訶羅：《方廣大莊嚴經》（12卷），《大正藏》第3冊。

10. 失譯人：《一切智光明仙人慈心因緣不食肉經》（1卷），《大正藏》第3冊。

11. 失譯人：《大方便佛報恩經》（56卷），《大正藏》第3冊

12. 竺大力、康孟詳：《修行本起經》（2卷），《大正藏》第3冊。

13. 僧伽跋澄譯：《僧伽羅剎所集經》（3卷），《大正藏》第4冊。

14. 支婁迦讖譯：《雜譬喻經》（1卷），《大正藏》第4冊。

15. 玄奘譯：《大般若波羅蜜多經》（600卷），《大正藏》第5冊。

16. 鳩摩羅什譯：《金剛般若波羅蜜經》（1卷），《大正藏》第8

冊。

17. 無羅叉、竺叔蘭等譯：《放光般若經》（20卷），《大正藏》第8冊

18. 玄奘譯：《摩訶般若波羅蜜多心經》（1卷），《大正藏》第8冊。

19. 支婁迦讖譯：《道行般若經》（10卷），《大正藏》第8冊。

20. 佛馱跋陀羅譯：《大方廣佛華嚴經》（60卷），《大正藏》第9冊。

21. 鳩摩羅什譯：《妙法蓮華經》（7卷），《大正藏》第9冊。

22. 般若譯：《大方廣佛華嚴經》（40卷），《大正藏》第10冊。

23. 般若譯：《大方廣佛華嚴經修慈分》（1卷），《大正藏》第10冊。

24. 實叉難陀譯：《大方廣佛華嚴經》（80卷），《大正藏》第10冊。

25. 菩提流支譯：《大寶積經》（39卷），《大正藏》第11冊。

26. 安世高譯：《佛說大乘方等要慧經》（1卷），《大正藏》第12冊。

27. 竺法護譯：《彌勒菩薩所問本願經》（1卷），《大正藏》第12冊。

28. 竺佛念譯：《菩薩從兜術天降神母胎說廣普經》（1卷），《大正藏》第12冊。

29. 僧伽提婆譯：《彌勒下生經》（1卷），《大正藏》第12冊。

30. 鳩摩羅什譯：《佛說彌勒大成佛經》（1卷），《大正藏》第14冊。

31. 鳩摩羅什譯：《佛說彌勒下生成佛經》（1卷），《大正藏》第14冊。

32. 鳩摩羅什譯：《維摩詰所說經》（3卷），《大正藏》第14冊。

33. 求那跋陀羅譯：《佛說彌勒下生經》（1卷），《大正藏》第14冊。

34. 求那跋陀羅譯：《大方廣寶篋經》（56卷），《大正藏》第14冊。

35. 失譯人：《彌勒來時經》（1卷），《大正藏》第14冊。

36. 竺法護譯：《佛說彌勒下生經》（1卷），《大正藏》第14冊。

37. 沮渠京聲譯：《佛說觀彌勒菩薩上生兜率天經》（1卷），《大正藏》第14冊。

38. 鳩摩羅什譯：《維摩詰經》（3卷），《大正藏》第14冊。

39. 劉宋·沮渠京聲譯：《觀彌勒菩薩上生兜率天經》，《大正藏》第14冊。

40. 失譯人：《佛說彌勒來時經》（1卷），《大正藏》第14冊。

41. 義淨譯：《佛說彌勒下生成佛經》（1卷），《大正藏》第14冊。

42. 竺法護譯：《佛說彌勒下生經》（1卷），《大正藏》第14冊。

43. 佛陀跋陀羅譯：《佛說觀佛三昧海經》，《大正藏》第15冊。

44. 鳩摩羅什譯：《禪法要解》（2卷），《大正藏》第15冊。

45. 鳩摩羅什譯：《禪祕要法經》（3卷），《大正藏》第15冊。

46. 鳩摩羅什譯：《佛說首楞嚴三昧經》（2卷），《大正藏》第15冊。

47. 鳩摩羅什譯：《坐禪三昧經》（2卷），《大正藏》第15冊。

48. 鳩摩羅什譯：《思惟要略法》，《大正藏》第15冊

49. 竺佛念譯：《菩薩瓔珞經》（20卷），《大正藏》第16冊。

50. 道世：《諸經要集》（130卷），《大正藏》第17冊。

51. 般刺蜜帝譯：《大佛頂如來密因修證了義諸菩薩萬行首楞嚴經》（10卷），《大正藏》第19冊。

52. 工布查布譯：《佛說彌勒菩薩發願王偈》（1卷），《大正藏》第20冊。

53. 善無畏譯：《慈氏菩薩略修瑜伽念誦法》，《大正藏》第20冊。

54. 失譯人：《薩婆多毗尼毗婆沙》，《大正藏》第23冊。

55. 龍樹造，鳩摩羅什譯：《大智度論》（100卷），《大正藏》第

25冊。

56. 玄奘譯：《阿毘達磨大毘婆沙論》（200卷），《大正藏》第27冊。

57. 玄奘譯：《阿毘達磨俱舍論》，《大正藏》第29冊。

58. 玄奘譯：《阿毘達磨順正理論》（80卷），《大正藏》第29冊。

59. 龍樹菩薩造，青目釋，鳩摩羅什譯：《中論》（1卷），《大正藏》第30冊。

60. 眞諦譯：《婆藪盤豆法師傳》（1卷），《大正藏》第50冊。

二、漢文佛教典籍

1. 竺道生：《彌沙塞部和醯五分律》，《大正藏》第22冊。

2. 吉藏：《法華經義疏》，《大正藏》第34冊。

3. 澄觀：《大方廣佛華嚴經疏》，《大正藏》第35冊。

4. 法藏：《華嚴經探玄記》，《大正藏》第35冊。

5. 善導：《觀經四帖疏》，《大正藏》第37冊。

6. 吉藏：《彌勒經遊意》，《大正藏》第38冊。

7. 吉藏：《維摩經義疏》，《大正藏》第38冊。

8. 憬興：《三彌勒經疏》，《大正藏》第38冊。

9. 窺基：《觀彌勒上生兜率天經贊》，《大正藏》第38冊。

10. 僧肇：《注維摩詰經》，《大正藏》第38冊。

11. 元曉：《彌勒上生經宗要》，《大正藏》第38冊。

12. 吉藏：《十二門論疏》，《大正藏》第42冊。

13. 吉藏：《中觀論疏》，《大正藏》第42冊。

14. 慧遠：《大乘義章》，《大正藏》第44冊。

15. 道綽：《安樂集》，《大正藏》第47冊。

16. 懷感：《釋淨土群疑論》，《大正藏》第47冊。

17. 迦才：《淨土論》，《大正藏》第47冊。

18. 智顗：《淨土十疑論》，《大正藏》第47冊。

19. 智圓：《樂邦文類·卷四》，《大正藏》第47冊。

20. 法海集，宗寶編：《六祖大師法寶壇經》，《大正藏》第48冊。

21. 費長房：《歷代三寶記》，《大正藏》第49冊。

22. 幻輪編：《釋鑒稽古略續集》，《大正藏》第49冊。

23. 志磐：《佛祖統記》，《大正藏》第49冊。

24. 寶唱：《比丘尼傳》，《大正藏》第50冊。

25. 道宣：《續高僧傳》，《大正藏》第50冊。

26. 慧皎：《高僧傳》，《大正藏》第50冊。

27. 慧立、彥悰：《大唐大慈恩寺三藏法師傳》，《大正藏》第50冊。

28. 冥詳：《大唐故三藏玄奘大師行狀》，《大正藏》第50冊。

29. 贊寧：《宋高僧傳》，《大正藏》第50冊。

30. 道宣：《釋迦方志》，《大正藏》第51冊。

31. 道原纂：《景德傳燈錄》，《大正藏》第51冊。

32. 契嵩編：《傳法正宗記》，《大正藏》第51冊。

33. 玄奘述，辯機撰：《大唐西域記》，《大正藏》第51冊。

34. 義淨：《大唐西域求法高僧傳》，《大正藏》第51冊。

35. 佚名：《歷代法寶記》，《大正藏》第51冊。

36. 道宣：《廣弘明集》，《大正藏》第52冊。

37. 法琳撰：《辯正論》，《大正藏》第52冊。

38. 僧祐：《弘明集》，《大正藏》第52冊。

39. 道世：《法苑珠林》，《大正藏》第53冊。

40. 道世：《諸經要集》，《大正藏》第54冊。

41. 明佺等：《大週刊定眾經目錄》，《大正藏》第55冊。

42. 道宣：《大唐內典錄》，《大正藏》第55冊。

43. 法經：《眾經目錄》，《大正藏》第55冊。

44. 翻經沙門及學士等合撰：《眾經目錄》，《大正藏》第55冊。

45. 靜泰：《眾經目錄》，《大正藏》第55冊。

46. 僧祐：《出三藏記集》，《大正藏》第55冊。

47. 彥琮等：《眾經目錄》，《大正藏》第55冊。

48. 圓照：《貞元新定釋教目錄》，《大正藏》第55冊。

49. 智昇：《開元釋教錄》，《大正藏》第55冊。

50. 澄觀述：《華嚴經‧行願品疏》，《卍新纂續藏經》第5冊。

51. 德清解：《圓覺經直解》，《卍新纂續藏經》第10冊。

52. 失名：《彌勒上生經述贊》，《卍新纂續藏經》第21冊。

53. 失名：《彌勒下生經述贊》，《卍新纂續藏經》第21冊。

54. 蕅益匯釋：《重治毗尼事義集要》，《卍新纂續藏經》第40冊。

55. 慧達：《肇論疏》，《卍新纂續藏經》第54冊。

56. 于頔編集：《龐居士語錄》，《卍新纂續藏經》第69冊。

57. 建基錄：《金剛經科儀》，《卍新纂續藏經》第74冊。

58. 寶唱：《名僧傳抄》，《卍新纂續藏經》第77冊。

59. 普濟集：《五燈會元》，《卍新纂續藏經》第80冊。

60. 佚名：《救諸眾生一切苦難經》，《大正藏》第85冊。

61. 弘贊：《兜率龜鏡集》，《卍新纂續藏經》第88冊。

62. 宗性抄：《名僧傳抄》，《卍新纂續藏經》第134冊。

63. 杜鬥城輯編：《正史佛教資料類編》。

三、學術專著

1. 印順：《說一切有部為主的論書與論師之研究》，新竹：正聞出版社，1968。

2. 呂澂：《中國佛學源流略講》，北京：中華書局，1979。

3. 查理斯‧伊里亞德，李榮熙譯：《印度教與佛教史綱（第一卷）》，北京：商務印書館，1982。

4. 方立天：《漢魏兩晉南北朝佛教論叢》，北京：中華書局，1982。

5. 湯用彤：《漢魏兩晉南北朝佛教史》，北京：中華書局，1983。

6. 唐長孺：《北朝的彌勒信仰及其衰落》，《魏晉南北朝史論拾

遺》，北京：中華書局，1983。

7. 王明：《農民起義所稱的李弘和彌勒》，北京：北京大學出版社，1984。

8. 章巽：《〈法顯傳〉校注》，上海：上海古籍出版社，1985。

9. 望月信亨，釋印海譯：《淨土教概論》，臺北：華宇出版社，1987。

10. 望月信亨，釋印海譯：《中國淨土教理史》，臺北：華宇出版社，1987。

11. 任繼愈：《中國佛教史》（第一、二、三卷），北京：中國社會科學出版社，1988。

12. 水野弘元，許洋主譯：《印度的佛教》，臺北：法爾出版社，1988。

13. 黃心川：《印度哲學史》，北京：商務印書館，1989。

14. 廖閱鵬：《淨土三系之研究》，臺北：佛光出版社，1989。

15. H‧因伐爾特，李鐵譯：《鍵陀羅藝術》，上海：上海人民美術出版社，1991。

16. 查理斯‧伊里亞德，李榮熙譯：《印度教與佛教史綱（第二卷）》，高雄：佛光出版社，1991。

17. 蹼文起：《中國民間祕密宗教》，杭州：浙江人民出版社，1991。

18. 古正美：《貴霜佛教政治傳統與大乘佛教》，臺北：允晨文化出版社，1993。

19. 屈大成：《大乘「大般涅槃經」研究》，臺北：文津出版社，1994。

20. 印順：《初期大乘佛教之起源與開展》，新竹：正聞出版社，1994。

21. 郭良鋆：《佛陀和原始佛教思想》，北京：中國社會科學出版社，1997.

22. 三石善吉，李遇玫譯：《中國的千年王國》，上海：三聯書店，

1997。

23. D・D・高善必，王樹英譯：《印度古代文化與文明史綱》，北京：商務印書館，1998。

24. 陳揚炯：《中國淨土宗通史》，南京：江蘇古籍出版社，2000。

25. 季羨林：《〈大唐西域記〉校注》，北京：中華書局，2000。

26. 渥德爾，王世安譯：《印度佛教史》，北京：商務印書館，2000。

27. 印順：《淨土新論》，新竹：正聞出版社，2000。

28. 松本文三郎，張元林譯：《彌勒淨土論》，北京：宗教文化出版社，2001。

29. 黃心川：《東方佛教論》，北京：中國社會科學出版社，2002。

30. 平彰川，莊昆木譯：《印度佛教史》，臺北：商周出版，2002。

31. 何勁松，《布袋和尚與彌勒文化》：北京：宗教文化出版社，2003。

32. 聖嚴法師：《淨土在人間》，臺北：法鼓文化，2003。

33. 蔡耀明：《般若波羅蜜多教學與嚴淨佛土》，南投：正觀出版社，2001。

34. 香川孝雄等：《彌勒淨土與菩薩行研究》，北京：北京圖書館出版社，2005。

35. 許里和著，李四龍、裴勇譯：《佛教征服中國》，南京：江蘇人民出版社，2005。

36. 韋伯著，康樂、簡惠美譯，《印度的宗教、印度教與佛教》，桂林：廣西師範大學出版社，2005。

37. 湯用彤：《隋唐佛教史稿》，南京：江蘇教育出版社，2007。

38. 李利安：《觀音信仰的淵源與傳播》，北京：宗教文化出版社，2008。

39. 賴品超、學愚：《天國、淨土與人間：耶佛對話與社會關懷》，北京：中華書局，2008。

40. 宮治昭，李萍、張清濤譯：《涅槃和彌勒的圖像學》，北京：文

物出版社，2009。

41. 王雪梅：《彌勒信仰研究》，上海：上海古籍出版社，2016。

四、期刊論文

1. 陳華：《王政與佛法——北朝至隋代帝王統治與彌勒信仰》，《東方宗教研究》，1988（2）。

2. 陳華：《中國歷史上的彌勒——未來佛與救世主》，《歷史月刊》，1995（86）。

3. 陳慧宏：《彌勒淨土的具體呈現——敦煌莫高窟的彌勒經變》，《法光》，1993（49）。

4. 段光明：《北涼石窟上的易經八卦與七佛——彌勒造像》，《敦煌研究》，1971（1）。

5. 方立天：《彌勒信仰在中國》，《文化與傳播》，1995（7）。

6. 高永旺：《布袋彌勒文化與構建和諧社會——第二屆中國彌勒文化學術研討會綜述》，《世界宗教研究》，2008（2）。

7. 高永霄：《彌勒淨土信仰研究》，《南洋佛教》，1979（15）。

8. 宮治昭：《從兜率天上的彌勒菩薩和涅桑圖刊巴米揚、克孜爾及敦煌之間的交流》，《1990年敦煌國際研討會文集》，瀋陽：遼寧美術出版社，1995。

9. 宮治昭：《宇宙主釋迦佛——從印度到中亞、中國》，《敦煌研究》，2003（1）。

10. 郭忠生：《釋迦之超越彌勒九劫一試論彌勒信仰與菩薩思想發展的幾個面相（之一至之九）》。《正觀雜誌》，2002（21）-2005（35）。

11. 橫山紘一：《玄奘與彌勒上生信仰》，中華佛學研究所，《第三屆中華國際佛學會議論文集》，1997。

12. 胡永炎：《北朝彌勒的形象蛻變》，《藝術家》，1998（278）。

13. 華方田：《隋朝的彌勒信仰——以彌勒信仰的興衰爲主線》，《華林》，2001（1）。

14. 黃敏枝：《唐代民間的彌勒信仰及其活動》，《大陸雜誌》，1986（6）。

15. 黃夏年：《「阿含經」中的彌勒佛》，《西去東來——中外古代佛教史論集》，北京：中國社會科學出版社，2006。

16. 季羨林：《關於中國彌勒信仰的幾點感想》，《群言》，1989（10）。

17. 季羨林：《梅呾利耶與彌勒》，《中國社會科學》，1990（1）。

18. 金申：《談半跏思維彌勒造像》《中國歷史文物》，2002（2）。

19. 賴鵬舉：《北涼的彌勒淨土思想及其禪窟造像》，《圓光佛學學報》，1999（4）。

20. 李利安：《佛教的超人間性與人間佛教》，《哲學研究》，2005（7）。

21. 李利安：《試論當代中國宗教的基本形態及其發展趨勢》，《世界宗教研究》，1998（2）。

22. 李世龍：《民俗佛教的形成與特徵》，《北京大學學報》，1996年（4）。

23. 汪娟：《跋「上生禮」相關寫卷二篇》，《敦煌學》，2001（23）。

24. 李玉珉：《彌勒信仰與藝術》，《法光》，1983（49）。

25. 李玉珉：《隋唐之彌勒信仰與圖像》，《藝術學》，1987（1）。

26. 李玉珉：《敦煌初唐的彌勒經變》，蘭州，甘肅教育出版社，2003。

27. 劉永霞：《中國彌勒信仰探因》。天水師範學院學報2002（3）。

28. 樓宇烈：《禪宗「自性清淨」說之意趣》，《燕京學報》，1998（4）。

29. 樓宇烈：《中國近代佛學的振興者──楊文會》，《世界宗教研究》，1986（2）。

30. 普慧：《略論彌勒彌陀淨土興起之原因》，《中國文化研究》，2006（冬）。

31. 任平山：《說一切有部的彌勒觀》，《西域研究》，2008（2）。

32. 施光明：《從彌勒淨土到阿彌陀淨土的嬗變》，《文史知識》，1992（10）。

33. 釋道昱：《中國早期的彌勒信仰，以道安為主的探討》，《正觀雜誌》，2001（1）。

34. 釋見證：《南北朝至隋唐時期的彌勒圖像與信仰》，成都：四川大學出版社，2006。

35. 釋悟玄：《論西方淨土與彌勒淨土之比較》，《佛教青年論文集》，高雄：元亨寺妙林出版社，1998。

36. 汪娟：《跋「上生禮」相關寫卷二篇》，《敦煌學》，2001（23）。

37. 汪娟：《唐代彌勒信仰與佛教諸宗派的關係》，《中華佛學學報》，1992（5）。

38. 汪娟：《唐代彌勒信仰與政治關係的一側面》，《中華佛學學報》，1991（4）。

39. 王公偉：《從彌勒信仰到彌陀信仰──道安和慧遠不同淨土信仰原因初探》，《世界宗教研究》，1999（4）。

40. 王惠民：《彌勒信仰起源的史學考察》，《炳靈寺石窟學術討論會論文集》，2003。

41. 王靜芬：《彌勒信仰與敦煌「彌勒變」的起源》，《敦煌研究》，1988（2）。

42. 王素：《高昌至西州時期的彌勒信仰》，《中國佛學》，1998

（1）。

43. 王素：《武周西州寫〈彌勒上生經〉》，《南海菩薩》，1997（171）。

44. 王雪梅：《道安「同願生兜率」之人物考》，《阜陽師範學院學報》，2008（1）。

45. 王雪梅：《彌勒信仰的演變以「兜率天宮」為中心的考察》，《首屆長安佛教論文集》，2009.10。

46. 王雪梅：《試論玄奘對印度彌勒信仰的考察》，《首屆長安佛教論文集》，2009.10。

47. 王豔云：《河西石窟西夏壁畫中的彌勒經變》，《寧夏大學學報》，2003（4）。

48. 吳先核：《彌勒信仰衰落原因簡論》，《宗教學研究》，2008（1）。

49. 香川孝雄：《彌勒思想的開展》，張曼濤主編《現代佛教學術叢刊》第69冊，北京圖書館出版社，2005。

50. 項一峰：《中國早期彌勒信仰及其造像藝術》，《敦煌學輯刊》，2002（1）。

51. 楊白衣：《彌勒信仰在中國的流傳》，《中國佛教》，1985（29）。

52. 楊曾文：《佛教的阿彌陀、觀世音和彌勒信仰》，《佛教和中國文化》，1988（1）。

53. 楊曾文：《彌勒信仰的傳入及其在民間的流行》，《中原文物》，1985（特刊）。

54. 楊富學：《敦煌吐魯番文獻所見回鶻之彌勒信仰》，《2000年敦煌學國際學術討論會文集》，蘭州：甘肅民族出版社，2003。

55. 楊富學：《回鶻彌勒信仰考》，《中華佛學學報》，2000（5）。

56. 楊惠南：《漢譯佛經中的彌勒信仰——以彌勒上、下經為主的研究》，《文史哲學報》，1987（35）。

57. 于淩波：《彌勒淨土與彌陀淨土在中土的流傳》，弘一大師學會：《第三屆弘一大師德學會議論文集》，1999。

58. 張繼昊：《北魏的彌勒信仰與大乘之亂》，《食貨》，1986（3，4）。

59. 張平：《道安佛學思想及其彌勒淨土信仰》，《現代哲學》，2009（4）。

60. 張文良：《彌勒淨土與彌陀淨土》，《五臺山研究》，1994（2）。

61. 張文良：《彌勒信仰述評》，北京，中國人民大學，1990。

62. 張文良：《玄奘與彌勒淨土信仰》，《法音》，1992（5）。

63. 張子開：《彌勒信仰與彌陀信仰的交融性》，《四川大學學報》，2006（1）。

64. 張子開：《念佛、淨土觀念與早期禪宗彌勒信仰》，《宗教學研究》，2006（4）。

65. 張總：《北朝半跏思維像的形式及題材演變》，《美術史論》，1995（2）。

66. 趙超：《談中國佛教造像中彌勒形象的轉變》，《中國歷史文物》，2003（2）。

67. 趙超：《中國古代石刻著錄情況》，《中國典籍與文化》，1995（2）。

68. 周紹良：《隋唐以前之彌勒信仰》，《中國宗教：過去與現在》，北京：北京大學出版社，1992。

69. 朱剛：《中土彌勒造像源流及藝術闡釋》，《復旦大學學報》，1993（4）。

70. 塚本善隆：《從釋迦、彌勒到阿彌陀，從無量壽到阿彌陀 —— 北魏至唐的變化》，《敦煌研究》，2004（5）。

71. 宗舜：《敦煌寫卷所揭彌勒禪之初探 —— 北京圖書館藏月091（7119）號卷子解讀之一》，《戒幢佛學》，長沙：嶽麓書社，2002。

五、學位論文

1. 汪娟：《唐代彌勒信仰研究》，臺灣：中國文化大學，中國文學研究，1990。

2. 張文良：《彌勒信仰述評》，北京：中國人民大學，1990。

3. 釋見證：《南北朝至隋唐時期的彌勒圖像與信仰》，成都：四川大學，2006。

4. 汪志強：《印度佛教淨土思想研究》，成都：四川大學，2006。

5. 王雪梅：《古代印度彌勒信仰研究》，西安：西北大學，2010。

六、外文文獻

（一）日文文獻

1. 重松俊章：《唐宋時代の彌勒教匪》，《史源》3號，1931年。

2. 塚本善隆：《北魏の佛教匪》，《中國佛教史學》3卷2號，1939年7月。

3. 井ノ口泰淳：《西域における彌勒信仰》，《佛教學研究》18、19號合刊，1940年。

4. 望月信亨：《印度及び支那於ける彌勒崇拜の史實》，《大正大學學報》30、31卷合刊，1940年。

5. 宇井伯壽：《彌勒菩薩と彌勒論師》，《印度學佛教學研究》1卷1號，1952年7月。

6. 井ノ口泰淳：《西域における彌勒經典の流傳について》，《宗教研究》34卷3號，1961年。

7. 櫻部建：《彌勒と阿逸多》，《佛教學セミナー》2號，1965年10月。

8. 石上善応：《「彌勒受記」につい》，《大正大学研究纪要》52，1967年。

9. 伊藤隆寿：『弥勒经游意』の疑问荤。《驹泽大学佛教学部论集》4，1973年12月。

10. 伊藤隆寿：《弥勒経游意と大品経游意》，《印度学佛教学研究》44 =22卷2号，1974。

11. 宮田登：《ミロク信仰の研究》，未來社，1975。

12. 砂山稔：《月光童子劉景丹暉の反亂と首羅比丘經——月光童子讖を中心として》，《東方學》51號，1976年1月。

13. 砂山稔：《江左妖僧考》，《東方宗教》46號，1975年9月。

14. 平岡定海，《日本彌勒淨土思想展開史の研究》，大藏出版株式會社，1977。

15. 伊藤隆寿，《寶生院蔵「弥勒上下経游意十重」について》，《印度學佛教學研究》50號=25卷2號，1977。

16. 平岡定海：《南都佛教における菩薩思想、彌勒淨土思想の系譜》，《西義雄博士頌壽紀念論集：菩薩思想》，1981年。

17. 木村宣彰，《弥勒信仰について——〈观弥勒菩萨上生兜率天经〉の考察》，《大谷學報》62卷4號，1983。

18. 田村圓澄：《半跏像の道》，學生社，1983。

19. 宮田登：《彌勒信仰》，雄山閣出版株式會社，1984。

20. 金三龍：《韓國彌勒信仰の研究》，東京：教育出版センター，1985。

21. 田村圓澄、黃壽永：《半跏思惟像の研究》，吉川弘文館，1985。

22. 渡邊孝：《圍繞北魏大乘教之亂——考察》，《中國史憶掃汁石亂・構圖》，雄山閣出版，1986。

23. 寺岡正博：《彌勒下生思想の一斷面——說本經を中心として》，《印度哲學佛教學》1號，1986年10月。

24. 明神洋：《弥勒三部经の成立について》，《东洋の思想と宗教》5号，1988年6月11日。

25. 明神洋：《彌勒三部》，宮治昭：《涅槃と彌勒の圖像學》，吉川弘文館，1992。

26. 伊東史朗：《316號「彌勒像」》，《日本の美術》，至文堂，

1992。

27. 小谷仲男：《ガンダーラ彌勒信仰と隋唐の末法思想》，《中國佛教石經の研究：房山雲居寺石經を中心に》，京都大學學術出版會，1996年3月。

28. 藤能成：《元暁の〈弥勒上生経宗要〉について——聞名と三経観を中心に》，《印度學佛教學研究》51卷1期=101期，2002。

29. 小谷仲男：《バーミアーン石窟と彌勒信仰》，《富山大學人文學部紀要》36號，2002年3月。

（二）英文文獻

1. Cbutiwongs, Nandana, Buddha of the Future, Seattle: Washington Univ. Press, 1994.

2. Das, Asha, Buddha in Literature, History and Art, Lolkata: Punthi Pustak, 2003.

3. Inching, Kim, The Future Buddha Maitreya, New Delhi: D. K. Print world（P）Ltd., 1997.

4. John Huntington, The Iconology of Maitreya Images in Gandhara, Journal of Central Asia, Vol. 7-1, June 1984.

5. Lee, Junghee, The Contemplating Bodhisattva Images of Asia, Ph.D. Diss., Univ. of California, 1984.

6. Lee, Yu-min, Ketumati Maitreya and Tusita Maitreya in Early China, National Palace Museum Bulletin, Vol.29, 1984. Ohio State Univ. 1983.

7. Lee, Yu-min, The Maitreya Cult and its Art in Early China, Ph. D. Diss.,

8. Matics, Kathleen, Thoughts Pertaining to the 'Maitreya' Image in the Metropolitan Museum, East and West, Vol. 29, 1979。

9. Sponberg, Alan and Hardacre, Helen, eds., Maitreya, the Future Buddha, New York, Cambridge Univ. Press, 1998。

致謝

　　本論文是在樓宇烈老師的悉心指導下完成的。樓宇烈老師作為一名優秀的、經驗豐富的導師，具有豐富的儒釋道通家之知識和踐行之經驗，在整個論文學修和論文寫作過程中，對我進行了耐心的指導和幫助，提出嚴格要求，引導我不斷開闊思路，為我答疑解惑，鼓勵我大膽創新，使我在這一段寶貴的時光中，既增長了知識、開闊了視野、鍛煉了心態，又培養了良好的實驗習慣和科研精神。在此，我向我的指導老師表示最誠摯的謝意！

國家圖書館出版品預行編目資料

漢傳佛教彌勒信仰研究／能持（通智）法師著. -- 1版. -- 新北
市：華夏出版有限公司, 2022.07
　　面；　　公分. --（Sunny文庫；232）
　　ISBN 978-626-7134-12-2（平裝）

1. CST: 彌勒菩薩　2. CST: 佛教信仰錄

225.82　　　　　　　　　　　　　　　　　111005303

Sunny文庫　232

漢傳佛教彌勒信仰研究

著　　作　能持（通智）法師
印　　刷　百通科技股份有限公司
　　　　　電話：02-86926066　傳眞：02-86926016
出　　版　華夏出版有限公司
　　　　　220 新北市板橋區縣民大道 3 段 93 巷 30 弄 25 號 1 樓
　　　　　電話：02-32343788　傳眞：02-22234544
E-m a i l　pftwsdom@ms7.hinet.net
總 經 銷　貿騰發賣股份有限公司
　　　　　新北市 235 中和區立德街 136 號 6 樓
　　　　　電話：02-82275988　傳眞：02-82275989
　　　　　網址：www.namode.com
版　　次　2022年7月1版
特　　價　新台幣 350 元　　（缺頁或破損的書，請寄回更換）

ISBN：978-626-7134-12-2
《漢傳佛教彌勒信仰研究》由能持（通智）法師同意華夏出版
有限公司出版繁體字版